Marcus Aurelius' Schatten der stoischen Tugend

Das Leben meistern mit der Weisheit des Stoizismus und der Schattenarbeit

James H. Smith

Übersetzung: Alexander K. W.

■■■

Marcus Aurelius war ein römischer Kaiser, Philosoph und Militärführer, der von 161 n. Chr. bis zu seinem Tod im Jahr 180 n. Chr. regierte. Er ist bekannt für sein tiefes Engagement für den Stoizismus, eine Philosophie, die für innere Widerstandsfähigkeit, Tugend und Akzeptanz der natürlichen Ordnung eintritt. Diese stoische Sichtweise kann mit der Schattenarbeit in Verbindung gebracht werden, einem psychologischen Konzept, bei dem es um die Erforschung und Integration unserer unbewussten Aspekte geht. Indem wir unser Schattenselbst untersuchen, entwickeln wir Selbsterkenntnis, stellen uns inneren Herausforderungen und kultivieren ein authentischeres und ausgeglicheneres Leben. Marcus Aurelius war mit seinen stoischen Überzeugungen und seiner introspektiven Herangehensweise ein Beispiel für die Verbindung zwischen Stoizismus und Schattenarbeit und vertrat eine ganzheitliche Sichtweise der Selbstverbesserung.

Marcus Aurelius' Schatten der stoischen Tugend

Bearbeitung, Umschlag, Copyright © 2024 ISBN OWNER

DIES IST EIN URHEBERRECHTLICH GESCHÜTZTES WERK, RECHTLICH REGISTRIERT/GESCHÜTZT MIT BLOCKCHAIN-TECHNOLOGIE (REGISTRIERUNGSNUMMER: DA-2024-049917)

Cover Art/Bild: Erstellt unter kommerzieller Lizenz von Midjourney Inc. Am 08/10/2023. Gültigkeitsdatum der Version der Servicebedingungen: 21. Juli 2023.

Alle Rechte vorbehalten. Kein Teil dieses Buches darf ohne vorherige schriftliche Genehmigung in irgendeiner Weise verwendet oder vervielfältigt werden.

ISBN: 978-65-00-93244-7

Ausgabe/Version: 1/2 [Überarbeitet 4 Februar 2024]

1. Die Ethik.   2. Die Stoiker.   3. Das Leben.

■ ΑΩ ■

Haftungsausschluss: Bitte beachten Sie, dass die in diesem Dokument enthaltenen Informationen nur für Bildungs- und Unterhaltungszwecke bestimmt sind. Es wurden alle Anstrengungen unternommen, um genaue, aktuelle, zuverlässige und vollständige Informationen zu präsentieren. Es wird keine Garantie irgendeiner Art ausgesprochen oder impliziert. Der Leser nimmt zur Kenntnis, dass der Autor keine rechtliche, finanzielle, medizinische oder professionelle Beratung anbietet. Der Inhalt dieses Buches wurde aus verschiedenen Quellen recherchiert. Bitte konsultieren Sie einen zugelassenen Arzt, bevor Sie eine der in diesem Buch beschriebenen Techniken ausprobieren. Mit der Lektüre dieses Dokuments akzeptiert der Leser, dass der Autor unter keinen Umständen für direkte oder indirekte Verluste verantwortlich gemacht werden kann, die sich aus der Verwendung der in diesem Dokument enthaltenen Informationen ergeben, einschließlich, aber nicht beschränkt auf Fehler, Auslassungen oder Ungenauigkeiten. Wir danken Ihnen für Ihr Verständnis.

Erweitern Sie Ihren literarischen Horizont und verschenken Sie die Freude am Lesen: Entdecken Sie eine Welt voller fesselnder Bücher, die inspirieren, bilden und unterhalten!

https://www.legendaryeditions.art/

INHALT

1. Einführung in Stoizismus und Schattenarbeit   1
   1.1. Den Stoizismus verstehen: Uralte Weisheit für das moderne Leben   1
   1.2. Erforschung des Konzepts der Schattenarbeit   4
   1.3. Die Überschneidung von Stoizismus und Schattenarbeit   8
   1.4. Vorteile der Integration von Stoizismus und Schattenarbeit   12
   1.5. Wie dieses Buch Ihnen helfen kann zu wachsen   16
2. Erkenne dich selbst: Den Schatten enthüllen   21
   2.1. Selbstreflexion und Bewusstheit   21
   2.2. Erkennen von Schattenmerkmalen und -mustern   25
   2.3. Unbequeme Emotionen zulassen   29
   2.4. Ihre Unvollkommenheiten akzeptieren   32
   2.5. Die Macht der Verwundbarkeit   36
3. Umarmung der Tugend: Stoische Prinzipien im täglichen Leben   41
   3.1. Weisheit, Tapferkeit, Gerechtigkeit und Mäßigung kultivieren   41
   3.2. Anwendung der stoischen Tugenden auf moderne Herausforderungen   45
   3.3. Suche nach Sinn und Zweck   47
   3.4. Dankbarkeit und Zufriedenheit üben   51
   3.5. Schwierige Situationen mit Tugend meistern   54
4. Die Dichotomie der Kontrolle: Stoische Akzeptanz und Schattenintegration 59
   4.1. Verstehen, was Sie kontrollieren können und was nicht   59
   4.2. Loslassen von ungesunden Bindungen   63
   4.3. Überwindung von Furcht und Ängsten   66
   4.4. Balance zwischen Kontrolle und Hingabe   69
   4.5. Integration von Schattenaspekten der Kontrolle   73
5. Achtsamkeit und stoischer Geist: Beobachtung von Gedanken und Gefühlen 79
   5.1. Entwicklung von Achtsamkeitspraktiken   79

5.2. Gedanken bezeugen, ohne zu urteilen ... 83
5.3. Stoische Achtsamkeitstechniken ... 86
5.4. Emotionale Widerstandsfähigkeit kultivieren ... 89
5.5. Schattenemotionen achtsam annehmen ... 92
6. Resilienz aufbauen: Widrigkeiten mit stoischer Weisheit begegnen ... 97
  6.1. Die Natur der Herausforderungen verstehen ... 97
  6.2. Stoische Techniken für Resilienz ... 101
  6.3. Schmerz in Wachstum verwandeln ... 104
  6.4. Mentale und emotionale Belastbarkeit aufbauen ... 108
  6.5. Die Schattenaspekte der Resilienz annehmen ... 111
7. Mitgefühl kultivieren: Stoische Liebe und Schattenintegration ... 117
  7.1. Selbstmitgefühl üben ... 117
  7.2. Anderen gegenüber Mitgefühl zeigen ... 120
  7.3. Stoische Liebe und Empathie ... 124
  7.4. Vergebung und Loslassen des Grolls ... 127
  7.5. Integration der Schattenaspekte von Liebe und Mitgefühl ... 130
8. Sinn und Zweck finden: Stoische Eudaimonia und Schattenerkundung ... 135
  8.1. Entdecken Sie Ihre wahre Bestimmung ... 135
  8.2. Ausrichten an Ihren Werten ... 138
  8.3. Ein Eudaimonia-Leben führen ... 142
  8.4. Überwindung existenzieller Schatten ... 146
  8.5. Integration der Schattenaspekte von Zweck und Bedeutung ... 150
9. Dankbarkeit kultivieren: Stoische Freude und Schatten-Anerkennung ... 155
  9.1. Dankbarkeit als stoische Praxis ... 155
  9.2. Die einfachen Freuden des Lebens zu schätzen wissen ... 158
  9.3. Dankbarkeit im Angesicht von Herausforderungen ... 161
  9.4. Die Schattenaspekte der Dankbarkeit anerkennen ... 164
  9.5. Dauerhafte Freude durch Dankbarkeit kultivieren ... 168
10. Die Reise in die Zukunft: Nachhaltigkeit von Wachstum und Integration ... 173
  10.1. Reflektieren Sie Ihren Fortschritt ... 173
  10.2. Eine tägliche Praxis aufrechterhalten ... 176
  10.3. Überwindung von Rückschlägen und Herausforderungen ... 180
  10.4. Suche nach Unterstützung und Gemeinschaft ... 184
  10.5. Die fortlaufende Reise der Selbstentdeckung annehmen ... 188
INDEX ... 193

VORWORT

Willkommen in der fesselnden Welt des Stoizismus und der Schattenarbeit. In diesem Buch werden Sie sich auf eine transformative Reise begeben, die uralte Weisheit mit modernen Erkenntnissen verbindet, um Ihnen zu helfen, die Komplexität des Lebens zu bewältigen.

Abgeleitet von den Lehren des berühmten stoischen Philosophen Marcus Aurelius, bietet dieses Buch eine einzigartige Perspektive auf persönliches Wachstum und Selbstreflexion. Es befasst sich mit dem Konzept der Schattenarbeit und führt Sie durch den Prozess der Aufdeckung Ihrer verborgenen Aspekte, der Umarmung von Unvollkommenheiten und der Integration Ihrer Schatten für ein erfüllteres Leben.

Aber was genau ist Stoizismus, werden Sie sich fragen? Stoizismus ist nicht nur eine abstrakte Philosophie, sondern eine praktische Philosophie, die Sie befähigt, den Herausforderungen des Lebens mit Widerstandsfähigkeit, Mut und Weisheit zu begegnen. Durch die Kultivierung von Tugenden wie Gerechtigkeit, Mäßigung und Weisheit lernen Sie, schwierige Situationen zu meistern, Sinn und Zweck zu finden und ein tugendhaftes Leben zu führen.

Im Mittelpunkt dieses Buches steht das Konzept der Schattenarbeit, das Sie einlädt, die Tiefen Ihres Wesens zu erforschen und die Aspekte Ihres Selbst zu enthüllen, die Sie vielleicht übersehen oder unterdrückt haben. Durch Selbstreflexion, Akzeptanz unbequemer Emotionen und Verletzlichkeit werden Sie ein tiefes Verständnis für Ihr wahres Selbst erlangen.

Dieses Buch bietet praktische Techniken und Übungen, die Ihnen helfen, Achtsamkeit zu entwickeln, Ihre Gedanken und Emotionen unvoreingenommen zu beobachten und emotionale

VORWORT

Widerstandsfähigkeit zu kultivieren. Indem Sie sich die Dichotomie der Kontrolle zu eigen machen, lernen Sie loszulassen, was außerhalb Ihrer Kontrolle liegt, und sich auf das zu konzentrieren, was Sie beeinflussen können.

Während Ihrer Reise werden Sie auch die Kraft des Mitgefühls und der Dankbarkeit entdecken. Indem Sie sich in Selbstmitgefühl üben und anderen Empathie entgegenbringen, werden Sie tiefere Verbindungen aufbauen und ein größeres Gefühl der Erfüllung in Ihren Beziehungen finden. Dankbarkeit wird Ihr Wegweiser sein, um Freude an den einfachsten Dingen des Lebens zu finden, selbst im Angesicht von Widrigkeiten.

Dieses Buch ist keine schnelle Lösung, sondern eher ein Fahrplan für persönliches Wachstum und Integration. Es lädt Sie ein, Ihre Fortschritte zu reflektieren, eine tägliche Praxis aufrechtzuerhalten, Rückschläge und Herausforderungen zu überwinden und die Unterstützung einer Gemeinschaft von Gleichgesinnten zu suchen. Es erkennt die fortwährende Natur der Selbstentdeckung an und erinnert Sie daran, dass die Reise selbst genauso wichtig ist wie das Ziel.

Wenn Sie sich auf diese transformative Reise begeben, denken Sie daran, dass die Kraft zur Veränderung in Ihnen selbst liegt. Dieses Buch dient lediglich als Leitfaden, der Einblicke und Werkzeuge zur Unterstützung Ihres Wachstums bietet. Es liegt an Ihnen, die Lehren anzunehmen, sie in Ihrem Leben anzuwenden und zu erleben, wie sich die positiven Veränderungen entfalten.

Nun, liebe Leserin, lieber Leser, lade ich Sie ein, in die vor Ihnen liegenden Seiten einzutauchen, wo Sie eine Fülle von Wissen, praktischen Übungen und tiefgreifenden Einsichten finden werden. Bereiten Sie sich auf eine einzigartige und bedeutungsvolle Leseerfahrung vor, die das Potenzial hat, Ihr Leben zu verändern. Möge dieses Buch eine Quelle der Führung und Inspiration auf Ihrem Weg zur Selbstfindung und persönlichen Transformation sein.

Gute Reise auf dieser Reise des Stoizismus und der Schattenarbeit.

James H. Smith

1. Einführung in Stoizismus und Schattenarbeit

1.1. Den Stoizismus verstehen: Uralte Weisheit für das moderne Leben

Der Stoizismus, eine antike Philosophie, die ihren Ursprung in Griechenland hat, findet auch in der modernen Welt noch Anklang. Sie geht über abstrakte Grundsätze hinaus und bietet praktische Weisheit für die Herausforderungen des Alltags. Im Kern lehrt uns der Stoizismus, zu verstehen, worauf wir Einfluss haben und worauf nicht, und unsere Energie auf die Dinge zu konzentrieren, die wir beeinflussen können.

Einer der wichtigsten Aspekte des Stoizismus ist das Konzept der vier Kardinaltugenden: Weisheit, Mut, Gerechtigkeit und Mäßigung. Diese Tugenden dienen als Leitprinzipien für ein gutes und erfülltes Leben. Wenn wir Weisheit kultivieren, sind wir in der Lage, fundierte Urteile zu fällen und in Übereinstimmung mit der Vernunft zu handeln. Mut ermöglicht es uns, unseren Ängsten und Herausforderungen mit Widerstandsfähigkeit und Entschlossenheit zu begegnen. Gerechtigkeit bedeutet, andere mit Fairness und Respekt zu behandeln, während Mäßigung uns ermutigt, Selbstbeherrschung und Mäßigung in unseren Handlungen und Gefühlen zu üben.

Ein weiteres grundlegendes Konzept des Stoizismus ist die Dichotomie der Kontrolle. Dieses Prinzip lehrt uns, zwischen Dingen zu unterscheiden, die wir kontrollieren können, und solchen, die wir nicht kontrollieren können. Indem wir uns auf das konzentrieren, was wir kontrollieren können, können wir unnötiges Leid und Frustration vermeiden. Das bedeutet nicht, dass Stoiker passiv oder gleichgültig gegenüber äußeren Ereignissen sind, sondern vielmehr, dass sie ihnen mit Perspektive und Akzeptanz begegnen.

Der Stoizismus betont auch die Bedeutung von Achtsamkeit und Selbsterkenntnis. Indem wir im gegenwärtigen Moment präsent sind und unsere Gedanken und Gefühle ohne Wertung beobachten, können wir ein tieferes Verständnis für uns selbst entwickeln. Diese Selbsterkenntnis ermöglicht es uns, unsere Schatteneigenschaften und -muster zu erkennen – Aspekte von uns selbst, die oft verborgen oder verdrängt sind. Diese Schattenaspekte zu verstehen, ist entscheidend für persönliches Wachstum und die Überwindung innerer Konflikte.

Die stoische Praxis der negativen Visualisierung ist ein weiteres wertvolles Werkzeug für das moderne Leben. Indem wir über die Vergänglichkeit der Dinge nachdenken und uns den schlimmsten Fall ausmalen, können wir Dankbarkeit für den gegenwärtigen Moment kultivieren und unsere Widerstandskraft angesichts von Widrigkeiten stärken. Diese Praxis hilft uns, das zu schätzen, was wir haben, und uns geistig auf mögliche Herausforderungen vorzubereiten.

Im Wesentlichen bietet der Stoizismus einen praktischen Rahmen für die Bewältigung der Komplexität des modernen Lebens. Seine Betonung von Tugend, Selbstbeherrschung, Achtsamkeit und Widerstandsfähigkeit gibt uns die Mittel an die Hand, ein sinnvolleres und erfüllteres Leben zu führen. Indem wir diese stoischen Prinzipien in unser tägliches Leben integrieren, können wir ein größeres Gefühl von Zielstrebigkeit, innerer Stärke und emotionalem Wohlbefinden entwickeln.

In den folgenden Kapiteln dieses Buches werden wir tiefer in die praktische Anwendung des Stoizismus eintauchen und seine Überschneidung mit dem Konzept der Schattenarbeit erkunden.

Durch die Kombination alter Lehren mit modernen psychologischen Erkenntnissen werden die Leser wertvolle Einblicke in ihre eigene Psyche gewinnen, lernen, die Herausforderungen des Lebens mit Weisheit und Widerstandsfähigkeit zu meistern und schließlich ein tieferes Gefühl von Erfüllung und Sinn zu kultivieren.

IN DIE PRAXIS UMSETZEN

(1) Kultivieren Sie Weisheit durch vernünftige Urteile und Handlungen auf der Grundlage der Vernunft. Beispiel: Bevor Sie eine wichtige Entscheidung treffen, nehmen Sie sich die Zeit, relevante Informationen zu sammeln, verschiedene Perspektiven abzuwägen und die möglichen Konsequenzen zu bedenken. Dies wird Ihnen helfen, fundierte Entscheidungen zu treffen und impulsive oder irrationale Entscheidungen zu vermeiden.

(2) Entwickeln Sie Mut, um Ängsten und Herausforderungen mit Widerstandsfähigkeit und Entschlossenheit zu begegnen. Beispiel: Fordern Sie sich selbst heraus, jede Woche etwas zu tun, was Ihnen Angst macht, sei es, in der Öffentlichkeit zu sprechen, eine neue Sportart auszuprobieren oder jemandem gegenüber Ihre wahren Gefühle auszudrücken. Indem Sie aus Ihrer Komfortzone heraustreten, entwickeln Sie Mut und erkennen, dass Sie in der Lage sind, Hindernisse zu überwinden.

(3) Praktiziere Gerechtigkeit, indem du andere mit Fairness und Respekt behandelst. Beispiel: Bemühen Sie sich im Umgang mit anderen bewusst darum, aktiv zuzuhören, unterschiedliche Standpunkte zu berücksichtigen und jeden mit Freundlichkeit und Einfühlungsvermögen zu behandeln. So schaffen Sie ein harmonisches und integratives Umfeld, in dem sich jeder wertgeschätzt und respektiert fühlt.

(4) Üben Sie Selbstbeherrschung und Mäßigung bei Handlungen und Emotionen. Beispiel: Wenn Sie mit einer verlockenden Situation oder einer starken emotionalen Reaktion konfrontiert werden, halten Sie inne und atmen Sie tief durch. Denken Sie über Ihre Werte und langfristigen Ziele nach, bevor Sie impulsive Entscheidungen treffen oder impulsiv reagieren. Dies wird Ihnen helfen, Entscheidungen zu treffen, die mit Ihren Prinzipien übereinstimmen, und das emotionale Gleichgewicht zu bewahren.

(5) Unterscheiden Sie zwischen dem, worauf Sie Einfluss haben, und dem, worauf Sie keinen Einfluss haben. Beispiel: Konzentrieren Sie sich auf Ihre eigenen Gedanken, Einstellungen und Handlungen, anstatt sich über äußere Ereignisse oder Umstände zu sorgen, die Sie nicht beeinflussen können. Wenn Sie Ihre Energie auf das lenken, was Sie ändern können, werden Sie weniger Frustration und Ängste erleben und Ihre Ziele effektiver erreichen.

(6) Üben Sie sich in Achtsamkeit und Selbstwahrnehmung, um Ihr Selbstverständnis zu vertiefen. Beispiel: Nehmen Sie sich jeden Tag ein paar Minuten Zeit für Achtsamkeitsmeditation oder Reflexion. Beobachten Sie Ihre Gedanken und Gefühle, ohne sie zu bewerten, und bemühen Sie sich, die Ihrem Verhalten zugrunde liegenden Muster und Motivationen zu verstehen. Diese Selbsterkenntnis wird Sie in die Lage versetzen, bewusste Entscheidungen zu treffen und sich von einschränkenden Glaubenssätzen oder ungesunden Mustern zu befreien.

(7) Nutzen Sie die Praxis der negativen Visualisierung, um Dankbarkeit und Widerstandsfähigkeit zu entwickeln. Beispiel: Nehmen Sie sich jeden Tag einen Moment Zeit und stellen Sie sich vor, etwas oder jemanden zu verlieren, den Sie sehr schätzen. Diese Übung wird Ihnen helfen, den gegenwärtigen Moment und die Dinge, die Sie oft als selbstverständlich ansehen, zu schätzen. Außerdem bereitet sie Sie mental auf künftige Herausforderungen vor und macht Sie widerstandsfähiger gegenüber Widrigkeiten.

Indem Sie diese umsetzbaren Schritte in Ihre tägliche Routine einbauen, haben Sie die Möglichkeit, die praktische Weisheit des Stoizismus zu verinnerlichen und Ihr Leben mit mehr Sinn und Erfüllung zu bereichern.

1.2. ERFORSCHUNG DES KONZEPTS DER SCHATTENARBEIT

Die Auseinandersetzung mit der Idee der Schattenarbeit ist ein wichtiger Teil unserer Reise zur Selbstfindung und persönlichen Entwicklung. In dieser Diskussion werden wir tief in die menschliche Psyche eintauchen und Licht auf die Aspekte unseres Selbst werfen, die wir oft verbergen oder ignorieren. Schattenarbeit ist ein psychologisches Konzept, das vom Schweizer Psychiater Carl

Jung populär gemacht wurde. Er glaubte, dass der Schatten die unbewussten Teile unserer Persönlichkeit darstellt, die wir ablehnen oder unterdrücken. Indem wir diese Schattenaspekte anerkennen und integrieren, können wir ein größeres Gefühl der Vollständigkeit und Ausgeglichenheit in uns selbst erreichen.

Der erste Schritt bei der Erforschung des Konzepts der Schattenarbeit besteht darin, Selbstreflexion und Bewusstsein zu kultivieren. Dazu gehört, dass wir unsere Gedanken, Gefühle und Verhaltensweisen genauer unter die Lupe nehmen und die Teile von uns selbst untersuchen, denen wir uns vielleicht nur zögerlich stellen. Durch Selbstbeobachtung und Achtsamkeitspraktiken können wir beginnen, Licht auf unsere Schatteneigenschaften und -muster zu werfen, wodurch wir ein tieferes Verständnis für unsere unbewussten Motivationen und verborgenen Wünsche gewinnen.

Die Identifizierung von Schatteneigenschaften und -mustern kann ein anspruchsvoller, aber lohnender Prozess sein. Er verlangt von uns, dass wir uns den Aspekten von uns selbst stellen, die wir als unangenehm oder beschämend empfinden. Dies könnte bedeuten, dass wir Eigenschaften wie Wut, Eifersucht, Unsicherheit oder andere Qualitäten, die wir als negativ oder unerwünscht ansehen, anerkennen. Indem wir diese Schattenseiten erkennen und akzeptieren, können wir daran arbeiten, sie in unser Bewusstsein zu integrieren, was uns einen ausgewogeneren und authentischeren Ausdruck unserer selbst ermöglicht.

Unangenehme Emotionen anzunehmen ist ein weiterer wichtiger Aspekt der Schattenarbeit. Das bedeutet, dass wir uns erlauben, Gefühle wie Angst, Traurigkeit oder Trauer zu erleben und auszudrücken, ohne sie zu verurteilen oder zu unterdrücken. Indem wir diese unbequemen Emotionen annehmen, können wir die

Macht, die sie über uns ausüben, loslassen und ein größeres Gefühl der emotionalen Freiheit und Widerstandsfähigkeit erlangen.

Die Akzeptanz unserer Unvollkommenheiten ist ein entscheidender Schritt im Prozess der Schattenarbeit. Es erfordert, dass wir unsere Schwächen und Verletzlichkeiten annehmen und erkennen, dass sie ein fester Bestandteil der menschlichen Erfahrung sind. Indem wir unsere Unvollkommenheiten akzeptieren, können wir ein größeres Gefühl des Selbstmitgefühls und der Selbstakzeptanz kultivieren, was eine tiefere Verbindung mit uns selbst und anderen fördert.

Die Kraft der Verletzlichkeit ist ein transformativer Aspekt der Schattenarbeit. Indem wir uns erlauben, verletzlich zu sein, können wir tiefere Verbindungen mit anderen schaffen und ein größeres Gefühl von Authentizität und Intimität in unseren Beziehungen kultivieren. Wenn wir uns verletzlich zeigen, können wir die Masken, die wir tragen, loslassen und unser wahres Selbst enthüllen, was ein Gefühl von echter Verbindung und Zugehörigkeit fördert.

Bei der Erforschung des Konzepts der Schattenarbeit geht es darum, tief in unseren Geist einzudringen und die unbewussten Aspekte unserer Persönlichkeit freizulegen. Durch die Kultivierung der Selbstwahrnehmung, das Erkennen von Schatteneigenschaften und -mustern, das Annehmen unangenehmer Emotionen, das Akzeptieren unserer Unvollkommenheit und das Zulassen von Verletzlichkeit können wir beginnen, unsere Schattenaspekte zu integrieren und ein größeres Gefühl der Vollständigkeit und Authentizität zu erlangen. Dieser Prozess der Schattenintegration ist ein wesentlicher Bestandteil unserer Reise zur Selbstentdeckung und zum persönlichen Wachstum, der letztendlich zu einer erfüllteren und bewussteren Lebensweise führt.

IN DIE PRAXIS UMSETZEN

(1) Üben Sie sich in Selbstreflexion und Achtsamkeit, um die Schattenaspekte zu beleuchten: Nehmen Sie sich jeden Tag Zeit, um über Ihre Gedanken, Gefühle und Verhaltensweisen nachzudenken. Achten Sie auf Muster oder Eigenschaften, die Sie vielleicht vermeiden oder verleugnen. Wenn Sie sich beispielsweise in Ihren Beziehungen häufig eifersüchtig fühlen, erforschen Sie die Gründe

für dieses Gefühl und wie es sich auf Ihre Handlungen und Beziehungen auswirkt.

(2) Erkennen und anerkennen Sie Schatteneigenschaften und -muster: Erstellen Sie eine Liste von Eigenschaften oder Verhaltensweisen, die Sie eher ablehnen oder verdrängen. Dazu könnten Wut, Unsicherheit oder Versagensängste gehören. Indem Sie diese Schatteneigenschaften erkennen und akzeptieren, können Sie daran arbeiten, sie in Ihr Bewusstsein zu integrieren. Wenn Sie zum Beispiel dazu neigen, Ihre Wut zu unterdrücken, üben Sie, sie auf gesunde und konstruktive Weise auszudrücken, um einen ausgeglicheneren und authentischeren Ausdruck Ihrer selbst zu schaffen.

(3) Lassen Sie unbequeme Gefühle zu, ohne sie zu verurteilen oder zu unterdrücken: Erlauben Sie sich, Emotionen wie Angst, Traurigkeit oder Trauer vollständig zu erleben und auszudrücken. Schaffen Sie sich einen sicheren Raum, um diese Gefühle zu verarbeiten und sich von ihnen zu befreien. Wenn Sie zum Beispiel traurig sind, erlauben Sie sich zu weinen und Ihre Gefühle auszudrücken, anstatt sie zu unterdrücken.

(4) Akzeptieren Sie Unvollkommenheiten und nehmen Sie sie an: Erkennen Sie, dass Unvollkommenheiten ein natürlicher Teil des Menschseins sind. Nehmen Sie Ihre Schwächen und Verletzlichkeiten an und behandeln Sie sie mit Selbstmitgefühl und Akzeptanz. Dies kann dazu beitragen, eine tiefere Verbindung mit sich selbst und anderen zu kultivieren. Wenn Sie zum Beispiel mit Selbstkritik zu kämpfen haben, üben Sie sich in Selbstmitgefühl, indem Sie anerkennen, dass niemand perfekt ist, und seien Sie freundlich zu sich selbst, wenn Sie Fehler machen.

(5) Umfassen Sie die Verletzlichkeit für tiefere Verbindungen und Authentizität: Erlauben Sie sich, in Ihren Beziehungen und Verbindungen mit anderen verletzlich zu sein. Zeigen Sie Ihr wahres Ich, einschließlich Ihrer Schattenaspekte, und lassen Sie die Masken los, die Sie tragen, um echte Beziehungen zu fördern. Wenn es Ihnen beispielsweise schwerfällt, um Hilfe zu bitten oder sich verletzlich zu zeigen, üben Sie, sich anderen zu öffnen und authentisch über Ihre Kämpfe und Ängste zu sprechen.

(6) Integrieren Sie Schattenaspekte für mehr Ganzheitlichkeit und Authentizität: Wenn Sie sich Ihrer Schatteneigenschaften und -muster bewusster werden, arbeiten Sie daran, sie in Ihr Bewusstsein zu integrieren. Dazu gehört es, die Beweggründe hinter diesen Aspekten zu verstehen und gesunde Wege zu finden, sie auszudrücken und zu kanalisieren. Wenn Sie beispielsweise dazu neigen, in sozialen Situationen unsicher zu sein, sollten Sie Maßnahmen ergreifen, um Ihr Selbstwertgefühl zu stärken, und sich darin üben, selbstbewusst und authentisch aufzutreten.

Generell gilt: Wenn Sie sich auf eine Selbstreflexion einlassen, die Teile Ihres Selbst, die Sie vielleicht als "dunkel" betrachten, annehmen und integrieren, sich öffnen, um verletzlich zu sein, und Freundlichkeit gegenüber sich selbst pflegen, können Sie eine transformative Reise der Selbstverbesserung und Selbstentdeckung beginnen. Diese Reise kann letztlich zu einer befriedigenderen und bewussteren Lebensweise führen.

1.3. DIE ÜBERSCHNEIDUNG VON STOIZISMUS UND SCHATTENARBEIT

Die Kombination von Stoizismus und Schattenarbeit ist ein faszinierendes und wirkungsvolles Konzept, das das Potenzial hat, unser persönliches Wachstum und unser emotionales Wohlbefinden erheblich zu verbessern. Der Stoizismus, eine antike Philosophie, die im frühen 3. Jahrhundert v. Chr. von Zenon von Citium in Athen begründet wurde, lehrt uns, wie wir Selbstbeherrschung, Widerstandsfähigkeit und innere Stärke entwickeln können, wenn wir uns den Herausforderungen des Lebens stellen. Bei der Schattenarbeit, einem psychologischen Konzept, das von Carl Jung populär gemacht wurde, geht es hingegen darum, die verborgenen, unbewussten Aspekte unserer Persönlichkeit zu erforschen, um sie in unser bewusstes Selbst zu integrieren.

Wenn diese beiden Konzepte zusammengebracht werden, entsteht ein umfassender Ansatz zur Selbsterkenntnis und persönlichen Entwicklung. Der Stoizismus stattet uns mit den Werkzeugen aus, um Widrigkeiten mit Mut und Weisheit zu begegnen, während die Schattenarbeit es uns ermöglicht, die unterdrückten Emotionen und Charakterzüge in uns aufzudecken und anzunehmen. Durch die Einbeziehung beider Philosophien können wir ein tieferes Verständnis für uns selbst gewinnen und eine größere emotionale Widerstandsfähigkeit kultivieren.

Der stoische Grundsatz "Erkenne dich selbst" steht in engem Zusammenhang mit dem Konzept der Schattenarbeit. Beide betonen die Bedeutung der Selbstreflexion, der Selbsterkenntnis und der Akzeptanz unserer Unvollkommenheit. Der Stoizismus ermutigt uns, unsere Gedanken und Verhaltensweisen zu untersuchen, während die Schattenarbeit die unbewussten Aspekte unserer Persönlichkeit erforscht, die unser bewusstes Handeln beeinflussen können. Durch die Integration dieser beiden Ansätze können wir ein umfassenderes und differenzierteres Verständnis von uns selbst erlangen, das zu einem tiefgreifenden persönlichen Wachstum führt.

Darüber hinaus können die stoischen Tugenden Weisheit, Mut, Gerechtigkeit und Mäßigung direkt auf den Prozess der Schattenarbeit angewendet werden. Wenn wir uns mit den verborgenen Aspekten unseres Schattenselbst konfrontieren, brauchen wir Weisheit, um die zugrunde liegenden Muster und Motive zu erkennen, Mut, um uns unbequemen Emotionen zu stellen, Gerechtigkeit, um uns selbst mit Mitgefühl und Fairness zu behandeln, und Mäßigung, um unsere Reaktionen auf die herausfordernden Enthüllungen, die sich ergeben, zu regulieren. Diese Integration befähigt uns, mit Widerstandsfähigkeit und Tugendhaftigkeit durch die Schattenaspekte unserer Psyche zu navigieren.

Darüber hinaus kann das stoische Konzept der Dichotomie der Kontrolle auch auf die Schattenarbeit angewendet werden. Der Stoizismus lehrt uns zu erkennen, was unter unserer Kontrolle steht und was nicht, und unsere Energie auf Ersteres zu konzentrieren. Auf die Schattenarbeit angewandt, hilft uns dieses Prinzip zu bestimmen, welche Aspekte unseres Schattenselbst wir bewusst integrieren können und welche möglicherweise professionelle Hilfe oder weitere Selbstbeobachtung erfordern. Indem wir die stoische Dichotomie der Kontrolle einbeziehen, gehen wir die Schattenarbeit mit einem klaren Sinn für Ziel und Richtung an.

Die Überschneidung von Stoizismus und Schattenarbeit bietet einen kraftvollen Rahmen für persönliches Wachstum und emotionale Heilung. Indem wir die zeitlose Weisheit des Stoizismus mit der tiefgreifenden Tiefe der Schattenarbeit verbinden, begeben wir uns auf eine Reise der Selbstentdeckung, die sowohl bereichernd als auch transformativ ist. Dieser ganzheitliche Ansatz ermöglicht es uns, emotionale Widerstandskraft zu kultivieren, unsere Selbstwahrnehmung zu vertiefen und die Gesamtheit unseres Seins mit Mut und Mitgefühl zu umarmen.

IN DIE PRAXIS UMSETZEN

(1) Üben Sie sich in Selbstreflexion und Selbsterkenntnis: Nehmen Sie sich jeden Tag Zeit, um über Ihre Gedanken und Verhaltensweisen nachzudenken und sich Ihrer Gefühle und Muster bewusst zu werden. Dies kann durch Tagebuchschreiben, Meditation oder einfach durch ein paar Minuten Stille geschehen, in denen Sie Ihren inneren Zustand beobachten. Beispiel: Führen Sie jeden Abend 10 Minuten lang ein Tagebuch über Ihren Tag. Denken Sie über Ihre Interaktionen, Gedanken und Gefühle nach. Achten Sie auf wiederkehrende Muster oder Auslöser, die auftauchen. Durch regelmäßige Selbstreflexion können Sie Ihr Verständnis für sich selbst vertiefen und Bereiche für persönliches Wachstum identifizieren.

(2) Umarmen und erforschen Sie Ihr Schattenselbst: Nehmen Sie sich die Zeit, die verborgenen Aspekte Ihrer Persönlichkeit, die Sie vielleicht unterdrückt oder übersehen haben, zu erkennen und zu integrieren. Dies kann bedeuten, dass Sie eine Therapie oder Beratung durch einen Fachmann in Anspruch nehmen, der sich auf Schattenarbeit spezialisiert hat, oder dass Sie Praktiken wie Traumanalyse oder kreativen Ausdruck anwenden, die dazu

beitragen, diese unbewussten Aspekte aufzudecken. Beispiel: Ziehen Sie in Erwägung, mit einem Therapeuten zusammenzuarbeiten, der in Schattenarbeit ausgebildet ist, um verdrängte Emotionen oder Erfahrungen aus Ihrer Vergangenheit zu erforschen. Indem Sie Ihr Schattenselbst mit der Unterstützung eines Fachmanns annehmen, können Sie Einblicke in Ihre unbewussten Motivationen gewinnen und Strategien für Heilung und Wachstum entwickeln.

(3) Kultivieren Sie die stoischen Tugenden: Entwickeln Sie Qualitäten wie Weisheit, Mut, Gerechtigkeit und Mäßigung, um den Prozess der Schattenarbeit mit Widerstandsfähigkeit und Tugendhaftigkeit zu bewältigen. Üben Sie sich darin, Entscheidungen zu treffen und Maßnahmen zu ergreifen, die mit diesen Tugenden übereinstimmen, und bemühen Sie sich, sie in Ihrem täglichen Leben zu verkörpern. Beispiel: Wenn Sie während der Schattenarbeit mit unangenehmen Gefühlen oder herausfordernden Enthüllungen konfrontiert werden, kultivieren Sie die Tugend des Mutes, indem Sie sich erlauben, diese Gefühle vollständig zu erleben und zu verarbeiten. Üben Sie sich in Mäßigung, indem Sie Ihre Reaktionen regulieren und impulsive Verhaltensweisen vermeiden. Wenn Sie diese Tugenden verkörpern, können Sie die Tiefen Ihrer Psyche mit Stärke und Integrität durchschreiten.

(4) Wenden Sie die stoische Dichotomie der Kontrolle an: Erkennen Sie, welche Aspekte Ihres Schattenselbst Sie bewusst integrieren und bearbeiten können, und identifizieren Sie diejenigen, die möglicherweise weitere Selbstbeobachtung oder professionelle Hilfe benötigen. Konzentrieren Sie Ihre Energie und Ihre Bemühungen auf die Aspekte, über die Sie die Kontrolle haben, und suchen Sie Unterstützung für die Aspekte, die zusätzliche Anleitung benötigen. Beispiel: Wenn Sie Ihr Schattenselbst erforschen, unterscheiden Sie zwischen Eigenschaften oder Emotionen, an deren Integration Sie selbständig arbeiten können, und solchen, die möglicherweise die Unterstützung eines Therapeuten oder Coaches benötigen. Konzentrieren Sie sich auf die Aspekte, über die Sie Kontrolle haben, wie z. B. die Änderung bestimmter Verhaltensweisen, und erkennen

Sie gleichzeitig an, dass es für eine tiefere Erforschung und Heilung wertvoll ist, professionelle Hilfe in Anspruch zu nehmen.

(5) Lassen Sie sich auf eine ganzheitliche Selbsterkenntnis ein: Lassen Sie sich auf den ganzheitlichen Ansatz der Integration von Stoizismus und Schattenarbeit ein, um emotionale Widerstandsfähigkeit zu kultivieren, die Selbstwahrnehmung zu vertiefen und Ihr ganzes Wesen anzunehmen. Entdecken Sie Ressourcen, Bücher und Workshops, die diese beiden Philosophien miteinander verbinden, um Ihre persönliche Entwicklung zu fördern. Beispiel: Nehmen Sie an einem Workshop teil oder schließen Sie sich einem Buchclub an, der sich auf die Überschneidung von Stoizismus und Schattenarbeit konzentriert. Beteiligen Sie sich an Diskussionen und Aktivitäten, die praktische Hilfsmittel für emotionale Widerstandsfähigkeit und Selbstfindung bieten. Indem Sie in diesen ganzheitlichen Ansatz eintauchen, können Sie Ihr persönliches Wachstum und Ihre Transformation beschleunigen.

Bitte stellen Sie sicher, dass Sie diese Aktionspunkte an Ihre individuellen Anforderungen und persönlichen Präferenzen anpassen. Zögern Sie nicht, professionellen Rat oder Anleitung einzuholen, wenn Sie dies für nötig halten.

1.4. VORTEILE DER INTEGRATION VON STOIZISMUS UND SCHATTENARBEIT

Die Kombination von Stoizismus und Schattenarbeit bringt zahlreiche Vorteile mit sich, die das eigene Leben nachhaltig beeinflussen können. Durch die Verbindung der uralten Weisheit des Stoizismus mit dem modernen psychologischen Konzept der Schattenarbeit kann der Einzelne sein Selbstbewusstsein, seine Widerstandsfähigkeit und seine emotionale Intelligenz stärken.

Einer der wichtigsten Vorteile der Integration von Stoizismus und Schattenarbeit ist die Fähigkeit, die Selbstwahrnehmung zu verbessern. Durch Schattenarbeit kann der Einzelne verborgene Aspekte seiner Persönlichkeit aufdecken, wie z. B. Ängste, Unsicherheiten und ungelöste Gefühle. Dieser Prozess ermöglicht ein tieferes Verständnis der eigenen Person und der eigenen Handlungen, was für persönliches Wachstum und Entwicklung unerlässlich ist. Durch die Einbeziehung der stoischen Prinzipien der

Selbstreflexion und Achtsamkeit kann der Einzelne lernen, diese Schattenaspekte zu beobachten und zu akzeptieren, ohne sie zu verurteilen, was zu einem stärkeren Gefühl der Selbstwahrnehmung und Akzeptanz führt.

Ein weiterer Vorteil der Verbindung von Stoizismus und Schattenarbeit ist die Kultivierung der emotionalen Widerstandsfähigkeit. Der Stoizismus lehrt den Einzelnen, den Herausforderungen des Lebens mit Gelassenheit und Rationalität zu begegnen, während die Schattenarbeit den Einzelnen befähigt, sich seinen emotionalen Wunden zu stellen und sie zu verarbeiten. Durch die Integration dieser Ansätze kann der Einzelne emotionale Widerstandsfähigkeit entwickeln, indem er schwierige Emotionen anerkennt und verarbeitet und auf anspruchsvolle Situationen mit größerer emotionaler Ausgeglichenheit und Gelassenheit reagiert. Diese Integration kann letztlich zu einer stärkeren inneren Stärke und emotionalen Stabilität führen, auch angesichts von Widrigkeiten.

Darüber hinaus kann die Integration von Stoizismus und Schattenarbeit zu einem tiefgreifenden Gefühl der inneren Gelassenheit und Zufriedenheit beitragen. Die stoischen Prinzipien der Akzeptanz und Dankbarkeit helfen dem Einzelnen, Zufriedenheit im gegenwärtigen Moment zu finden, während die Schattenarbeit die Heilung vergangener Wunden und das Loslassen nicht hilfreicher Gedanken- und Verhaltensmuster erleichtert. Durch diese Integration kann der Einzelne ein größeres Gefühl von Frieden und Erfüllung in seinem Leben kultivieren, während er die Herausforderungen des Lebens mit Akzeptanz und Gleichmut meistert.

Darüber hinaus kann die Integration von Stoizismus und Schattenarbeit eine authentischere und ausgerichtete Lebensweise fördern. Durch das Aufdecken und Integrieren ihrer Schattenaspekte können Menschen ihre Gedanken, Gefühle und Verhaltensweisen mit ihren wahren Werten und ihrem

Sinn für Ziele in Einklang bringen. Die stoischen Prinzipien des tugendhaften Lebens und des Lebens in Übereinstimmung mit den eigenen Werten können durch den Prozess der Schattenarbeit verbessert werden, was zu einer authentischeren und befriedigenderen Lebensweise führt.

Schließlich kann die Integration von Stoizismus und Schattenarbeit ein verstärktes Gefühl der Ermächtigung und des persönlichen Wachstums fördern. Durch die Konfrontation und Integration ihrer Schattenaspekte können Menschen die Kraft zurückgewinnen, die durch unbewusste Muster und Ängste verloren gegangen ist. Diese Ermächtigung, kombiniert mit der Widerstandsfähigkeit und dem Selbstbewusstsein, die durch stoische Praktiken kultiviert werden, kann zu beträchtlichem persönlichen Wachstum und Transformation führen.

Die Integration von Stoizismus und Schattenarbeit bietet eine breite Palette von Vorteilen, darunter ein erhöhtes Selbstbewusstsein, emotionale Widerstandsfähigkeit, inneren Frieden, Authentizität und Ermächtigung. Durch die Kombination dieser beiden kraftvollen Ansätze kann der Einzelne eine achtsamere und erfüllendere Lebensweise kultivieren, frei von den Zwängen unbewusster Ängste und Muster.

IN DIE PRAXIS UMSETZEN

(1) Üben Sie sich in Selbstreflexion und Achtsamkeit, um Ihre Selbstwahrnehmung zu verbessern. Beispiel: Nehmen Sie sich jeden Tag eine bestimmte Zeit, um über Ihre Gedanken, Gefühle und Verhaltensweisen nachzudenken, ohne sie zu bewerten. Beobachten Sie alle Schattenaspekte, die auftauchen, und bemühen Sie sich, sie zu verstehen, ohne sie als richtig oder falsch zu bezeichnen.

(2) Lassen Sie sich auf Schattenarbeit ein, um verborgene Aspekte Ihrer Persönlichkeit aufzudecken und emotionale Wunden zu verarbeiten. Beispiel: Fangen Sie an, ein Tagebuch zu führen, in dem Sie Ihre Ängste, Unsicherheiten und ungelösten Emotionen erforschen. Schreiben Sie frei und ehrlich und erlauben Sie sich, tief in Ihr Unterbewusstsein einzutauchen und verdrängte Gefühle oder Erfahrungen auszudrücken.

(3) Kultivieren Sie emotionale Widerstandsfähigkeit, indem Sie in schwierigen Situationen die stoischen Prinzipien anwenden. Beispiel: Wenn Sie mit einer schwierigen Situation konfrontiert werden, nehmen Sie sich einen Moment Zeit, um innezuhalten, Ihre Emotionen zu beobachten, ohne zu urteilen, und mit einer ruhigen und rationalen Denkweise zu reagieren. Konzentrieren Sie sich darauf, die Situation zu akzeptieren und eine Lösung zu finden, anstatt sich von Emotionen überwältigen zu lassen.

(4) Üben Sie sich in Akzeptanz und Dankbarkeit, um inneren Frieden und Zufriedenheit im gegenwärtigen Moment zu finden. Beispiel: Machen Sie jeden Tag eine Liste mit drei Dingen, für die Sie dankbar sind. Nehmen Sie sich ein paar Augenblicke Zeit, um über diese Dinge nachzudenken, und üben Sie, den gegenwärtigen Moment so zu akzeptieren, wie er ist, ohne zu versuchen, ihn zu verändern oder zu kontrollieren.

(5) Richten Sie Ihre Gedanken, Gefühle und Verhaltensweisen an Ihren wahren Werten und Ihrer Zielsetzung aus. Beispiel: Ermitteln Sie Ihre Grundwerte und erstellen Sie eine Visionstafel, die diese Werte repräsentiert. Nutzen Sie diese visuelle Erinnerung, um Ihre täglichen Handlungen und Entscheidungen an diesen Werten auszurichten und sicherzustellen, dass Sie authentisch und im Einklang mit dem leben, was Ihnen wirklich wichtig ist.

(6) Stellen Sie sich Ihren Schattenaspekten und integrieren Sie sie, um persönliche Macht zurückzugewinnen und persönliches Wachstum zu fördern. Beispiel: Suchen Sie eine Therapie oder Beratung auf, um vergangene Traumata und unbewusste Muster zu verarbeiten. Engagieren Sie sich in Aktivitäten, die Ihre Komfortzone herausfordern und konfrontieren Sie sich mit Ihren Ängsten, damit Sie wachsen und in Ihre persönliche Kraft treten können.

(7) Kombinieren Sie stoische Praktiken mit Schattenarbeit, um eine bewusstere und erfüllendere Lebensweise zu schaffen. Beispiel: Nehmen Sie sich jede Woche Zeit, um sowohl Selbstreflexion als auch Schattenarbeit zu betreiben. Wechseln Sie zwischen dem Praktizieren stoischer Prinzipien und dem Erforschen Ihrer

Schattenaspekte ab, um eine ganzheitliche Wachstumsreise zu ermöglichen, die beide Philosophien einbezieht.

Wenn Sie diese praktischen Richtlinien befolgen, können Sie die Vorteile der Einbeziehung von Stoizismus und Schattenarbeit in Ihr Leben nutzen, was zu persönlicher Entwicklung, Resilienz und einer authentischen Lebensweise führt.

1.5. Wie dieses Buch Ihnen helfen kann zu wachsen

Dieses Buch wurde sorgfältig mit dem Ziel verfasst, Sie auf eine transformative Reise des persönlichen Wachstums und der Selbstentdeckung zu führen. Durch die Kombination der alten Weisheit des Stoizismus mit dem introspektiven Prozess der Schattenarbeit bietet dieses Buch einen einzigartigen Ansatz, um die Herausforderungen des Lebens zu meistern und innere Stärke zu finden. Ganz gleich, ob Sie ein tieferes Verständnis für sich selbst erlangen, Ihre Widerstandsfähigkeit kultivieren oder einen größeren Sinn und Zweck finden möchten, dieses Buch bietet Ihnen praktische Werkzeuge und wertvolle Einsichten, die Sie auf Ihrem Weg zum Wachstum unterstützen.

Eine der wichtigsten Möglichkeiten, wie dieses Buch Ihr Wachstum fördern kann, besteht darin, dass es ein umfassendes Verständnis dafür vermittelt, wie sich Stoizismus und Schattenarbeit überschneiden. Indem Sie die Prinzipien des Stoizismus und das Konzept des Schattens erforschen, werden Sie ein geschärftes Bewusstsein dafür entwickeln, wie diese beiden Philosophien sich auf Ihrer persönlichen Entwicklungsreise ergänzen können. Dieses grundlegende Wissen wird Sie befähigen, die Komplexität Ihrer inneren Welt mit Klarheit und Einsicht zu bewältigen, was letztlich zu einem tieferen Gefühl der Selbsterkenntnis und emotionalen Intelligenz führt.

Darüber hinaus bietet dieses Buch praktische Übungen und Techniken, die speziell darauf ausgerichtet sind, Ihr Wachstum zu fördern und diese Philosophien in Ihr tägliches Leben einzubinden. Von Aufforderungen zur Selbstreflexion bis hin zu Achtsamkeitsübungen stellt jedes Kapitel umsetzbare Schritte vor, mit denen Sie Ihr Verständnis der stoischen Prinzipien und der Schattenarbeit vertiefen können. Indem Sie sich auf diese Übungen einlassen, haben Sie die Möglichkeit, diese Konzepte auf praktische Weise anzuwenden, was zu einer tieferen und dauerhafteren Transformation führt.

Darüber hinaus kann dieses Buch Ihr Wachstum unterstützen, indem es einen unterstützenden und mitfühlenden Rahmen für die Auseinandersetzung mit Ihren inneren Dämonen bietet. Indem Sie die Schattenaspekte Ihrer Psyche annehmen und lernen, mit unbequemen Emotionen umzugehen, werden Sie größere Widerstandsfähigkeit und innere Stärke entwickeln. Dieser Prozess der Integration Ihres Schattens in Verbindung mit den stoischen Prinzipien der Akzeptanz und Tugendhaftigkeit wird Sie befähigen, Ihren Ängsten und Begrenzungen mit Mut und Anmut zu begegnen, was letztlich zu einem authentischeren und erfüllteren Leben führt.

Darüber hinaus kann dieses Buch Ihr Wachstum unterstützen, indem es wertvolle Einblicke in die Natur von Herausforderungen und Rückschlägen bietet und zeigt, wie man sie mit stoischer Weisheit bewältigen kann. Indem Sie das Konzept der Kontrolle erforschen und emotionale Widerstandsfähigkeit kultivieren, werden Sie besser darauf vorbereitet sein, Widrigkeiten mit einem Gefühl der Ruhe und Beharrlichkeit zu begegnen. Dieser Ansatz wird Sie in die Lage versetzen, Schmerz in Wachstum umzuwandeln und die mentale und emotionale Widerstandsfähigkeit zu entwickeln, die Sie brauchen, um die Hindernisse des Lebens mit Entschlossenheit und Anmut zu überwinden.

Im Wesentlichen stellt dieses Buch einen ganzheitlichen Ansatz für persönliches Wachstum vor, der die zeitlose Weisheit des Stoizismus mit den tiefgreifenden Einsichten der Schattenarbeit verbindet. Durch die Bereitstellung eines Fahrplans für Selbstentdeckung, emotionale Widerstandsfähigkeit und innere

Transformation dient dieses Buch als wertvolle Ressource für jeden, der eine sinnvollere und bewusstere Lebensweise kultivieren möchte. Mit seinen praktischen Übungen, mitfühlenden Anleitungen und tiefgründigen Einsichten hat dieses Buch das Potenzial, Sie auf einer kraftvollen Reise des Wachstums und der Selbstentdeckung zu unterstützen.

IN DIE PRAXIS UMSETZEN

(1) Erforschen Sie die Prinzipien des Stoizismus und das Konzept des Schattens, um ein tieferes Verständnis ihrer Überschneidungen zu erlangen und wie sie sich in der persönlichen Entwicklung ergänzen können. Beispiel: Lesen Sie Bücher oder besuchen Sie Workshops über Stoizismus und Schattenarbeit, um mehr über deren Philosophien zu erfahren und darüber, wie sie im täglichen Leben angewendet werden können. Reflektieren Sie über die stoischen Prinzipien und erforschen Sie das Konzept des Schattens durch Introspektion und Tagebuchführung.

(2) Nutzen Sie die praktischen Übungen und Techniken, die das Buch bietet, um Stoizismus und Schattenarbeit in Ihr tägliches Leben zu integrieren. Beispiel: Üben Sie die im Buch vorgeschlagenen Selbstreflexionsanregungen und Achtsamkeitsübungen, um das Verständnis und die Anwendung der stoischen Prinzipien und der Schattenarbeit zu vertiefen. Setzen Sie diese Übungen konsequent um, um mehr Selbstbewusstsein und emotionale Intelligenz zu entwickeln.

(3) Nehmen Sie unangenehme Emotionen an und gehen Sie damit um, indem Sie sich auf den Prozess der Schattenintegration einlassen. Beispiel: Wenn Sie mit Gefühlen wie Wut oder Angst konfrontiert werden, halten Sie inne und erkennen Sie die Präsenz dieser Gefühle an. Anstatt sie zu vermeiden oder zu unterdrücken, erforschen Sie die zugrunde liegenden Ursachen und Auslöser. Nutzen Sie die stoischen Prinzipien der Akzeptanz und der Tugend, um diesen Emotionen mit Mut und Anmut zu begegnen und sie zu bewältigen.

(4) Entwickeln Sie Resilienz und innere Stärke, um Herausforderungen und Rückschlägen mit einer stoischen Haltung zu begegnen. Beispiel: Kultivieren Sie emotionale Widerstandsfähigkeit, indem Sie Achtsamkeit und stoische Übungen

praktizieren, z. B. indem Sie sich auf das konzentrieren, was Sie unter Kontrolle haben, und indem Sie Rückschläge als Chancen für Wachstum betrachten. Nehmen Sie Herausforderungen als Charaktertests an und gehen Sie sie mit Entschlossenheit und Gelassenheit an.

(5) Verwandeln Sie Schmerz in Wachstum, indem Sie stoische Weisheit anwenden, um mit Widrigkeiten umzugehen. Beispiel: Wenn Sie mit einer schwierigen Situation konfrontiert sind, erinnern Sie sich an das stoische Prinzip, das zu akzeptieren, was Sie nicht kontrollieren können, und sich auf das zu konzentrieren, was Sie kontrollieren können. Lenken Sie Ihre Energie darauf, Lösungen zu finden und eine positive Einstellung zu bewahren. Nutzen Sie Rückschläge als Chance, um zu lernen und zu wachsen und dadurch geistig und emotional stärker zu werden.

(6) Kultivieren Sie eine sinnvolle und bewusste Lebensweise, indem Sie die Weisheit des Stoizismus und der Schattenarbeit integrieren. Beispiel: Integrieren Sie stoische Prinzipien wie Akzeptanz, Tugendhaftigkeit und Konzentration auf den gegenwärtigen Moment in Ihr tägliches Leben. Führen Sie regelmäßig Schattenarbeit durch, wie z. B. Tagebuchführung und Selbstreflexion, um unbewusste Aspekte des Selbst zu erforschen und zu integrieren. Handlungen und Entscheidungen mit persönlichen Werten in Einklang bringen und nach Authentizität und Erfüllung streben.

2. Erkenne dich selbst: Den Schatten enthüllen

2.1. Selbstreflexion und Bewusstheit

Selbstreflexion und Selbsterkenntnis spielen bei Schattenarbeit und Stoizismus eine zentrale Rolle. Wenn wir uns die Zeit nehmen, nach innen zu schauen und unsere Gedanken, Gefühle und Verhaltensweisen ehrlich zu bewerten, gewinnen wir ein tieferes Verständnis von uns selbst und unseren Schattenaspekten. Dieser Prozess hilft uns, Muster, Auslöser und Bereiche zu erkennen, in denen wir persönlich wachsen können, und schafft die Voraussetzungen für eine transformative und sinnvolle Integration unseres Schattens.

Selbstreflexion bedeutet, aktiv innezuhalten und unsere Erfahrungen, Handlungen und Gefühle zu untersuchen. Sie verlangt von uns, uns selbst gegenüber ehrlich zu sein, unsere Beweggründe zu hinterfragen und die tieferen Bedeutungen hinter unseren Gedanken und Verhaltensweisen zu ergründen. Durch Selbstreflexion beginnen wir, die Schichten unserer Psyche zu enträtseln, Einblicke in unsere Schatteneigenschaften zu gewinnen und Aspekte von uns selbst aufzudecken, die wir vielleicht bisher vermieden oder unterdrückt haben.

Andererseits geht es bei der Selbstwahrnehmung darum, präsent und achtsam mit unseren Gedanken, Gefühlen und Tendenzen umzugehen, wenn sie in unserem täglichen Leben auftauchen. Es ist die Praxis, uns selbst zu beobachten, ohne zu urteilen, und uns zu ermöglichen, zu erkennen, wann unsere Schatteneigenschaften unsere Handlungen und Entscheidungen beeinflussen. Die Kultivierung der Selbstwahrnehmung befähigt uns, unsere Schattenmuster in Echtzeit abzufangen und anzusprechen, um zu verhindern, dass sie unbewusst unser Verhalten und unsere Reaktionen diktieren.

Durch die Kombination von Selbstreflexion und Selbsterkenntnis können wir den Prozess der Integration unseres Schattens in Gang setzen und unsere stoische Selbstverbesserung fördern. Diese Praktiken erhellen die Tiefen unserer Psyche und bringen unsere Schattenaspekte ins Bewusstsein. Mit diesem neu gewonnenen Bewusstsein gewinnen wir das Wissen, das wir brauchen, um fundierte Entscheidungen darüber zu treffen, wie wir uns mit unserem Schatten auseinandersetzen, was letztendlich zu seiner Integration und zu einem ausgeglicheneren, authentischeren Ausdruck unserer selbst führt.

Betrachten wir zur Veranschaulichung das Beispiel einer Person, die mit Wutproblemen zu kämpfen hat. Durch Selbstreflexion kann diese Person beginnen, die zugrundeliegenden Ursachen ihrer Wut zu erkennen, wie z. B. Angst, Unsicherheit oder vergangene Traumata. Diese neu gewonnene Bewusstheit befähigt sie, sich selbst in dem Moment zu ertappen, in dem Wut aufkommt, und gibt ihnen die Möglichkeit, stattdessen eine stoische und konstruktive Reaktion zu wählen. Sie können erkennen, dass ihre Wut eine Manifestation ihres Schattens ist, und indem sie ihn anerkennen und mit ihm arbeiten, können sie beginnen, ihn in eine Quelle der Stärke und Weisheit zu verwandeln.

Darüber hinaus ermöglichen Selbstreflexion und Selbsterkenntnis dem Einzelnen, die Ursachen seines Verhaltens zu verstehen und bewusste Entscheidungen zu treffen, die mit seinen stoischen Werten und Tugenden in Einklang stehen. Indem sie ihre Schatteneigenschaften und -muster aufdecken, können sie ein größeres Gefühl der Selbstbeherrschung und emotionalen Widerstandsfähigkeit entwickeln und so den Weg für ein harmonischeres und erfüllteres Leben ebnen.

Die Kombination aus Selbstreflexion und Selbsterkenntnis wirkt wie ein starker Katalysator für die Integration unseres Schattens und die Förderung von stoischem Wachstum. Durch das Üben dieser Techniken kann der Einzelne ein tiefes Verständnis für sich selbst erlangen, seine Schattenaspekte identifizieren und bewusste Schritte zur Integration unternehmen. Diese Reise ermöglicht die Entwicklung von erhöhter emotionaler Intelligenz, Widerstandsfähigkeit und Authentizität, was letztlich zu einem erfüllteren und tugendhafteren Leben führt.

IN DIE PRAXIS UMSETZEN

(1) Üben Sie sich in Selbstreflexion: Nehmen Sie sich jeden Tag Zeit, um innezuhalten und Ihre Gedanken, Handlungen und Gefühle zu überprüfen. Fragen Sie sich, warum Sie sich auf eine bestimmte Weise fühlen oder warum Sie auf eine bestimmte Weise reagiert haben. Diese Übung wird Ihnen helfen, Einblick in Ihre Schattenseiten zu gewinnen und Aspekte von Ihnen aufzudecken, die Sie vielleicht vermeiden oder verdrängen. Beispiel: Nehmen Sie sich jeden Abend 10 Minuten Zeit, um über Ihren Tag nachzudenken. Fragen Sie sich, warum Sie sich während einer bestimmten Interaktion wütend gefühlt haben, und erforschen Sie die zugrundeliegenden Ursachen, wie z. B. Angst oder Unsicherheit. Diese Reflexion wird es Ihnen ermöglichen, sich Ihres Schattens bewusster zu werden und in Zukunft in ähnlichen Situationen bewusste Entscheidungen zu treffen.

(2) Kultivieren Sie Bewusstsein: Seien Sie in Ihrem täglichen Leben achtsam und präsent und beobachten Sie Ihre Gedanken, Gefühle und Tendenzen, wenn sie auftauchen. Üben Sie sich darin, nicht zu urteilen und sich selbst zu akzeptieren, damit Sie erkennen können, wann Ihre Schatteneigenschaften Ihre Handlungen und Entscheidungen beeinflussen. Beispiel: Bemühen Sie sich den ganzen Tag über, sich Ihrer Gedanken und Gefühle bewusst zu sein. Achten

Sie darauf, wann Eifersuchtsgefühle aufkommen, und beobachten Sie, wie sie Ihr Verhalten beeinflussen. Indem Sie sich dieser Muster bewusst werden, können Sie eine Entscheidung treffen, anders zu reagieren und zu verhindern, dass Ihre Schatteneigenschaften Ihre Handlungen bestimmen.

(3) Identifizieren Sie Auslöser und Muster: Achten Sie auf wiederkehrende Situationen oder Ereignisse, die Ihre Schattenaspekte zum Vorschein bringen. Erkennen Sie die Auslöser, die zu bestimmten Gedanken, Gefühlen oder Verhaltensweisen führen, und suchen Sie nach Möglichkeiten, diese anzusprechen und zu verändern. Beispiel: Beobachten Sie, wann Sie dazu neigen, sich defensiv oder unsicher zu fühlen. Ermitteln Sie die spezifischen Situationen oder Auslöser, die zu diesen Gefühlen führen, z. B. wenn Sie Kritik erhalten oder mit anderen verglichen werden. Sobald Sie diese Auslöser erkannt haben, können Sie Strategien entwickeln, um stoischer und konstruktiver zu reagieren.

(4) Machen Sie bewusste Schritte zur Integration: Sobald Sie Einblick in Ihre Schattenaspekte gewonnen und Auslöser identifiziert haben, arbeiten Sie aktiv daran, sie in Ihr Leben zu integrieren. Dazu gehört, dass Sie sich bewusst entscheiden, wie Sie auf Situationen reagieren, und Ihr neu gewonnenes Bewusstsein nutzen, um fundierte Entscheidungen zu treffen, die mit Ihren Werten im Einklang stehen. Beispiel: Anstatt Ihre Wut zu unterdrücken oder zuzulassen, dass sie Ihr Handeln kontrolliert, sollten Sie sie anerkennen und mit ihr arbeiten. Erkennen Sie, dass Wut eine wertvolle Informationsquelle sein kann, und nutzen Sie sie als Chance für Wachstum und Selbstverbesserung. Indem Sie Ihre Wut auf stoische und konstruktive Weise integrieren, können Sie sie in eine Quelle der Stärke und Weisheit verwandeln.

(5) Entwickeln Sie emotionale Widerstandsfähigkeit und Selbstbeherrschung: Durch die Praxis der Selbstreflexion und des Bewusstseins können Sie eine größere emotionale Intelligenz und Widerstandsfähigkeit kultivieren. Indem Sie die Ursachen Ihrer Verhaltensweisen verstehen und bewusste Entscheidungen treffen, können Sie Ihre Handlungen mit Ihren stoischen Werten und Tugenden in Einklang bringen. Beispiel: Wenn Sie mit einer

schwierigen Situation konfrontiert werden, nehmen Sie sich einen Moment Zeit, um über Ihre Emotionen und die zugrunde liegenden Beweggründe nachzudenken, bevor Sie reagieren. Entscheiden Sie sich dafür, auf eine Weise zu reagieren, die mit Ihren stoischen Werten übereinstimmt, wie z. B. Geduld oder Vergebung. Diese bewusste Praxis wird Ihnen helfen, emotionale Widerstandsfähigkeit zu entwickeln und Ihr Gefühl der Selbstbeherrschung zu verbessern. (6) Streben Sie nach Authentizität und Erfüllung: Das ultimative Ziel der Schattenintegration und des stoischen Wachstums ist es, ein harmonischeres und erfüllteres Leben zu führen. Nehmen Sie Ihre Schattenaspekte als Teil Ihres authentischen Selbstausdrucks an und treffen Sie Entscheidungen, die mit Ihren wahren Werten und Tugenden übereinstimmen. Beispiel: Überlegen Sie, was Ihnen wirklich Freude und Erfüllung im Leben bringt, unabhängig von gesellschaftlichen Erwartungen oder äußeren Einflüssen. Richten Sie Ihre Handlungen und Entscheidungen an Ihrem authentischen Selbst aus, auch wenn dies bedeutet, dass Sie gegen gesellschaftliche Normen verstoßen. Indem Sie authentisch leben, können Sie ein Gefühl der Erfüllung kultivieren und ein tugendhaftes Leben führen.

2.2. ERKENNEN VON SCHATTENMERKMALEN UND -MUSTERN

Das Verständnis von Schatteneigenschaften und -mustern ist von immenser Bedeutung, wenn man sich in die Welt der Schattenarbeit vertieft. Es ermöglicht uns, ein tiefes Verständnis unserer unterbewussten Verhaltensweisen und Denkmuster zu erlangen. Auf dieser Reise werden wir oft mit Aspekten von uns selbst konfrontiert, die wir verdrängt oder verleugnet haben, und diese Schatteneigenschaften und -muster können sich auf vielfältige Weise in unserem Leben manifestieren.

Der erste Schritt zur Identifizierung dieser Schatteneigenschaften und -muster ist die Kultivierung von Selbstreflexion und Bewusstsein. Dazu gehört, dass wir uns Zeit nehmen, um unsere Gedanken, Gefühle und Reaktionen zu beobachten, ohne sie zu bewerten. Wenn wir uns in Achtsamkeit üben, können wir beginnen, wiederkehrende Verhaltensmuster und emotionale

Reaktionen zu erkennen, die möglicherweise von unseren Schattenaspekten herrühren. Indem wir dieses erhöhte Maß an Selbsterkenntnis entwickeln, können wir die Motive und Überzeugungen hinter unseren Handlungen aufdecken.

Wenn wir ein Gefühl der Selbstreflexion und des Bewusstseins erlangt haben, können wir dann bestimmte Schatteneigenschaften und -muster identifizieren, die unser Verhalten stark beeinflussen. Zu diesen Eigenschaften können Qualitäten wie Neid, Gier, Wut oder Egoismus gehören, aber auch tief sitzende Ängste und Unsicherheitsgefühle. Indem wir diese Eigenschaften ehrlich und offen untersuchen, können wir beginnen zu verstehen, wie sie sich in unserem täglichen Leben und in unseren Beziehungen manifestieren.

Es ist von entscheidender Bedeutung, dass wir unangenehme Emotionen zulassen, die auftauchen können, wenn wir unsere Schatteneigenschaften und -muster erkennen. Oft wurden diese Emotionen lange Zeit unterdrückt, was es schwierig macht, sie anzuerkennen. Wenn wir uns diesen Emotionen jedoch direkt stellen, können wir damit beginnen, die Macht, die unsere Schatteneigenschaften über uns haben, abzubauen. Dieser Prozess verschafft uns emotionale Freiheit und eröffnet uns Wege für persönliches Wachstum und Transformation.

Neben dem Erkennen individueller Schatteneigenschaften sollten wir auch auf wiederkehrende Verhaltensmuster in unserem Leben achten. Diese Muster können sich in verschiedenen Kontexten manifestieren, z. B. in Beziehungen, im Beruf oder bei persönlichen Zielen. Indem wir diese Muster erkennen, können wir Einblicke in die Art und Weise gewinnen, in der unsere Schattenaspekte unsere

Entscheidungsfindung und Reaktionen auf verschiedene Situationen beeinflussen.

Wenn wir uns beispielsweise ständig in toxischen Beziehungen wiederfinden, kann es notwendig sein, die zugrunde liegenden Überzeugungen und Ängste zu erforschen, die diese Dynamik in unser Leben bringen. Indem wir diese Muster erkennen und verstehen, können wir darauf hinarbeiten, den Kreislauf zu durchbrechen und gesündere, erfüllendere Beziehungen zu pflegen.

Außerdem geht es bei der Identifizierung von Schatteneigenschaften und -mustern nicht nur darum, negative Aspekte von uns selbst ans Licht zu bringen. Es ist auch eine Gelegenheit, verborgene Talente, Wünsche und Bestrebungen zu erkennen, die vielleicht unterdrückt wurden. Indem wir diese Aspekte anerkennen, können wir unser volles Potenzial ausschöpfen und ein authentischeres und zielgerichteteres Leben führen.

Der Prozess der Identifizierung von Schattenmerkmalen und -mustern spielt eine wichtige Rolle auf dem Weg der Schattenarbeit. Indem wir Selbstreflexion und Bewusstheit fördern, unbequeme Emotionen zulassen und wiederkehrende Verhaltensmuster anerkennen, können wir ein tieferes Verständnis für den Einfluss unserer Schattenaspekte auf uns gewinnen. Dieses gesteigerte Bewusstsein schafft die Voraussetzungen für persönliches Wachstum und Transformation und ermöglicht es uns, ein integrierteres und erfüllteres Dasein anzustreben.

IN DIE PRAXIS UMSETZEN

(1) Entwickeln Sie Selbstreflexion und Bewusstsein durch Achtsamkeitsübungen. Beispiel: Nehmen Sie sich jeden Tag 10 Minuten Zeit, um eine Achtsamkeitsmeditation durchzuführen. Beobachten Sie Ihre Gedanken, Gefühle und Reaktionen, ohne sie zu bewerten. Achten Sie auf wiederkehrende Verhaltensmuster oder emotionale Reaktionen, die möglicherweise auf Ihre Schattenaspekte zurückzuführen sind. Diese Übung wird Ihnen helfen, ein höheres Maß an Selbstbewusstsein zu entwickeln und die zugrunde liegenden Motive und Überzeugungen aufzudecken, die Ihr Handeln bestimmen.

(2) Identifizieren Sie spezifische Schatteneigenschaften und -muster, die Ihr Verhalten beeinflussen. Beispiel: Machen Sie eine Liste von Eigenschaften oder Verhaltensweisen, die Sie bei sich selbst festgestellt haben, wie Neid, Gier, Wut oder Egoismus. Überlegen Sie, wie sich diese Eigenschaften in Ihrem täglichen Leben und in Ihren Beziehungen manifestieren. Seien Sie ehrlich und offen zu sich selbst, wenn Sie diese Eigenschaften untersuchen, und versuchen Sie zu verstehen, wie sie Ihr Handeln beeinflussen.

(3) Lassen Sie sich auf unangenehme Gefühle ein, die auftauchen, wenn Sie Ihre Schatteneigenschaften und -muster erkennen. Beispiel: Wenn Sie unangenehme Gefühle empfinden, erlauben Sie sich, sie vollständig zu erleben, anstatt sie zu vermeiden oder zu unterdrücken. Bleiben Sie bei den unangenehmen Gefühlen und erforschen Sie die Gründe für diese Gefühle. Indem Sie sich ihnen direkt stellen, können Sie beginnen, die Macht, die Ihre Schatteneigenschaften über Sie haben, abzubauen und größere emotionale Freiheit und persönliches Wachstum zu erfahren.

(4) Achten Sie auf wiederkehrende Verhaltensmuster in verschiedenen Bereichen Ihres Lebens. Beispiel: Denken Sie über wiederkehrende Muster in Ihren Beziehungen, Ihrer Karriere oder Ihren persönlichen Zielen nach. Achten Sie darauf, ob es gemeinsame Themen oder Dynamiken gibt, die auftauchen. Wenn Sie zum Beispiel immer wieder toxische Beziehungen anziehen, erforschen Sie die zugrunde liegenden Überzeugungen und Ängste, die zu diesem Muster beitragen. Wenn Sie diese Muster erkennen und verstehen, können Sie aktiv daran arbeiten, den Kreislauf zu durchbrechen und gesündere und erfüllendere Erfahrungen zu machen.

(5) Erkennen Sie verborgene Talente, Wünsche und Bestrebungen, die möglicherweise unterdrückt wurden, und nehmen Sie sie an. Beispiel: Nehmen Sie sich Zeit, um über Talente, Wünsche oder Bestrebungen nachzudenken, die Sie unterdrückt oder ignoriert haben. Überlegen Sie, wie diese verborgenen Aspekte von Ihnen dazu beitragen können, ein authentischeres und sinnvolleres Leben zu führen. Nehmen Sie diese Talente an oder erkunden Sie die

Möglichkeiten, Ihren Wünschen und Bestrebungen nachzugehen, damit Sie Ihr Potenzial voll zum Ausdruck bringen können.

(6) Nutzen Sie den Prozess der Identifizierung von Schattenmerkmalen und -mustern als Chance für persönliches Wachstum und Transformation. Beispiel: Betrachten Sie den Weg der Schattenarbeit als eine Chance, als Individuum zu wachsen und sich zu verändern. Nehmen Sie die Herausforderungen und Unannehmlichkeiten an, die während dieses Prozesses auftreten können, denn Sie wissen, dass Sie durch diese Selbsterforschung zu einer integrierteren und erfüllteren Existenz gelangen können. Suchen Sie kontinuierlich nach Möglichkeiten der Selbstreflexion, des Bewusstseins und des persönlichen Wachstums, während Sie sich auf Ihrer Reise durch die Schattenarbeit bewegen.

2.3. Unbequeme Emotionen zulassen

Schwierige Emotionen zuzulassen ist ein wesentlicher Bestandteil von Schattenarbeit und Stoizismus. In der heutigen Gesellschaft besteht oft die Tendenz, Emotionen zu vermeiden oder zu unterdrücken, die als negativ oder unangenehm empfunden werden, wie etwa Angst, Wut oder Traurigkeit. Der Stoizismus lehrt uns jedoch, dass diese Emotionen ein natürlicher Teil des Menschseins sind und dass wir, wenn wir sie zulassen, wertvolle Einsichten gewinnen und stärkere Persönlichkeiten werden können.

Wenn wir unangenehme Gefühle vermeiden, ignorieren wir im Grunde wichtige Signale unserer eigenen Psyche. Diese Emotionen entstehen oft als Reaktion auf eine wahrgenommene Bedrohung oder Herausforderung, und indem wir sie anerkennen und annehmen, können wir ein tieferes Verständnis für uns selbst und unsere wahren Bedürfnisse entwickeln. Angstgefühle können beispielsweise darauf hinweisen, dass wir mit einer Situation konfrontiert sind, die Mut und Widerstandsfähigkeit erfordert, während Wutgefühle signalisieren können, dass unsere Grenzen verletzt wurden.

Im Bereich der Schattenarbeit sind unangenehme Emotionen oft mit Aspekten von uns selbst verbunden, die wir lieber verborgen halten oder verleugnen würden. Indem wir diese Emotionen annehmen, können wir ein Licht auf die Schattenaspekte unserer Persönlichkeit werfen und den Prozess der Integration in unser Bewusstsein einleiten. Dies kann zu einem harmonischeren und authentischeren Selbstverständnis führen.

Wenn wir die stoischen Prinzipien praktizieren, können wir uns unangenehmen Emotionen mit Weisheit und Tapferkeit nähern. Indem wir die Vergänglichkeit dieser Gefühle anerkennen, können wir lernen, sie zu beobachten, ohne uns überwältigt zu fühlen oder impulsiv zu reagieren. Dies befähigt uns, auf unsere Emotionen aus einer Position der inneren Stärke und Widerstandsfähigkeit heraus zu reagieren, anstatt von ihnen kontrolliert zu werden.

Eine praktische Technik zur Bewältigung unangenehmer Gefühle ist die Achtsamkeit. Achtsamkeit bedeutet, dass wir unsere Gedanken, Gefühle und körperlichen Empfindungen ohne Wertung wahrnehmen. Wenn wir uns darin üben, unsere unangenehmen Emotionen achtsam wahrzunehmen, können wir ein Gefühl von Raum um sie herum schaffen, das es uns ermöglicht, sie mit Neugier und Mitgefühl zu beobachten. Dies kann uns helfen, eine ausgewogenere Beziehung zu unseren Emotionen zu entwickeln, anstatt uns von ihnen mitreißen zu lassen.

Ein weiterer wichtiger Aspekt des Umgangs mit unangenehmen Gefühlen ist die Praxis des Selbstmitgefühls. Selbstmitgefühl bedeutet, dass wir uns selbst mit der gleichen Freundlichkeit und dem gleichen Verständnis behandeln, das wir einem engen Freund in Zeiten des Leidens entgegenbringen würden. Wenn wir in der Lage sind, uns unserem eigenen Unbehagen mit Selbstmitgefühl zu nähern, können wir beginnen, die verletzten Teile von uns selbst zu heilen und unseren Schatten mit Liebe und Akzeptanz zu umarmen.

Unangenehme Emotionen zuzulassen ist ein grundlegender Bestandteil sowohl der stoischen Philosophie als auch der Schattenarbeit. Wenn wir uns diesen Emotionen mit Achtsamkeit,

Mut und Selbstmitgefühl nähern, können wir wertvolle Lektionen über uns selbst lernen und unsere Schattenseiten in unser Bewusstsein integrieren. Dieser Prozess kann zu einem größeren Gefühl von Authentizität, Widerstandsfähigkeit und innerem Frieden führen.

IN DIE PRAXIS UMSETZEN

(1) Üben Sie sich in Achtsamkeit, um unangenehme Emotionen zuzulassen: Indem wir die Achtsamkeit für unsere Gedanken, Emotionen und Körperempfindungen kultivieren, ohne sie zu bewerten, können wir ein Gefühl von Raum für unangenehme Emotionen schaffen. Wenn man zum Beispiel Angst empfindet, kann man Achtsamkeit üben, indem man die Angst anerkennt, die damit verbundenen körperlichen Empfindungen beobachtet und sie ohne Bewertung akzeptiert. Auf diese Weise können sie eine ausgeglichenere und mitfühlendere Beziehung zu ihren Gefühlen entwickeln.

(2) Wenden Sie stoische Prinzipien an, um mit unangenehmen Emotionen umzugehen: Indem man die Vergänglichkeit dieser Emotionen anerkennt, kann man lernen, sie zu beobachten, ohne überwältigt zu sein oder zu reagieren. Wenn man zum Beispiel Wut empfindet, kann man sich daran erinnern, dass diese vorübergehend ist, und statt impulsiv zu reagieren, kann man mit Weisheit und Widerstandsfähigkeit auf die Emotion reagieren.

(3) Kultivieren Sie Selbstmitgefühl, wenn Sie mit unangenehmen Gefühlen konfrontiert werden: Ein wesentlicher Aspekt des Selbstmitgefühls ist es, sich in Zeiten des Leidens mit Freundlichkeit und Verständnis zu begegnen. Wenn man zum Beispiel traurig ist, kann man sich selbst tröstende Worte anbieten und sich daran erinnern, dass es ganz natürlich ist, traurig zu sein. Diese Praxis hilft dabei, die verletzten Teile des Selbst zu heilen und die Schattenaspekte mit Liebe und Akzeptanz zu umarmen.

(4) Integrieren Sie unangenehme Emotionen in Ihr Bewusstsein, um persönlich zu wachsen: Indem man unbequeme Gefühle zulässt, kann man ein tieferes Verständnis für sich selbst und seine Bedürfnisse entwickeln. Wenn sie zum Beispiel Angst empfinden, können sie diese als eine Gelegenheit erkennen, Mut und Widerstandsfähigkeit zu entwickeln. Dieser Prozess der Integration

unbequemer Emotionen ermöglicht persönliches Wachstum und führt zu einem größeren Gefühl der Authentizität und des inneren Friedens. Beispiel zur Veranschaulichung der Anwendung des Items:
(5) Wenn man mit Angst konfrontiert ist, kann die Übung der Achtsamkeit darin bestehen, die Angst anzuerkennen, den rasenden Herzschlag und den flachen Atem zu beobachten und die Angst ohne Bewertung zu akzeptieren. Indem man durch Achtsamkeit Raum um die Angst herum schafft, kann man die Situation mit Klarheit angehen und Entscheidungen aus einer Position der inneren Stärke und Widerstandsfähigkeit heraus treffen.
(6) Wenn man Wut empfindet, kann die Anwendung stoischer Prinzipien bedeuten, sich daran zu erinnern, dass die Wut vorübergehend ist und weder die Situation noch das eigene Selbst definiert. Indem man die Wut beobachtet, ohne reaktiv zu werden, kann man auf die Emotion mit Weisheit und Mut reagieren und das zugrunde liegende Problem ruhig und konstruktiv angehen.
(7) Wenn man mit Traurigkeit konfrontiert wird, kann die Kultivierung von Selbstmitgefühl darin bestehen, sich selbst tröstende Worte anzubieten und anzuerkennen, dass Traurigkeit ein normaler Teil der menschlichen Erfahrung ist. Indem man sich selbst mit Freundlichkeit und Verständnis behandelt, kann man beginnen, die verletzten Teile von sich selbst zu heilen und seine Gefühle mit Liebe und Akzeptanz zu umarmen.
(8) Wenn man unangenehme Emotionen erlebt, kann es für das persönliche Wachstum wichtig sein, sie in das Bewusstsein zu integrieren, indem man über die zugrundeliegenden Botschaften und Lektionen, die diese Emotionen vermitteln, nachdenkt. Indem man sich auf das Unbehagen einlässt und seine tiefere Bedeutung erforscht, kann man mehr über sich selbst, seine Bedürfnisse und die Bereiche seiner persönlichen Entwicklung erfahren.

2.4. Ihre Unvollkommenheiten akzeptieren

Das Akzeptieren von Unvollkommenheiten ist sowohl im Stoizismus als auch in der Schattenarbeit wichtig. Im Stoizismus ist das Akzeptieren von Unvollkommenheiten eng mit der Tugend der Demut verbunden, die den Einzelnen dazu ermutigt, seine Grenzen zu erkennen und seine Menschlichkeit anzunehmen. In ähnlicher Weise beinhaltet die Akzeptanz von Unvollkommenheiten in der Schattenarbeit die Konfrontation mit den Aspekten von uns selbst, die wir vielleicht aus Scham oder Angst unterdrückt oder verleugnet haben.

Ein Ansatz, um Unvollkommenheiten zu akzeptieren, ist das Selbstmitgefühl. Das bedeutet, dass wir uns selbst mit der gleichen Freundlichkeit und dem gleichen Verständnis behandeln, das wir einem engen Freund entgegenbringen würden. Indem wir anerkennen, dass Unvollkommenheiten ein natürlicher Teil des Menschseins sind, können wir eine mitfühlendere und sanftere Haltung uns selbst gegenüber entwickeln. Dies kann dazu beitragen, den inneren Aufruhr zu lindern, der oft mit Gefühlen der Unzulänglichkeit oder Selbstkritik einhergeht, und es uns ermöglichen, unsere Unvollkommenheiten leichter anzunehmen.

Ein weiterer wichtiger Aspekt der Akzeptanz von Unvollkommenheiten ist, sie als Chancen für Wachstum und Lernen zu betrachten. Anstatt Unvollkommenheiten als Fehler zu betrachten, die versteckt oder behoben werden müssen, können wir eine Denkweise kultivieren, die sie als wertvolle Erfahrungen betrachtet, die zur persönlichen Entwicklung beitragen. Indem wir Unvollkommenheiten auf diese Weise betrachten, können wir Resilienz und Anpassungsfähigkeit kultivieren, was es uns erleichtert, die Herausforderungen des Lebens zu meistern.

Darüber hinaus kann die Integration stoischer Prinzipien uns helfen, unsere Unvollkommenheiten mit Anmut und Gleichmut zu akzeptieren. Das Konzept des amor fati, der Liebe zum Schicksal, ermutigt uns, alle Aspekte unseres Lebens, einschließlich unserer Unvollkommenheiten, als wesentliche Bestandteile unserer einzigartigen Reise anzunehmen. Mit dieser Einstellung können wir Dankbarkeit für alle unsere Erfahrungen kultivieren und erkennen, dass selbst unsere Unvollkommenheiten zum Reichtum und zur Tiefe unseres Lebens beitragen.

Darüber hinaus spielt die Praxis der Achtsamkeit eine entscheidende Rolle bei der Akzeptanz von Unvollkommenheiten. Indem wir die Achtsamkeit für den gegenwärtigen Moment kultivieren, können wir unsere Unvollkommenheiten ohne Urteil oder Anhaftung beobachten, was uns eine distanziertere und objektivere Perspektive ermöglicht. Dies hilft uns, uns von der emotionalen Last zu befreien, die oft mit Unvollkommenheiten verbunden ist, und ermöglicht es uns, sie mit Klarheit und Selbsterkenntnis zu umarmen.

Es ist wichtig zu wissen, dass das Akzeptieren von Unvollkommenheiten nicht bedeutet, selbstgefällig zu sein oder zu resignieren. Stattdessen geht es um eine proaktive und kraftvolle Entscheidung, alle Aspekte von uns selbst, einschließlich der Unvollkommenheiten, anzuerkennen und zu integrieren, um ein authentischeres und erfüllteres Leben zu führen. Indem wir Unvollkommenheiten annehmen, können wir ein Gefühl der Ganzheit und Selbstakzeptanz kultivieren, das uns befähigt, die Herausforderungen des Lebens mit Widerstandsfähigkeit und innerer Stärke anzugehen.

Das Akzeptieren von Unvollkommenheiten ist sowohl im Stoizismus als auch in der Schattenarbeit wesentlich. Indem wir Selbstmitgefühl kultivieren, Unvollkommenheiten als Chancen für Wachstum betrachten, stoische Prinzipien integrieren und Achtsamkeit üben, können wir unsere Unvollkommenheiten mit Anmut und Gleichmut annehmen. Dieser Prozess der Akzeptanz führt zu mehr Selbstmitgefühl, Widerstandsfähigkeit und Authentizität und fördert ein ausgeglicheneres und erfüllteres Leben.

IN DIE PRAXIS UMSETZEN

(1) Kultivieren Sie Selbstmitgefühl, indem Sie sich selbst mit Freundlichkeit und Verständnis behandeln, ähnlich wie Sie einen engen Freund behandeln würden. Wenn Ihnen beispielsweise bei der Arbeit ein Fehler unterläuft, sollten Sie, anstatt sich selbst zu schelten, anerkennen, dass Fehler passieren, und sich selbst Worte der Ermutigung und Unterstützung anbieten.

(2) Betrachten Sie Unvollkommenheiten als Chancen für Wachstum und Lernen. Betrachten Sie Unzulänglichkeiten nicht als Fehler, die korrigiert werden müssen, sondern als wertvolle Erfahrungen, die zur persönlichen Entwicklung beitragen. Wenn Sie zum Beispiel Schwierigkeiten haben, in der Öffentlichkeit zu sprechen, sehen Sie jede Gelegenheit, vor anderen zu sprechen, als eine Chance, Ihre Kommunikationsfähigkeiten zu verbessern und Selbstvertrauen zu gewinnen.

(3) Integrieren Sie stoische Prinzipien wie "amor fati", die dazu ermutigen, alle Aspekte Ihres Lebens, einschließlich der Unvollkommenheiten, als wesentliche Bestandteile Ihres einzigartigen Weges anzunehmen. Wenn Sie zum Beispiel eine Narbe haben, die Ihnen unangenehm ist, sollten Sie sie als Teil Ihrer Geschichte und als Symbol für Ihre Widerstandsfähigkeit annehmen.

(4) Üben Sie sich in Achtsamkeit, um Ihre Unvollkommenheiten ohne Urteil oder Anhaftung zu beobachten. Indem Sie die Achtsamkeit im gegenwärtigen Moment kultivieren, können Sie eine distanziertere und objektivere Perspektive auf Ihre Unvollkommenheiten entwickeln. Wenn Sie beispielsweise mit Problemen des Körperbildes zu kämpfen haben, sollten Sie sich darin üben, Ihre Gedanken und Gefühle in Bezug auf Ihren Körper zu beobachten, ohne ihnen ein negatives Urteil beizumessen.

(5) Nehmen Sie Unvollkommenheiten als eine proaktive Entscheidung an, um ein authentischeres und erfüllteres Leben zu führen. Akzeptanz bedeutet nicht Selbstgefälligkeit oder Resignation, sondern vielmehr eine kraftvolle Entscheidung, alle Aspekte Ihrer Persönlichkeit zu integrieren. Wenn Sie z. B. dazu neigen, Dinge aufzuschieben, akzeptieren Sie dies als Teil Ihres Wesens und suchen Sie nach Strategien, um damit effektiv umzugehen.

Durch die Umsetzung dieser praktischen Maßnahmen haben Sie die Möglichkeit, Selbstmitgefühl zu entwickeln, Unvollkommenheiten zu akzeptieren und ein harmonischeres und zufriedeneres Leben zu führen.

2.5. Die Macht der Verwundbarkeit

Wenn es um Schattenarbeit und Stoizismus geht, ist ein Aspekt von großer Bedeutung: die unglaubliche Kraft der Verletzlichkeit. Oft als Schwäche angesehen, ist Verletzlichkeit in Wirklichkeit eine enorme Quelle der Stärke und Authentizität. Indem wir uns erlauben, verletzlich zu sein, können wir unsere Verbindung zu uns selbst und zu anderen vertiefen und den Mut entwickeln, unseren Schattenaspekten mit Ehrlichkeit und Mitgefühl zu begegnen.

Verletzlichkeit beginnt mit Selbstreflexion und Bewusstheit. Sie erfordert eine ehrliche Auseinandersetzung mit unseren Ängsten, Unsicherheiten und den Teilen von uns, die wir normalerweise verbergen oder unterdrücken. Diese Selbsterkenntnis ermöglicht es uns, unsere Schattenseiten und Muster zu erkennen und anzunehmen, was eine Grundlage für persönliches Wachstum und Entwicklung bildet. Indem wir uns mit unseren Schwachstellen auseinandersetzen, können wir uns selbst besser verstehen und sie als natürlichen Teil der menschlichen Erfahrung anerkennen.

Außerdem bedeutet Verletzlichkeit, dass wir unsere Unzulänglichkeiten akzeptieren. Vom stoischen Standpunkt aus gesehen bedeutet dies, dass wir anerkennen, dass wir nicht immun sind gegen Versagen, Fehler oder die Komplexität des Menschseins. Indem wir unsere Unvollkommenheit anerkennen und akzeptieren, können wir das ständige Bedürfnis loslassen, unsere Gefühle zu kontrollieren und zu unterdrücken, was zu einer authentischeren und offeneren Lebenserfahrung führt.

Die Kraft der Verletzlichkeit liegt auch darin, dass sie echte Beziehungen zu anderen fördert. Wenn wir bereit sind, unser wahres Ich zu offenbaren, mit all seinen Schwächen, schaffen wir ein Umfeld des Vertrauens und der Empathie. Diese Offenheit ermutigt andere, das Gleiche zu tun, was zu tieferen und

bedeutungsvolleren Beziehungen führt. Auf unserem Weg, die Schattenaspekte zu integrieren, können diese Verbindungen zu anderen Menschen unschätzbare Unterstützung und Verständnis bieten.

Darüber hinaus ermöglicht es uns die Verletzlichkeit, Empathie und Mitgefühl zu kultivieren, sowohl für uns selbst als auch für andere. Indem wir unsere eigenen Kämpfe und Herausforderungen anerkennen, werden wir einfühlsamer gegenüber den Erfahrungen der Menschen um uns herum. Dieser mitfühlende Umgang mit Verletzlichkeit kann uns helfen, schwierige Situationen mit mehr Verständnis und Widerstandsfähigkeit zu meistern.

Im Kontext des Stoizismus bedeutet Verletzlichkeit nicht, in Selbstmitleid zu schwelgen oder Schwäche zu zeigen. Stattdessen geht es darum, unsere Menschlichkeit anzuerkennen und die ganze Bandbreite unserer Gefühle zuzulassen. Indem wir uns erlauben, verletzlich zu sein, können wir die emotionale Widerstandsfähigkeit entwickeln, die wir brauchen, um Widrigkeiten mit Mut und Anmut zu begegnen.

Letztlich liegt die Kraft der Verletzlichkeit in ihrer Fähigkeit, Wachstum, Widerstandsfähigkeit und Authentizität zu fördern. Indem wir unsere Verwundbarkeit annehmen, öffnen wir uns für neue Möglichkeiten und Erfahrungen und können so ein authentischeres und zielgerichteteres Leben führen. Durch die Integration von Schattenaspekten wird Verletzlichkeit zu einem Werkzeug der Selbstentdeckung und Transformation, das zu einem tieferen Verständnis von uns selbst und der Welt um uns herum führt.

Die Kraft der Verletzlichkeit ist ein wesentlicher Bestandteil sowohl der Schattenarbeit als auch des Stoizismus. Indem wir Verletzlichkeit zulassen, können wir Selbsterkenntnis, echte Verbindungen mit anderen und ein größeres Gefühl von Empathie und Mitgefühl kultivieren. Durch Verletzlichkeit können wir uns wirklich als unser authentisches Selbst zeigen, was zu einem erfüllteren und sinnvolleren Leben führt.

IN DIE PRAXIS UMSETZEN

(1) Üben Sie sich in Selbstreflexion und Bewusstheit, um unsere Ängste, Unsicherheiten und Schattenaspekte zu erkennen und anzunehmen. Nehmen Sie sich zum Beispiel jeden Tag Zeit für Selbstreflexion und Tagebuchführung, um Ihre Schwachstellen zu erforschen und zu verstehen und ein tieferes Verständnis für sich selbst zu entwickeln.

(2) Akzeptieren Sie Unvollkommenheiten und erkennen Sie an, dass Versagen und Fehler ein natürlicher Teil der menschlichen Erfahrung sind. Stellen Sie zum Beispiel das Bedürfnis nach Perfektion in Frage, indem Sie sich absichtlich erlauben, Fehler zu machen, und üben Sie Selbstmitgefühl, wenn Sie mit Unvollkommenheiten konfrontiert werden.

(3) Zeigen Sie sich authentisch und machen Sie sich in Beziehungen verletzlich, um ein Umfeld des Vertrauens und der Empathie zu schaffen. Erzählen Sie zum Beispiel einem vertrauten Freund oder Partner offen von Ihren Problemen und Unsicherheiten und erlauben Sie ihm, das Gleiche zu tun.

(4) Empathie und Mitgefühl durch Verletzlichkeit kultivieren, indem wir unsere eigenen Kämpfe und Herausforderungen anerkennen. Wenn Sie beispielsweise Zeuge der Verletzlichkeit einer anderen Person werden, widerstehen Sie dem Drang, zu urteilen oder Ratschläge zu erteilen, und schenken Sie ihr stattdessen ein offenes Ohr und Bestätigung, damit sie sich verstanden und unterstützt fühlt.

(5) Entwickeln Sie emotionale Widerstandsfähigkeit, indem Sie sich erlauben, verletzlich zu sein und die ganze Bandbreite unserer Emotionen zuzulassen. Üben Sie sich zum Beispiel darin, unangenehme Gefühle zuzulassen und sie vollständig zu erleben und zu verarbeiten, anstatt sie zu unterdrücken oder zu vermeiden.

(6) Nutzen Sie Verletzlichkeit als Mittel zur Selbsterkenntnis und Transformation, das zu einem tieferen Verständnis von uns selbst und der Welt um uns herum führt. Suchen Sie beispielsweise nach Gelegenheiten für persönliches Wachstum und Selbsterkundung, wie die Teilnahme an Workshops oder Therapiesitzungen, die zu Verletzlichkeit und Selbstbeobachtung anregen.

(7) Nehmen Sie Ihre Verletzlichkeit als eine Quelle der Stärke und Authentizität an und ermöglichen Sie sich so ein erfüllteres und zielgerichteteres Leben. Erkennen Sie zum Beispiel Bereiche in Ihrem Leben, in denen Sie Ihr wahres Ich zensieren oder verstecken, und unternehmen Sie Schritte, um sich authentisch auszudrücken, sei es durch künstlerischen Ausdruck, durch das Teilen Ihrer Gedanken und Meinungen oder durch das Ausleben Ihrer Leidenschaften.

(8) Üben Sie sich in Selbstreflexion und Bewusstheit, um unsere Ängste, Unsicherheiten und Schattenaspekte zu erkennen und anzunehmen. Beispiel: Nehmen Sie sich jeden Tag 10 Minuten Zeit für Selbstreflexion und Tagebuchführung. Denken Sie in dieser Zeit über Ängste, Unsicherheiten oder Schattenaspekte nach, die in Ihrem Leben aufgetaucht sind. Schreiben Sie sie auf und erforschen Sie, warum sie vorhanden sind und wie sie sich auf Sie auswirken. Indem Sie dies täglich praktizieren, können Sie ein tieferes Verständnis für sich selbst gewinnen und beginnen, diese Aspekte als wichtige Bestandteile Ihrer persönlichen Wachstumsreise anzunehmen.

3. Umarmung der Tugend: Stoische Prinzipien im täglichen Leben

3.1. WEISHEIT, TAPFERKEIT, GERECHTIGKEIT UND MÄSSIGUNG KULTIVIEREN

Die Kultivierung von Weisheit, Mut, Gerechtigkeit und Mäßigung ist für die stoische Philosophie von entscheidender Bedeutung und wesentlich für ein tugendhaftes Leben. Diese Tugenden leiten nicht nur unser Handeln und unsere Entscheidungen, sondern formen auch unseren Charakter und unseren moralischen Kompass. In der heutigen, sich schnell verändernden Welt kann es eine Herausforderung sein, diese Tugenden zu verkörpern, aber durch die Anwendung der Prinzipien des Stoizismus und die Beschäftigung mit der Schattenarbeit können wir danach streben, sie in unser tägliches Leben zu integrieren.

Weisheit ist die Grundlage aller Tugenden und sollte die erste sein, auf die wir uns konzentrieren. Sie beinhaltet das Streben nach Wissen, Verständnis und die

Anwendung praktischer Einsichten, um die Komplexität des Lebens zu bewältigen. Weisheit verlangt von uns, dass wir Situationen kritisch analysieren, verschiedene Perspektiven in Betracht ziehen und wohlüberlegte Entscheidungen treffen. Indem wir uns in Selbstreflexion und Introspektion üben und sowohl aus unseren Erfolgen als auch aus unseren Fehlern lernen, können wir Weisheit kultivieren. Schattenarbeit hilft uns, unsere Vorurteile, blinden Flecken und einschränkenden Überzeugungen aufzudecken, die uns daran hindern, die Wahrheit zu erkennen. Indem wir diese Schattenaspekte anerkennen und integrieren, können wir unsere Weisheit vertiefen und Klarheit in unserem Denken und Handeln gewinnen.

Mut ist eine weitere wesentliche Tugend, die uns befähigt, uns unseren Ängsten zu stellen, Risiken einzugehen und für das Richtige einzutreten. Es geht nicht darum, furchtlos zu sein, sondern vielmehr darum, trotz der Angst zu handeln. Die Schattenarbeit ermöglicht es uns, die Ängste und Unsicherheiten zu erforschen, die uns zurückhalten, und gibt uns die Möglichkeit, uns ihnen zu stellen und sie zu überwinden. Indem wir unsere Schattenaspekte von Angst und Unsicherheit anerkennen, können wir den Mut kultivieren, mit Integrität und Entschlossenheit zu handeln, selbst im Angesicht von Widrigkeiten.

Gerechtigkeit ist eine Tugend, die uns dazu anleitet, im Umgang mit anderen fair, ehrlich und uneigennützig zu sein. Sie beinhaltet, dass wir andere mit Respekt, Einfühlungsvermögen und Mitgefühl behandeln und gleichzeitig die Grundsätze der Fairness und Gleichheit aufrechterhalten. Schattenarbeit hilft uns, alle in uns vorhandenen Voreingenommenheiten, Vorurteile oder Tendenzen zur Ungerechtigkeit aufzudecken. Indem wir diese Schattenaspekte integrieren und ansprechen, können wir ein tieferes Gefühl für Gerechtigkeit und Integrität in unseren Beziehungen und Handlungen gegenüber anderen kultivieren.

Mäßigung vervollständigt den Tugendzyklus, der sich auf Selbstbeherrschung, Mäßigung und Ausgeglichenheit bezieht. Es geht darum, Impulse zu zügeln, Begierden zu kontrollieren und Harmonie in unseren Emotionen und Verhaltensweisen zu finden.

Durch Schattenarbeit können wir die Schattenaspekte von Exzess, Impulsivität und Unausgeglichenheit in uns selbst erforschen. Indem wir diese Schattenaspekte anerkennen und integrieren, können wir ein größeres Selbstbewusstsein, Zurückhaltung und Gleichmut in unseren Handlungen und Entscheidungen kultivieren.

Zusammenfassend lässt sich sagen, dass die Kultivierung von Weisheit, Mut, Gerechtigkeit und Mäßigung eine fortlaufende Reise ist, die Selbsterkenntnis, Selbstbeobachtung und die Bereitschaft erfordert, sich mit unseren Schattenaspekten auseinanderzusetzen. Durch die Integration der Prinzipien des Stoizismus und die Beschäftigung mit den Schatten können wir danach streben, diese Tugenden in unserem täglichen Leben zu verkörpern und so persönliches Wachstum, Widerstandsfähigkeit und moralische Integrität zu fördern. Der Weg zur Tugend ist nicht ohne Herausforderungen, aber die Belohnungen für ein Leben im Einklang mit diesen Tugenden sind unermesslich.

IN DIE PRAXIS UMSETZEN

(1) Suchen Sie nach Wissen, Verständnis und praktischen Einsichten, um die Komplexität des Lebens zu bewältigen. Beispiel: Nehmen Sie sich die Zeit, Bücher zu lesen, Seminare zu besuchen und an Diskussionen teilzunehmen, um Ihr Wissen zu erweitern und ein tieferes Verständnis für verschiedene Themen zu erlangen. Wenden Sie dieses Wissen auf praktische Weise an, indem Sie aktiv nach Möglichkeiten suchen, das Gelernte in Ihrem täglichen Leben anzuwenden, sei es bei der Lösung von Problemen, bei der Entscheidungsfindung oder beim persönlichen Wachstum.

(2) Führen Sie Selbstreflexion und Selbstbeobachtung durch, um Vorurteile, blinde Flecken und einschränkende Überzeugungen aufzudecken. Beispiel: Nehmen Sie sich jeden Tag Zeit für Selbstreflexion und Selbstbeobachtung, entweder durch Tagebuchführung, Meditation oder einfach durch stille Kontemplation. Denken Sie in dieser Zeit über Ihre Gedanken, Handlungen und Überzeugungen nach und identifizieren Sie alle Vorurteile oder einschränkenden Überzeugungen, die Ihr persönliches Wachstum behindern oder Sie daran hindern, die Wahrheit zu sehen. Sobald Sie diese erkannt haben, arbeiten Sie aktiv

daran, diese Vorurteile oder Überzeugungen anzuerkennen und loszulassen.

(3) Ängste und Unsicherheiten konfrontieren und überwinden, um Mut zu entwickeln. Beispiel: Identifizieren Sie bestimmte Ängste oder Unsicherheiten, die Sie davon abhalten, Risiken einzugehen oder für das einzutreten, woran Sie glauben. Entwickeln Sie einen Plan, um sich diesen Ängsten zu stellen und sie in kleinen Schritten zu überwinden. Holen Sie sich Unterstützung von vertrauenswürdigen Freunden, Ihrer Familie oder einem Coach, der Ihnen hilft, diesen Prozess zu bewältigen und Ihren Mutmuskel aufzubauen.

(4) Behandeln Sie andere mit Respekt, Einfühlungsvermögen und Mitgefühl und halten Sie dabei die Grundsätze der Fairness und Gleichberechtigung ein. Beispiel: Üben Sie sich im aktiven Zuhören und versuchen Sie, die Standpunkte und Erfahrungen anderer zu verstehen. Zeigen Sie Einfühlungsvermögen und Mitgefühl für andere, auch in schwierigen Situationen. Arbeiten Sie aktiv daran, etwaige Voreingenommenheiten oder Vorurteile gegenüber bestimmten Personen oder Gruppen zu erkennen, und bemühen Sie sich bewusst darum, alle mit Fairness und Gleichheit zu behandeln.

(5) Üben Sie sich in Selbstbeherrschung, Mäßigung und Ausgewogenheit bei Ihren Handlungen und Verhaltensweisen. Beispiel: Ermitteln Sie Bereiche in Ihrem Leben, in denen Sie mit Impulskontrolle zu kämpfen haben oder sich übermäßige Verhaltensweisen erlauben. Entwickeln Sie Strategien, um mit diesen Impulsen umzugehen und ein gesünderes Gleichgewicht zu finden. Dazu könnte es gehören, Grenzen zu setzen, tägliche Routinen zu schaffen oder die Unterstützung eines Coaches oder Therapeuten in Anspruch zu nehmen, der Ihnen hilft, verantwortlich zu bleiben und Herausforderungen zu meistern.

Wenn Sie diese praktischen Maßnahmen befolgen, können Sie die Prinzipien des Stoizismus und der Schattenarbeit in Ihr tägliches Leben einbauen, was zu persönlicher Entwicklung, innerer Stärke und ethischem Verhalten führt.

3.2. Anwendung der stoischen Tugenden auf moderne Herausforderungen

In der heutigen, oft ungeordneten Welt kann es schwierig sein, sich im täglichen Leben zurechtzufinden. Durch die Anwendung der stoischen Tugenden können wir jedoch ein Gefühl der Ruhe, Widerstandsfähigkeit und Zielstrebigkeit kultivieren, das es uns ermöglicht, im Angesicht von Widrigkeiten zu gedeihen.

Eine der wichtigsten stoischen Tugenden ist die Weisheit, bei der es darum geht, vernünftige Urteile zu fällen und im Einklang mit dem zu handeln, was wirklich wichtig ist. Im Kontext der modernen Herausforderungen hilft uns die Weisheit zu erkennen, was inmitten

des Lärms des täglichen Lebens wichtig ist. Dazu gehört, dass wir durchdachte Entscheidungen über unsere Prioritäten und Beziehungen treffen und wissen, wie wir unsere Zeit und Energie einsetzen. Wenn wir Weisheit pflegen, können wir vermeiden, vom Chaos der modernen Welt überwältigt zu werden, und uns stattdessen auf das konzentrieren, was unserem Leben wirklich Wert und Sinn verleiht.

Eine weitere wichtige stoische Tugend ist der Mut, die Fähigkeit, Widrigkeiten mit Stärke und Widerstandsfähigkeit zu begegnen. Im Kontext der heutigen Herausforderungen befähigt uns der Mut, schwierige Situationen zu meistern, sei es, dass wir für das Richtige eintreten, Risiken eingehen, um unsere Ziele zu verfolgen, oder einfach mit den unvermeidlichen Rückschlägen und Hindernissen umgehen, die sich uns in den Weg stellen. Indem wir Mut verkörpern, können wir die Unwägbarkeiten des modernen Lebens mit Entschlossenheit und Stärke meistern, weil wir wissen, dass wir die innere Stärke besitzen, um alle auftretenden Herausforderungen zu meistern.

Gerechtigkeit, die stoische Tugend der Fairness und Integrität, ist auch in der heutigen Welt von entscheidender Bedeutung. In einer Gesellschaft, in der Ungleichheit und Ungerechtigkeit herrschen, bedeutet Gerechtigkeit zu praktizieren, für das Richtige einzutreten und das Wohlergehen anderer zu fördern. Das kann bedeuten, dass wir uns mit sozialen Problemen auseinandersetzen, Dinge unterstützen, an die wir glauben, oder uns bemühen, unser Leben mit Ehrlichkeit und Integrität zu führen. Indem wir Gerechtigkeit verkörpern, können wir einen positiven Beitrag für die Welt um uns herum leisten.

Schließlich ist die Mäßigung, die Tugend der Selbstbeherrschung und Mäßigung, angesichts der modernen Herausforderungen von wesentlicher Bedeutung. In einer Welt, die oft zu exzessivem Verhalten und Nachsicht ermutigt, ermöglicht es uns die Mäßigung, das Gleichgewicht und die Mäßigung in unseren Gedanken, Handlungen und Wünschen zu wahren. Wenn wir uns in Mäßigung üben, können wir vermeiden, uns von Impulsivität leiten zu lassen, und stattdessen das Leben mit innerer Ruhe und Selbstdisziplin angehen.

Die Anwendung der stoischen Tugenden auf die Herausforderungen der heutigen Zeit bietet uns einen wirkungsvollen Rahmen, um die Komplexität des heutigen Lebens zu meistern. Indem wir Weisheit, Mut, Gerechtigkeit und Mäßigung kultivieren, können wir den Herausforderungen der modernen Welt mit Klarheit, Widerstandsfähigkeit, Integrität und Ausgeglichenheit begegnen. Durch die Praxis dieser Tugenden können wir ein Gefühl von Ziel, Sinn und innerer Stärke kultivieren, das uns befähigt, die moderne Welt mit Anmut und Widerstandsfähigkeit zu meistern.

IN DIE PRAXIS UMSETZEN

(1) Kultivieren Sie Weisheit, indem Sie überlegte Entscheidungen über Prioritäten, Beziehungen und die Verwendung von Zeit und Energie treffen. Beispiel: Nehmen Sie sich jeden Tag Zeit, um über Ihre Prioritäten nachzudenken und zu bewerten, wie Sie Ihre Zeit und Energie einsetzen. Nehmen Sie bei Bedarf Anpassungen vor, um sicherzustellen, dass Sie sich auf das konzentrieren, was Ihnen wirklich wichtig ist und Ihrem Leben einen Wert verleiht.

(2) Zeigen Sie Mut, indem Sie sich schwierigen Situationen stellen und Widrigkeiten mit Stärke und Widerstandsfähigkeit begegnen. Beispiel: Bestimmen Sie eine Situation in Ihrem Leben, die Sie bisher vermieden haben oder die Ihnen Angst macht. Machen Sie einen kleinen Schritt, um sich der Situation zu stellen und sie zu bewältigen, sei es, dass Sie ein schwieriges Gespräch führen, ein Risiko eingehen oder sich einer Angst stellen. Nutzen Sie Ihre innere Stärke und Belastbarkeit, um die Herausforderung mit Mut zu meistern.

(3) Übe Gerechtigkeit, indem du für das Richtige eintrittst und dich für das Wohlergehen anderer einsetzt. Beispiel: Suchen Sie sich ein soziales Thema oder eine Sache, die Ihnen am Herzen liegt. Unterstützen Sie diese Sache, sei es durch ehrenamtliche Arbeit, Spenden oder das Eintreten für Veränderungen. Streben Sie danach, Ihr Leben mit Ehrlichkeit und Integrität zu leben und andere mit Fairness und Respekt zu behandeln.

(4) Kultivieren Sie Mäßigung, indem Sie sich in Selbstbeherrschung und Mäßigung bei Gedanken, Handlungen und Begierden üben. Beispiel: Nehmen Sie wahr, wenn Sie sich gezwungen fühlen, excessiv oder impulsiv zu handeln. Halten Sie inne und nehmen Sie sich einen Moment Zeit, um über die Folgen Ihres Handelns nachzudenken. Üben Sie sich in Selbstdisziplin und Mäßigung und finden Sie einen ausgewogenen Ansatz, der mit Ihren Werten und Zielen übereinstimmt.

3.3. SUCHE NACH SINN UND ZWECK

Jeder Mensch hat ein tief verwurzeltes Verlangen, Sinn und Zweck in seinem Leben zu finden. Dieses Streben nach Sinn ist in philosophischen und spirituellen Traditionen im Laufe der Geschichte von zentraler Bedeutung gewesen, und der Stoizismus bildet hier keine Ausnahme. In diesem Kapitel werden wir uns mit dem stoischen Verständnis von Sinn und Zweck befassen und untersuchen, wie es mit der Erforschung des Schattens integriert werden kann, um ein ganzheitlicheres und erfüllteres Leben zu schaffen.

Der Stoizismus lehrt, dass der wahre Sinn oder die Eudaimonia darin liegt, in Übereinstimmung mit der eigenen wahren Natur und den eigenen Tugenden zu leben. Dazu gehört, dass man seine Handlungen und Entscheidungen mit Weisheit, Mut, Gerechtigkeit und Mäßigung in Einklang bringt. Durch die Kultivierung dieser Tugenden kann der Einzelne einen Sinn entdecken, der über äußere Errungenschaften oder materielle Besitztümer hinausgeht.

Bei der Erforschung des Schattens hingegen geht es darum, die Aspekte unseres Selbst zu erforschen, die wir vielleicht verdrängt oder verleugnet haben. Sie verlangt von uns, dass wir uns unseren Ängsten, Unsicherheiten und den Teilen von uns selbst stellen, auf die wir vielleicht nicht stolz sind. Indem wir uns auf unseren Schatten einlassen, gewinnen wir ein tieferes Verständnis dafür, wer wir wirklich sind, und können verborgene Wünsche und Leidenschaften aufdecken, die zu unserem Sinn und Zweck beitragen können.

Wenn wir die stoischen Prinzipien mit der Erforschung der Schatten kombinieren, begeben wir uns auf eine kraftvolle Reise zur Entdeckung unserer wahren Berufung. Indem wir die Schatten in uns selbst untersuchen, können wir Konflikte oder Widersprüche erkennen, die uns möglicherweise daran hindern, uns vollständig auf unsere Tugenden auszurichten und ein eudaimonisches Leben zu führen. Dieser Prozess ermöglicht es uns, unsere Schatten zu integrieren und unser Handeln mit unseren wahren Werten in Einklang zu bringen.

Um Sinn und Zweck zu finden, ist es wichtig, sich mit sich selbst zu beschäftigen und sich selbst zu prüfen. Dazu gehört es, unsere Überzeugungen, Werte und Prioritäten zu überprüfen, um herauszufinden, was uns wirklich wichtig ist. Wenn wir uns darüber im Klaren sind, was uns wichtig ist, können wir anfangen,

Entscheidungen zu treffen, die mit unseren Werten übereinstimmen und unserem Leben einen Sinn und eine Erfüllung geben.

Die Stoiker betonen auch, wie wichtig es ist, die Verantwortung für unser eigenes Glück zu übernehmen. Sie lehren uns, dass äußere Umstände sich unserer Kontrolle entziehen, dass es aber in unserer Macht steht, auf sie zu reagieren. Das bedeutet, dass wir uns selbst in schwierigen Situationen dafür entscheiden können, eine tugendhafte Einstellung beizubehalten und in Übereinstimmung mit unseren Werten zu handeln. Auf diese Weise können wir im Angesicht von Widrigkeiten einen Sinn finden und Schwierigkeiten in Chancen für Wachstum verwandeln.

Außerdem ermutigt uns der Stoizismus, Dankbarkeit und Wertschätzung für den gegenwärtigen Moment zu üben. Indem wir Dankbarkeit üben, verlagern wir unseren Fokus von dem, was uns fehlt, auf das, was wir bereits haben. Diese veränderte Denkweise ermöglicht es uns, selbst in den einfachsten Aspekten des Lebens Sinn und Freude zu finden. Durch die Erforschung der Schatten können wir alle Widerstände oder Blockaden erkennen, die uns daran hindern, Dankbarkeit zu erfahren, und darauf hinarbeiten, diese Schattenaspekte in die Dankbarkeitspraxis zu integrieren.

Zusammenfassend lässt sich sagen, dass die Suche nach Sinn und Zweck eine tiefe Erforschung sowohl unserer Tugenden als auch unserer Schatten erfordert. Durch die Integration der stoischen Prinzipien mit der Schattenarbeit können wir unsere wahren Werte und Wünsche aufdecken, unsere Handlungen mit unseren Tugenden in Einklang bringen und einen Sinn für unseren Zweck kultivieren, der über die äußeren Errungenschaften hinausgeht. Dieser Prozess der Selbstentdeckung und Integration ermöglicht es uns, ein sinnvolleres und erfüllteres Leben im Einklang mit der Weisheit des Stoizismus zu führen.

IN DIE PRAXIS UMSETZEN

(1) Führen Sie eine tiefe Selbstreflexion durch, um Ihre wahre Bestimmung zu entdecken. Beispiel: Nehmen Sie sich jeden Tag Zeit für ein Tagebuch und reflektieren Sie über Ihre zentralen Werte, Stärken und Leidenschaften. Schreiben Sie Ihre Gedanken und Gefühle auf, und erkennen Sie Muster und Themen, die Sie

ansprechen. Nutzen Sie diese Selbstreflexion als Leitfaden, um Ihre wahre Bestimmung herauszufinden und Ihr Handeln danach auszurichten.

(2) Richten Sie Ihr Handeln an Ihren Werten aus. Beispiel: Erstellen Sie eine Liste Ihrer Grundwerte und überlegen Sie, wie gut Ihr derzeitiges Handeln mit diesen übereinstimmt. Ermitteln Sie die Bereiche, in denen eine Diskrepanz besteht, und überlegen Sie, wie Sie Ihre Handlungen in Einklang bringen können. Wenn Sie zum Beispiel Ehrlichkeit schätzen, sich aber dabei ertappen, dass Sie kleine Lügen erzählen, nehmen Sie sich vor, im Umgang mit anderen ehrlicher zu sein.

(3) Führen Sie eine Schattenerkundung durch, um widersprüchliche Aspekte Ihrer Persönlichkeit zu erkennen und zu integrieren. Beispiel: Nehmen Sie sich einen Moment Zeit, um über Verhaltensweisen, Überzeugungen oder Aspekte Ihrer Persönlichkeit nachzudenken, die Sie möglicherweise verdrängen oder verleugnen. Diese können als negativ oder unerwünscht wahrgenommen werden, aber sie anzuerkennen und zu akzeptieren ist der Schlüssel, um sie zu integrieren und mit Ihren Werten in Einklang zu bringen. Wenn Sie zum Beispiel oft in Wut verfallen, erforschen Sie die zugrundeliegenden Ursachen und arbeiten Sie daran, Strategien zu entwickeln, um Ihre Wut auf gesündere Weise zu bewältigen und auszudrücken.

(4) Nehmen Sie die Unbeständigkeit der Existenz an und finden Sie einen Sinn im gegenwärtigen Moment. Beispiel: Üben Sie sich in Achtsamkeit und sind Sie in jedem Augenblick vollkommen präsent. Lassen Sie Anhaftungen an die Vergangenheit oder Sorgen über die Zukunft los und konzentrieren Sie sich darauf, Freude und Sinn in der Gegenwart zu finden. Wenn Sie beispielsweise Zeit mit geliebten Menschen verbringen, schalten Sie alle Ablenkungen aus und seien Sie ganz präsent, hören Sie ihnen zu und lassen Sie sich auf sie ein.

(5) Ängste, Unsicherheiten und innere Konflikte im Zusammenhang mit Zweck und Bedeutung anerkennen und akzeptieren. Beispiel: Nehmen Sie sich etwas Zeit, um über Ängste oder Unsicherheiten nachzudenken, die Sie vielleicht davon abhalten, Ihre wahre Bestimmung zu verfolgen oder einen Sinn in Ihrem Leben zu finden.

Schreiben Sie sie auf und hinterfragen Sie die Berechtigung dieser Ängste. Wenn Sie zum Beispiel Angst vor dem Scheitern haben und dies Sie davon abhält, Risiken einzugehen, erinnern Sie sich daran, dass Scheitern ein natürlicher Teil des Wachstums und des Lernens ist.

(6) Fördern Sie eine größere Selbstakzeptanz und die Ausrichtung auf Ihre authentischen Wünsche. Beispiel: Üben Sie sich in Selbstmitgefühl und Dankbarkeit dafür, wer Sie sind und was Sie erreicht haben. Denken Sie über Ihre Wünsche und Bestrebungen nach und verpflichten Sie sich, sie authentisch zu verfolgen, ohne sich von äußeren Erwartungen beeinflussen zu lassen. Wenn Sie zum Beispiel schon immer eine kreative Karriere anstreben wollten, aber durch gesellschaftliche Normen davon abgehalten wurden, machen Sie einen Plan, wie Sie sich in kleinen Schritten diesem Ziel nähern können, und umgeben Sie sich mit unterstützenden Einflüssen.

3.4. DANKBARKEIT UND ZUFRIEDENHEIT ÜBEN

Dankbarkeit und Zufriedenheit spielen in der stoischen Philosophie eine wichtige Rolle, und wenn wir sie in unser tägliches Leben integrieren, kann das einen tiefgreifenden Einfluss auf unser allgemeines Wohlbefinden haben. In der heutigen Welt, in der Ablenkungen und Konsum im Überfluss vorhanden sind, verlieren wir leicht den Blick für die einfachen Freuden und Segnungen, die uns umgeben. Wenn wir uns jedoch in Dankbarkeit und Zufriedenheit üben, können wir unseren Fokus von dem, was uns fehlt, auf das verlagern, was wir bereits haben, und so ein Gefühl der Fülle und Erfüllung entwickeln.

Eine der wirkungsvollsten Möglichkeiten, Dankbarkeit zu kultivieren, ist eine tägliche Praxis der Reflexion und Wertschätzung. Wenn wir uns die Zeit nehmen, die Dinge, für die wir dankbar sind, bewusst anzuerkennen - seien es unsere Beziehungen, unsere Gesundheit oder die Schönheit der Natur -

können wir Freude und Frieden in unser Leben bringen. Indem wir unsere Dankbarkeit für die Menschen und Erfahrungen zum Ausdruck bringen, die unser Leben bereichern, können wir unsere Beziehungen zu anderen vertiefen und eine positive Einstellung entwickeln.

Auf der anderen Seite bedeutet Zufriedenheit, dass wir unabhängig von den äußeren Bedingungen Zufriedenheit und Frieden mit unseren aktuellen Umständen finden. Es geht nicht darum, sich mit weniger zufrieden zu geben oder selbstgefällig zu werden, sondern vielmehr darum, eine Haltung der Akzeptanz und des Gleichmuts einzunehmen. Die stoische Philosophie lehrt uns, dass wahre Zufriedenheit von innen kommt und nicht von äußeren Faktoren abhängig ist. Indem wir uns in Zufriedenheit üben, können wir lernen, Freude und Erfüllung im gegenwärtigen Moment zu finden, anstatt ständig zukünftigen Wünschen hinterherzujagen oder dem Bedauern über die Vergangenheit nachzuhängen.

Ein wichtiger Aspekt des Übens von Dankbarkeit und Zufriedenheit liegt in unserer Fähigkeit, unsere Sichtweise auf Herausforderungen und Rückschläge zu ändern. Der Stoizismus ermutigt uns, Widrigkeiten als Chance für Wachstum und Lernen zu sehen und nicht als Quelle der Frustration oder Verzweiflung. Indem wir Dankbarkeit für die Lektionen kultivieren, die uns schwierige Erfahrungen lehren, können wir Widerstandskraft und innere Stärke entwickeln.

Um dies zu verdeutlichen, nehmen wir das Beispiel einer Person, die einen erheblichen finanziellen Rückschlag erlitten hat. Statt in Bitterkeit oder Selbstmitleid zu verfallen, übt sich diese Person in Dankbarkeit für die Lektionen, die sie aus dieser Erfahrung gelernt hat. Sie wissen die Gelegenheit zu schätzen, finanzielle Umsicht und Einfallsreichtum zu kultivieren, und sind zufrieden mit dem Wissen, dass sie über die nötige Widerstandsfähigkeit verfügen, um Herausforderungen zu meistern. Dieser Perspektivwechsel ermöglicht es ihnen, die Situation mit Dankbarkeit und Gleichmut anzugehen, was letztlich zu mehr Seelenfrieden und emotionalem Wohlbefinden führt.

Neben diesen persönlichen Vorteilen kann das Praktizieren von Dankbarkeit und Zufriedenheit auch zu einer harmonischeren und mitfühlenderen Gesellschaft beitragen. Indem wir eine Geisteshaltung der Fülle und Wertschätzung kultivieren, können wir einfühlsamer werden und andere unterstützen. Dies fördert das Gemeinschaftsgefühl und die Verbundenheit untereinander und trägt letztlich zu einer friedlicheren und erfüllteren Welt für alle bei.

Die Praxis der Dankbarkeit und Zufriedenheit ist ein Eckpfeiler der stoischen Philosophie, der unser Leben zutiefst bereichern kann. Indem wir unsere Segnungen bewusst anerkennen und im gegenwärtigen Moment Zufriedenheit finden, können wir ein Gefühl des inneren Friedens und der Erfüllung kultivieren. Durch diese Praxis steigern wir nicht nur unser eigenes Wohlbefinden, sondern tragen auch dazu bei, eine mitfühlendere und harmonischere Welt zu schaffen.

IN DIE PRAXIS UMSETZEN

(1) Üben Sie sich in täglicher Reflexion und Wertschätzung: Nehmen Sie sich jeden Tag ein paar Minuten Zeit, um die Dinge, für die Sie dankbar sind, bewusst wahrzunehmen und zu würdigen. Beispiel: Machen Sie jeden Abend vor dem Schlafengehen eine Liste mit drei Dingen, für die Sie an diesem Tag dankbar sind. Das kann so einfach sein wie ein leckeres Essen, eine freundliche Geste eines Freundes oder ein schöner Sonnenuntergang. Diese Übung wird Ihnen helfen, sich auf die positiven Aspekte Ihres Lebens zu konzentrieren und ein Gefühl der Dankbarkeit zu entwickeln.

(2) Betrachten Sie Herausforderungen als Chancen für Wachstum: Betrachten Sie Rückschläge und Schwierigkeiten nicht als Hindernisse, sondern als Chancen zum Lernen und zur Entwicklung von Resilienz. Beispiel: Wenn Sie mit einer beruflichen Herausforderung konfrontiert sind, denken Sie daran, dass dies eine Gelegenheit ist, Ihre Problemlösungsfähigkeiten zu verbessern und Ihr Wissen zu erweitern. Nehmen Sie die Chance wahr, sich weiterzuentwickeln, und betrachten Sie die Situation mit einer Haltung der Dankbarkeit für die Lektionen, die Sie daraus lernen können.

(3) Kultivieren Sie Zufriedenheit im gegenwärtigen Moment: Finden Sie Zufriedenheit und Frieden mit Ihren gegenwärtigen Umständen, unabhängig von äußeren Faktoren. Beispiel: Anstatt ständig nach mehr materiellen Besitztümern zu streben, nehmen Sie sich einen Moment Zeit, um zu schätzen, was Sie bereits haben. Konzentrieren Sie sich auf die kleinen Freuden des Lebens, wie eine gute Tasse Kaffee, eine herzliche Umarmung oder einen schönen Sonnenuntergang. Indem Sie sich die Zufriedenheit zu eigen machen, können Sie ein tieferes Gefühl der Erfüllung in der Gegenwart erfahren.

(4) Drücken Sie Ihre Dankbarkeit gegenüber anderen aus: Zeigen Sie Wertschätzung für die Menschen und Erfahrungen, die Ihr Leben bereichern. Beispiel: Schreiben Sie jemandem, der Ihr Leben positiv beeinflusst hat, ein aufrichtiges Dankesschreiben. Lassen Sie sie wissen, wie dankbar Sie für ihre Anwesenheit sind und für die Art und Weise, wie sie zu Ihrem Wachstum und Ihrem Glück beigetragen haben. Dieser Akt der Dankbarkeit wird Ihre Beziehungen zu anderen stärken und eine positive Einstellung fördern.

(5) Fördern Sie Empathie und Unterstützung für andere: Kultivieren Sie eine Haltung des Überflusses und der Wertschätzung, die zu mehr Mitgefühl und Unterstützung für andere führen kann. Beispiel: Engagieren Sie sich ehrenamtlich für eine lokale Wohltätigkeitsorganisation, die Ihnen am Herzen liegt. Indem Sie sich aktiv für das Wohlergehen anderer einsetzen, können Sie ein Gefühl der Gemeinschaft und Verbundenheit fördern und so letztlich eine friedlichere und erfüllntere Welt für alle schaffen.

3.5. SCHWIERIGE SITUATIONEN MIT TUGEND MEISTERN

Die erfolgreiche Bewältigung schwieriger Situationen mit Tugendhaftigkeit ist ein entscheidender Aspekt der Integration von Stoizismus und Schattenarbeit in unser tägliches Leben. Wenn wir mit Schwierigkeiten konfrontiert werden, kann es verlockend sein, unsere Aktionen und Reaktionen von unseren Gefühlen leiten zu lassen. Wenn wir uns jedoch die Prinzipien des Stoizismus und der Schattenarbeit zu eigen machen, können wir herausfordernde

Situationen mit Weisheit, Mut, Fairness und Selbstbeherrschung angehen.

Die Kultivierung von Weisheit ist eine Schlüsselkomponente, um schwierige Situationen mit Tugendhaftigkeit zu meistern. Dazu gehört, dass wir von unseren unmittelbaren emotionalen Reaktionen einen Schritt zurücktreten und die Situation aus einer breiteren Perspektive betrachten. Durch Selbstreflexion und achtsames Gewahrsein können wir Einblick in unsere Denkmuster und emotionalen Reaktionen gewinnen, was uns befähigt, auf Herausforderungen mit größerer Klarheit und Verständnis zu reagieren.

Mut ist eine weitere wesentliche Tugend, wenn wir uns schwierigen Situationen stellen. Es erfordert Mut, sich unseren Ängsten und Unsicherheiten zu stellen, insbesondere wenn unsere Schattenaspekte durch die Herausforderungen, denen wir begegnen, ausgelöst werden. Indem wir unsere Verletzlichkeit annehmen und unser Unbehagen anerkennen, können wir die Kraft finden, den Hindernissen auf unserem  Weg mit Widerstandsfähigkeit und Entschlossenheit zu begegnen.

Gerechtigkeit in schwierigen Situationen zu praktizieren bedeutet, ihnen mit Fairness und Integrität zu begegnen. Das bedeutet, dass wir die Perspektiven und Bedürfnisse anderer berücksichtigen müssen, selbst wenn sie sich in einer schwierigen Situation befinden. Indem wir ein Gleichgewicht zwischen Eigeninteresse und Mitgefühl für andere herstellen, können wir Herausforderungen so bewältigen, dass unsere Grundsätze und Werte gewahrt bleiben.

Mäßigung, die Tugend der Mäßigung und Selbstbeherrschung, spielt auch eine wichtige Rolle, wenn wir mit schwierigen Situationen konfrontiert werden. Es ist ganz natürlich, dass wir als

Reaktion auf Herausforderungen starke Emotionen empfinden, aber wenn wir uns in Mäßigung üben, können wir verhindern, dass diese Emotionen unser Urteilsvermögen vernebeln und zu impulsiven oder irrationalen Handlungen führen. Stattdessen können wir die Situation mit einer ruhigen und rationalen Denkweise angehen und Entscheidungen treffen, die mit unseren Werten und langfristigen Zielen übereinstimmen.

Ein Beispiel für die erfolgreiche Bewältigung einer schwierigen Situation mit Tugendhaftigkeit könnte der Umgang mit einem Konflikt am Arbeitsplatz sein. Anstatt mit Wut oder Frustration zu reagieren, würde ein stoischer Ansatz darin bestehen, einen Schritt zurückzutreten, um über die Situation nachzudenken, die Perspektiven aller beteiligten Parteien zu berücksichtigen und mit Fairness und Integrität zu reagieren. Dazu könnte es gehören, Empathie zu üben, die dem Konflikt zugrunde liegenden Ursachen zu verstehen und auf eine Lösung hinzuarbeiten, von der alle Parteien profitieren.

Darüber hinaus würde die Integration der Schattenarbeit in diesen Prozess bedeuten, dass wir alle verborgenen Emotionen oder Ängste anerkennen, die zu dem Konflikt beitragen könnten. Indem wir uns diese Schattenaspekte zu eigen machen und ihre Ursachen angehen, können wir die Situation mit einem tieferen Verständnis für uns selbst und andere angehen, was zu tiefgreifenderen und dauerhafteren Lösungen führt.

Schwierige Situationen erfolgreich mit Tugendhaftigkeit zu meistern, bedeutet, die Prinzipien des Stoizismus und der Schattenarbeit in unseren Reaktionen auf Herausforderungen zu verkörpern. Indem wir Weisheit, Mut, Fairness und Selbstbeherrschung kultivieren, können wir schwierige Situationen mit Klarheit, Widerstandsfähigkeit, Integrität und Selbstdisziplin angehen. Dies befähigt uns, Herausforderungen in einer Weise zu bewältigen, die mit unseren Werten übereinstimmt und zu sinnvollem persönlichem Wachstum und Wandel führt.

IN DIE PRAXIS UMSETZEN

(1) Kultivieren Sie Weisheit, indem Sie in schwierigen Situationen Selbstreflexion und Achtsamkeit üben. Treten Sie einen Schritt

zurück von der unmittelbaren emotionalen Reaktion und betrachten Sie die Situation aus einer breiteren Perspektive. Beispiel: Wenn Sie bei der Arbeit vor einer schwierigen Entscheidung stehen, nehmen Sie sich einen Moment Zeit, um über die möglichen Folgen nachzudenken und die langfristigen Auswirkungen auf Ihre berufliche Laufbahn und Ihre persönliche Entwicklung zu bedenken, bevor Sie eine Entscheidung treffen.

(2) Nehmen Sie Ihre Verletzlichkeit an und gestehen Sie sich Ihr Unbehagen ein, um den Mut zu finden, Hindernisse in schwierigen Situationen zu überwinden. Beispiel: Wenn Sie eine Präsentation vor einem großen Publikum halten, sollten Sie Gefühle wie Nervosität oder Selbstzweifel anerkennen und zulassen. Nutzen Sie diese Gefühle als Motivation, um sich gründlich vorzubereiten und die bestmögliche Leistung zu erbringen.

(3) Praktizieren Sie Fairness und Integrität, indem Sie in schwierigen Situationen die Perspektiven und Bedürfnisse anderer berücksichtigen. Beispiel: Wenn Sie einen Konflikt mit einem Kollegen oder einer Kollegin lösen, hören Sie ihm oder ihr aktiv zu und versuchen Sie, seine oder ihre Sicht der Dinge zu verstehen. Arbeiten Sie auf eine Lösung hin, die den Bedürfnissen beider Parteien gerecht wird und eine harmonische Arbeitsbeziehung aufrechterhält.

(4) Üben Sie sich in Mäßigung, indem Sie verhindern, dass starke Emotionen das Urteilsvermögen trüben und in schwierigen Situationen zu impulsivem Handeln führen. Beispiel: Wenn Sie ein kritisches Feedback von einem Vorgesetzten erhalten, nehmen Sie sich einen Moment Zeit, um durchzuatmen und Ihre Gefühle zu regulieren. Reagieren Sie mit einer ruhigen und rationalen Denkweise, indem Sie die Stichhaltigkeit des Feedbacks prüfen und Verbesserungsmöglichkeiten aufzeigen.

(5) Integrieren Sie Schattenarbeit, indem Sie verborgene Emotionen oder Ängste erkennen, die möglicherweise zu schwierigen Situationen beitragen. Beispiel: Wenn Sie in einem Team mit Widerstand gegen Veränderungen konfrontiert sind, sollten Sie über die zugrundeliegenden Ängste oder Unsicherheiten nachdenken, die den Widerstand verursachen könnten. Sprechen Sie diese Emotionen

durch offene und ehrliche Kommunikation an und fördern Sie so das Verständnis und die Zusammenarbeit im Hinblick auf die Annahme der Veränderungen.

(6) Antworten auf Herausforderungen mit persönlichen Werten und Prinzipien abstimmen, um schwierige Situationen mit Tugendhaftigkeit zu meistern. Beispiel: Wenn Sie bei einer geschäftlichen Transaktion mit Unehrlichkeit konfrontiert werden, treffen Sie Entscheidungen, bei denen ethisches Verhalten und die Wahrung der persönlichen Integrität im Vordergrund stehen, auch wenn dies bedeutet, auf kurzfristige Gewinne zu verzichten.

(7) Streben Sie nach bedeutungsvollem Wachstum und Transformation, indem Sie die Prinzipien des Stoizismus und der Schattenarbeit in Antworten auf Herausforderungen verkörpern. Beispiel: Wenn Sie mit Rückschlägen oder Misserfolgen konfrontiert werden, nutzen Sie stoische Praktiken wie Tagebuchführung und Reflexion, um Sinn und Lehren aus der Erfahrung zu ziehen. Sprechen Sie alle zugrundeliegenden Schattenaspekte an, die zu der Situation beigetragen haben könnten, um persönliches Wachstum und Transformation zu ermöglichen.

(8) Die Tugenden Weisheit, Mut, Gerechtigkeit und Mäßigung im täglichen Leben ständig üben und verfeinern, um alle Arten von schwierigen Situationen zu meistern. Beispiel: Nehmen Sie sich jeden Tag Zeit für Selbstreflexion und Achtsamkeitsübungen, um Weisheit zu kultivieren. Fordern Sie sich selbst heraus, regelmäßig aus Ihrer Komfortzone herauszutreten, um Ihren Mut zu stärken. Suchen Sie aktiv nach Möglichkeiten, sich ehrenamtlich zu engagieren oder andere zu unterstützen, um Gerechtigkeit zu üben. Üben Sie Achtsamkeitstechniken, wie z. B. tiefes Atmen, um Gelassenheit zu kultivieren und in schwierigen Situationen emotionale Stabilität zu bewahren.

4. Die Dichotomie der Kontrolle: Stoische Akzeptanz und Schattenintegration

4.1. VERSTEHEN, WAS SIE KONTROLLIEREN KÖNNEN UND WAS NICHT

Der Stoizismus lehrt uns die lebenswichtige Lektion, zu erkennen, was in unserer Kontrolle liegt und was nicht. Dieses Grundprinzip ist der Schlüssel zu einem Leben, das von innerer Ruhe, Widerstandsfähigkeit und emotionaler Stabilität geprägt ist. Es geht darum, die Grenzen unserer Macht anzuerkennen und zu lernen, die natürliche Ordnung des Universums anzunehmen.

In unserem täglichen Leben versuchen wir oft, Energie auf Dinge zu verwenden, die außerhalb unseres Einflussbereichs liegen. Leider führt dieses vergebliche Bemühen nur zu Frustration, Ängsten und Stress. Der Stoizismus fordert uns auf, uns auf die Aspekte zu besinnen, die wir kontrollieren können, wie z. B. unsere Gedanken, Handlungen und Einstellungen, und den Rest konsequent loszulassen. Das bedeutet jedoch nicht, dass wir passiv oder gleichgültig gegenüber den Umständen des Lebens werden.

Vielmehr lädt es uns ein, diesen Umständen mit Gleichmut und Akzeptanz zu begegnen.

Um dieses Prinzip in die Praxis umzusetzen, ist eine hilfreiche Übung die Erstellung eines so genannten "Kontrollkreises". Dabei werden zwei konzentrische Kreise gezeichnet, wobei der innere Kreis für die Dinge steht, die wir kontrollieren können, und der äußere Kreis für die Dinge, die sich unserer Kontrolle entziehen. Indem wir diese beiden Bereiche visualisieren, gewinnen wir Klarheit darüber, wohin wir unsere Energie und Aufmerksamkeit lenken sollen. Diese Übung befreit uns von der Notwendigkeit, äußere Ereignisse im Kleinen zu kontrollieren, und lenkt unseren Fokus auf die Gestaltung unserer inneren Welt.

Lassen Sie uns ein praktisches Beispiel betrachten. Stellen wir uns vor, wir stehen im Stau und kommen zu spät zu einer wichtigen Besprechung. Zwar können wir den Verkehr nicht kontrollieren, aber wir haben durchaus Einfluss darauf, wie wir auf die Situation reagieren. Anstatt in Frustration und Aufregung zu verfallen, können wir die zusätzliche Zeit nutzen, um tief zu atmen, beruhigende Musik zu hören oder einfach die Umstände mit Geduld zu ertragen. Dieser Perspektivwechsel ermöglicht es uns, den inneren Frieden zu bewahren und mit klarem Verstand an die Sitzung heranzugehen, ungeachtet der äußeren Hindernisse.

Wenn wir verstehen, was in unserem Einflussbereich liegt, können wir uns auch von unrealistischen Erwartungen und Perfektionismus lösen. Oft belasten wir uns selbst unnötig, indem wir versuchen, Ergebnisse oder die Handlungen anderer zu kontrollieren. Der Stoizismus erinnert uns eindringlich daran, dass unsere Macht nicht in der Manipulation von Ereignissen liegt, sondern vielmehr darin, wie wir auf sie reagieren wollen.

Ein weiterer entscheidender Aspekt dieses Verständnisses ist die Praxis des Loslassens von ungesunden Anhaftungen. Indem wir erkennen, dass wir die Handlungen, Meinungen oder Gefühle anderer nicht kontrollieren können, befreien wir uns von dem Bedürfnis nach äußerer Bestätigung oder Anerkennung. Dies ermöglicht es uns, Autonomie, Selbstwert und innere Stärke zu fördern.

Das Konzept des Verständnisses unseres Kontrollbereichs ist ein Eckpfeiler der stoischen Philosophie. Es befähigt uns, unserem inneren Zustand Priorität einzuräumen, inmitten äußerer Umstände Frieden zu finden und das Leben mit Anmut und Widerstandsfähigkeit zu meistern. Indem wir uns dieses Prinzip zu eigen machen, können wir uns aus der Umklammerung von Ängsten und Erwartungen befreien und Freiheit in der Akzeptanz der natürlichen Ebbe und Flut des Lebens finden.

IN DIE PRAXIS UMSETZEN

(1) Erkennen und akzeptieren Sie die Dinge, die Sie nicht kontrollieren können: Erkennen Sie den Unterschied zwischen dem, was in Ihrer Macht steht, und dem, was Sie nicht beeinflussen können. Zum Beispiel können Sie den Verkehr nicht kontrollieren, aber Sie können Ihre Reaktion darauf kontrollieren. Beispiel: Wenn Sie im Stau stehen, atmen Sie tief durch, anstatt sich zu ärgern, und erinnern Sie sich daran, dass Sie die Situation nicht kontrollieren können. Nutzen Sie die Zeit, um ein Hörbuch zu hören oder Ihre Lieblingsmusik zu genießen.

(2) Konzentrieren Sie sich auf das, was Sie kontrollieren können: Richten Sie Ihre Energie und Aufmerksamkeit auf die Dinge, die Sie kontrollieren können, wie z. B. Ihre Gedanken, Handlungen und Einstellungen. Beispiel: Anstatt sich über die Meinung anderer Menschen Gedanken zu machen, sollten Sie sich darauf konzentrieren, eine positive Einstellung zu entwickeln und bei Ihren Interaktionen ein freundliches und mitfühlendes Verhalten an den Tag zu legen.

(3) Üben Sie die Übung "Kreis der Kontrolle": Stellen Sie sich einen Kreis vor, der die Dinge darstellt, die Sie kontrollieren können, und einen weiteren Kreis, der die Dinge darstellt, die Sie nicht kontrollieren können. Dies wird Ihnen helfen, Klarheit darüber zu gewinnen, worauf Sie Ihre Bemühungen konzentrieren sollten. Beispiel: Zeichnen Sie zwei Kreise auf ein Blatt Papier. In den inneren Kreis schreiben Sie die Aspekte Ihres Lebens, auf die Sie Einfluss nehmen können, z. B. Ihre Gesundheit und Ihre täglichen Routinen. In den äußeren Kreis schreiben Sie die Dinge, auf die Sie

keinen Einfluss haben, wie z. B. das Wetter oder die Meinung anderer Menschen.

(4) Lösen Sie sich von unrealistischen Erwartungen: Machen Sie sich klar, dass Sie weder die Ergebnisse noch die Handlungen anderer Menschen kontrollieren können. Lassen Sie den Druck los, alles perfekt machen zu wollen. Beispiel: Konzentrieren Sie sich darauf, Ihr Bestes zu geben und aus der Erfahrung zu lernen, unabhängig vom Ergebnis, anstatt sich mit der Frage zu beschäftigen, ob Sie bei einem Test perfekt abgeschnitten haben.

(5) Üben Sie sich darin, sich von äußerer Bestätigung zu lösen: Erkennen Sie, dass Sie nicht kontrollieren können, wie andere Sie wahrnehmen oder anerkennen. Kultivieren Sie ein Gefühl des Selbstwerts und der inneren Bestätigung. Beispiel: Konzentrieren Sie sich darauf, Ihre eigenen Ziele und Standards für persönliches Wachstum und Erfolg zu setzen, anstatt sich von anderen bestätigen zu lassen.

(6) Lassen Sie sich auf den natürlichen Fluss des Lebens ein: Akzeptieren Sie, dass das Leben voller Höhen und Tiefen ist und dass Sie nicht jeden Aspekt des Lebens kontrollieren können. Finden Sie Frieden, indem Sie sich der natürlichen Ordnung des Universums hingeben. Beispiel: Wenn Sie mit einem Rückschlag oder einer Enttäuschung konfrontiert werden, erinnern Sie sich daran, dass dies ein Teil der Reise des Lebens und eine Gelegenheit zum Wachstum ist. Gehen Sie die Situation mit Anmut und Anpassungsfähigkeit an, denn Sie wissen, dass Sie nicht jedes Ergebnis kontrollieren können.

(7) Kultivieren Sie Resilienz und emotionale Stabilität: Bauen Sie Ihre innere Stärke durch Übung und Einstellung auf. Entwickeln Sie Bewältigungsmechanismen und Strategien, um mit schwierigen Situationen umzugehen. Beispiel: Üben Sie sich in Achtsamkeit und Meditation, um Ihr emotionales Wohlbefinden zu verbessern und Ihre Widerstandsfähigkeit zu stärken. Wenn Sie mit einer schwierigen Situation konfrontiert werden, nehmen Sie sich einen Moment Zeit, um tief durchzuatmen und sich an Ihre innere Stärke und Fähigkeit zu erinnern, Herausforderungen zu meistern.

(8) Finden Sie Sinn und Zweck in sich selbst: Anstatt nach äußerer Bestätigung zu suchen oder sich auf äußere Umstände zu verlassen,

um sich zu verwirklichen, sollten Sie sich darauf konzentrieren, Ihre eigenen Leidenschaften und Werte zu entdecken. Beispiel: Verbringen Sie Zeit damit, über Ihre persönlichen Werte und Ziele nachzudenken. Beschäftigen Sie sich mit Aktivitäten, die mit Ihren Leidenschaften übereinstimmen und Ihnen ein Gefühl der Sinnhaftigkeit vermitteln, anstatt sich auf äußere Erfolge oder Anerkennung zu verlassen, um Erfüllung zu finden.

Durch die Umsetzung dieser praktischen Maßnahmen werden Sie in der Lage sein, den Drang, jeden Aspekt Ihres Lebens zu manipulieren, aufzugeben und Ihre Sichtweise in Richtung Umarmung, Anpassung und Entwicklung auf einer persönlichen Ebene zu verschieben.

4.2. LOSLASSEN VON UNGESUNDEN BINDUNGEN

Das Loslassen ungesunder Bindungen ist ein wesentlicher Aspekt sowohl des Stoizismus als auch der Schattenarbeit. Solche Anhaftungen können verschiedene Formen annehmen, einschließlich toxischer Beziehungen und materieller Besitztümer, und sie können unser geistiges und emotionales Wohlbefinden stark beeinträchtigen. Der Stoizismus lehrt uns, dem Vorrang zu geben, was wir kontrollieren können, und uns von äußeren Faktoren zu lösen, die uns in Bedrängnis bringen könnten. Andererseits ermutigt uns die Schattenarbeit, uns mit den zugrunde liegenden, oft unbewussten emotionalen Bindungen zu befassen, die unser Verhalten und unsere Gedanken bestimmen.

Um den Prozess des Loslassens von ungesunden Anhaftungen zu beginnen, ist es entscheidend, sie zunächst zu identifizieren. Diese Anhaftungen können alles sein, worauf wir uns übermäßig verlassen, um unser Gefühl von Sicherheit, Glück oder Identität zu erhalten. Sie können sich als eine Person, ein Job, ein Glaube oder sogar ein bestimmtes Ergebnis

manifestieren, auf das wir fixiert sind. Schattenarbeit hilft uns, die emotionalen Muster und Traumata aufzudecken, die diesen Anhaftungen zugrunde liegen, und ermöglicht so ein tieferes Verständnis dafür, warum sie eine solche Macht über uns haben.

Sobald wir unsere ungesunden Anhaftungen identifiziert haben, können wir anhand der stoischen Prinzipien beurteilen, ob diese Anhaftungen in unserer Kontrolle liegen. Das Konzept der Dichotomie der Kontrolle lehrt uns, zwischen dem, was wir ändern können, und dem, was wir nicht ändern können, zu unterscheiden. Indem wir akzeptieren, dass einige Dinge außerhalb unserer Kontrolle liegen, können wir beginnen, den emotionalen Griff, den diese Anhaftungen auf uns ausüben, zu lösen. Schattenarbeit ergänzt diesen Prozess, indem sie uns hilft, die tieferen emotionalen Wunden aufzudecken, die diesen Anhaftungen zugrunde liegen, so dass wir sie in ihrem Kern angehen können.

Bindungslosigkeit zu praktizieren bedeutet nicht, dass wir die Dinge und Menschen in unserem Leben nicht lieben oder ihnen keine Beachtung schenken. Es bedeutet, eine gesunde Beziehung zu ihnen zu pflegen, frei von übermäßigen Erwartungen und emotionaler Abhängigkeit. Die stoische Philosophie ermutigt uns, Ruhe und inneren Frieden zu suchen, unabhängig von äußeren Umständen. Schattenarbeit hilft uns, die unbewussten Überzeugungen und Ängste zu entdecken, die unseren Anhaftungen zugrunde liegen, und ermöglicht so Heilung und Transformation.

Eine wirksame Technik, um ungesunde Anhaftungen loszulassen, ist die Achtsamkeitspraxis. Indem wir völlig präsent und uns unserer Gedanken und Gefühle bewusst sind, können wir die Natur unserer Anhaftungen beobachten, ohne uns in ihnen zu verfangen. In Verbindung mit den stoischen Prinzipien hilft uns diese Achtsamkeitspraxis, die Vergänglichkeit äußerer Dinge zu erkennen und die Sinnlosigkeit des Versuchs, sie zu kontrollieren. Wenn wir achtsamer werden, können wir uns allmählich von diesen Anhaftungen lösen und mehr Frieden und Freiheit in uns selbst finden.

Beim Loslassen ungesunder Anhaftungen geht es darum, unsere innere Stärke und Souveränität zurückzuerlangen. Die stoische

Philosophie lehrt uns, uns auf die Kultivierung von Tugend und innerer Widerstandsfähigkeit zu konzentrieren, während uns die Schattenarbeit dabei hilft, die tieferen emotionalen Wunden und Ängste aufzudecken, die unsere Anhaftungen möglicherweise antreiben. Durch die Integration dieser beiden Ansätze können wir uns allmählich aus dem Griff ungesunder Anhaftungen befreien und mit größerer emotionaler Freiheit und Authentizität leben.

IN DIE PRAXIS UMSETZEN

(1) Identifizieren Sie Ihre ungesunden Bindungen Beispiel: Nehmen Sie sich etwas Zeit zum Nachdenken und erstellen Sie eine Liste der Dinge oder Beziehungen, von denen Sie sich übermäßig abhängig fühlen, um sich sicher oder glücklich zu fühlen. Das kann eine bestimmte Person, ein Job, ein Glaube oder sogar ein Ergebnis sein, auf das Sie sich fixiert haben.

(2) Erforschen Sie die zugrunde liegenden emotionalen Muster und Traumata, die Ihren Anhaftungen zugrunde liegen: Beschäftigen Sie sich mit Schattenarbeit, indem Sie Tagebuch führen oder eine Therapie aufsuchen, um die tieferen emotionalen Wunden und Traumata aufzudecken, die Ihren Anhaftungen zugrunde liegen könnten. Dies kann Ihnen helfen, ein tieferes Verständnis dafür zu erlangen, warum diese Anhaftungen einen so starken Einfluss auf Sie haben.

(3) Beurteilen Sie, ob Sie Ihre Anhaftungen unter Kontrolle haben Beispiel: Wenden Sie die stoischen Prinzipien an, indem Sie prüfen, ob die von Ihnen identifizierten Anhaftungen unter Ihrer Kontrolle stehen oder nicht. Stellen Sie fest, ob Sie Maßnahmen ergreifen können, um die Situation zu ändern, oder ob Sie akzeptieren müssen, dass die Situation außerhalb Ihrer Kontrolle liegt.

(4) Üben Sie sich in Nicht-Anhaftung und pflegen Sie eine gesunde Beziehung Beispiel: Kultivieren Sie Achtsamkeit und Bewusstsein für Ihre Gedanken und Gefühle, um eine gesunde Beziehung zu Ihren Anhaftungen zu entwickeln. Lassen Sie übermäßige Erwartungen und emotionale Abhängigkeit los und erlauben Sie sich, unabhängig von äußeren Umständen Ruhe und Frieden im Inneren zu finden.

(5) Nutzen Sie Achtsamkeit und stoische Prinzipien, um die Vergänglichkeit zu erkennen Beispiel: Üben Sie sich in

Achtsamkeitsmeditation, um die Vergänglichkeit äußerer Dinge und die Sinnlosigkeit des Versuchs, sie zu kontrollieren, zu erkennen. Kombinieren Sie diese Praxis mit stoischen Prinzipien, um sich allmählich von ungesunden Anhaftungen zu lösen und mehr Frieden und Freiheit im Inneren zu finden.

(6) Tugendhaftigkeit, innere Widerstandsfähigkeit und emotionale Freiheit kultivieren Beispiel: Konzentrieren Sie sich auf die Kultivierung tugendhafter Eigenschaften und innerer Widerstandsfähigkeit, wie sie die stoische Philosophie lehrt. Beschäftigen Sie sich gleichzeitig mit Schattenarbeit, um die tieferen emotionalen Wunden und Ängste, die Ihren Anhaftungen zugrunde liegen, zu heilen und zu transformieren. Durch die Integration dieser Ansätze können Sie sich allmählich aus dem Griff ungesunder Anhaftungen befreien und mit größerer emotionaler Freiheit und Authentizität leben.

4.3. ÜBERWINDUNG VON FURCHT UND ÄNGSTEN

Furcht und Angst sind weit verbreitete Gefühle, die wir alle irgendwann in unserem Leben erleben. Sie können überwältigend sein und uns lähmen und uns daran hindern, aktiv zu werden und unser Leben in vollen Zügen zu genießen. Die stoische Philosophie bietet jedoch wirkungsvolle Techniken, um diese negativen Emotionen in Quellen des Wachstums und der Ermächtigung zu verwandeln.

Eines der grundlegenden Prinzipien des Stoizismus ist das Verständnis dessen, was wir kontrollieren können und was nicht. Auch wenn wir keine vollständige Kontrolle über äußere Ereignisse oder die Handlungen anderer Menschen haben, so haben wir doch die Kontrolle über unsere eigenen Gedanken, Überzeugungen und Entscheidungen. Diese Erkenntnis ist von entscheidender Bedeutung, wenn es um Furcht und Ängste geht. Wir fürchten oft Dinge, die außerhalb unserer Kontrolle liegen, wie die Zukunft oder die Meinung anderer. Der Stoizismus lehrt uns, uns auf das zu konzentrieren, was wir kontrollieren können, und das ist unsere Reaktion auf diese äußeren Umstände.

Indem wir uns in stoischer Akzeptanz üben, können wir lernen, unsere Ängste und Befürchtungen zu akzeptieren, ohne uns von ihnen unser Handeln diktieren zu lassen. Anstatt zu versuchen, diese Gefühle zu vermeiden oder zu unterdrücken, können wir sie anerkennen und verstehen, dass sie ein natürlicher Teil des Menschseins sind. Indem wir  Furcht und Angst annehmen, können wir uns ihnen direkt stellen, anstatt uns von ihnen beherrschen zu lassen.

Eine weitere stoische Technik zur Umwandlung von Furcht und Angst besteht darin, unsere Wahrnehmung dieser Emotionen zu verändern. Der Stoizismus lehrt uns, Herausforderungen und Hindernisse als Chancen für Wachstum und Selbstverbesserung zu sehen. Wenn wir Furcht und Angst mit einer stoischen Denkweise angehen, können wir sie als Aufforderung betrachten, unsere Widerstandsfähigkeit und innere Stärke zu entwickeln. Indem wir diese Emotionen als Sprungbrett und nicht als Hindernis betrachten, können wir unsere Perspektive ändern und ihre Energie nutzen, um uns voranzutreiben.

Achtsamkeit zu praktizieren ist auch der Schlüssel zur Transformation von Angst und Furcht. Wenn wir die Achtsamkeit für den gegenwärtigen Moment kultivieren, können wir unsere ängstlichen Gedanken und ängstlichen Gefühle ohne Wertung beobachten. Anstatt uns in den Erzählungen unseres Geistes zu verlieren, können wir sie als vorübergehende Phänomene erkennen. Durch Achtsamkeit können wir uns von unseren ängstlichen Gedanken lösen und unsere Aufmerksamkeit zurück in den gegenwärtigen Moment lenken, in dem wahrer Frieden und Gelassenheit herrschen.

Darüber hinaus ist die Integration der Schattenaspekte von Furcht und Angst von entscheidender Bedeutung für ganzheitliches persönliches Wachstum und Entwicklung. Bei der Schattenarbeit geht es darum, unsere unbewussten Ängste und Befürchtungen, die oft aus vergangenen Traumata oder ungelösten Emotionen stammen, aufzudecken und anzunehmen. Indem wir diese verborgenen Aspekte unseres Selbst beleuchten, können wir sie heilen und in unser Bewusstsein integrieren. Auf diese Weise befreien wir uns aus dem Griff von Furcht und Angst und gewinnen unsere persönliche Macht zurück.

Furcht und Angst zu überwinden ist eine ständige Übung, die Hingabe und Selbstmitgefühl erfordert. Als Stoiker wissen wir, dass diese Emotionen unvermeidlich sind, aber wir haben die Macht, sie in Chancen für Wachstum und Selbstentdeckung zu verwandeln. Indem wir die stoischen Prinzipien in unser Leben integrieren und uns auf die Schattenarbeit einlassen, können wir die Widerstandsfähigkeit und Stärke kultivieren, die wir brauchen, um dem Unbekannten mit Mut und Gelassenheit zu begegnen.

Denken Sie daran, dass es beim Stoizismus nicht darum geht, unsere Emotionen zu unterdrücken oder zu verleugnen, sondern vielmehr darum, eine gesunde und ausgewogene Beziehung zu ihnen zu entwickeln. Wenn wir eine stoische Haltung einnehmen, können wir die Höhen und Tiefen des Lebens mit einem Gefühl der Ruhe und inneren Stärke meistern. Wenn also das nächste Mal Furcht oder Angst aufkommen, sollten Sie sie als Lehrer und Katalysator für persönliches Wachstum begreifen.

IN DIE PRAXIS UMSETZEN

(1) Kultivieren Sie Selbstwahrnehmung und Achtsamkeit. Beispiel: Meditieren Sie täglich oder führen Sie ein Tagebuch, um die Gedanken, Überzeugungen und Auslöser zu beobachten und zu verstehen, die zu Furcht und Angst beitragen.

(2) Wenden Sie die stoischen Prinzipien des kognitiven Reframings und der rationalen Analyse an. Beispiel: Hinterfragen Sie irrationale Ängste und verzerrte Denkmuster, indem Sie die Beweise hinter ihnen in Frage stellen und alternative Perspektiven finden.

(3) Akzeptieren Sie und geben Sie sich hin. Beispiel: Erkennen Sie, dass Sie nicht alles unter Kontrolle haben, und lassen Sie das

Bedürfnis los, alles zu kontrollieren, und finden Sie Frieden, indem Sie die Ungewissheiten des Lebens akzeptieren.

(4) Integrieren Sie Schattenarbeit und bringen Sie Ängste und Befürchtungen ans Licht. Beispiel: Führen Sie Therapie- oder Selbstreflexionsübungen durch, um tief sitzende Ängste und uneingestandene Aspekte von sich selbst aufzudecken und sie in das Bewusstsein zu integrieren.

(5) Üben Sie praktische Achtsamkeitstechniken. Beispiel: Entwickeln Sie eine tägliche Achtsamkeitspraxis, um furchtsame und ängstliche Gedanken und Emotionen zu beobachten und sich von ihnen zu lösen und auf sie ausgewogen und konstruktiv zu reagieren.

(6) Stärkung der Widerstandsfähigkeit durch stoische Praktiken. Beispiel: Nehmen Sie Unannehmlichkeiten und Widrigkeiten als Chancen für Wachstum wahr und begegnen Sie Ängsten und Befürchtungen mit Mut und Entschlossenheit.

4.4. BALANCE ZWISCHEN KONTROLLE UND HINGABE

Auf der Suche nach Selbstfindung und persönlichem Wachstum ist es entscheidend, das empfindliche Gleichgewicht zwischen Kontrolle und Hingabe zu verstehen. Der Stoizismus lehrt uns, wie wichtig es ist, zu erkennen, was unter unserer Kontrolle steht, und zu akzeptieren, was nicht unter unserer Kontrolle steht. In ähnlicher Weise fordert uns die Schattenarbeit auf, uns unseren Ängsten und Unsicherheiten zu stellen und uns gleichzeitig dem Prozess der Umarmung unserer Schattenaspekte mit Mitgefühl und Akzeptanz hinzugeben.

Das Gleichgewicht zwischen Kontrolle und Hingabe bedeutet, dass wir anerkennen, dass wir die Macht haben, bestimmte Aspekte unseres Lebens zu beeinflussen, z. B. unsere Gedanken, Handlungen und Reaktionen auf äußere Ereignisse. Genauso wichtig ist es jedoch zu erkennen, dass viele Faktoren außerhalb unserer Kontrolle liegen, darunter das Verhalten anderer, unvorhergesehene Umstände und die Ergebnisse unserer Bemühungen. Dieses Verständnis bildet die Grundlage für die Kultivierung von Resilienz und innerem Frieden.

Um dieses Gleichgewicht zu erreichen, ist es entscheidend, eine Haltung der Widerstandsfähigkeit und Anpassungsfähigkeit zu entwickeln. Wir müssen lernen, unsere Bindung an bestimmte Ergebnisse loszulassen und das Bedürfnis nach absoluter Kontrolle aufzugeben. Dies bedeutet nicht, dass wir passiv oder gleichgültig sind, sondern vielmehr, dass wir dem Leben mit einer offenen und flexiblen Perspektive begegnen. Indem wir uns das Konzept der Hingabe zu eigen machen, können wir uns von dem lästigen Druck befreien, jede Situation nach unserem Geschmack manipulieren zu wollen.

Sich zu ergeben bedeutet nicht Schwäche, sondern vielmehr tiefe Stärke und Weisheit. Es geht darum, die Fähigkeit zu entwickeln, der natürlichen Entfaltung des Lebens zu vertrauen, selbst angesichts von Unsicherheit und Unvorhersehbarkeit. Durch die Hingabe öffnen wir uns für neue Möglichkeiten und Chancen, die uns vielleicht verborgen geblieben wären, als wir uns fest an die Zügel der Kontrolle klammerten. Dieser Zustand der Hingabe ermöglicht es uns, mit dem Fluss des Lebens zu fließen, anstatt uns ihm zu widersetzen, und bringt ein Gefühl von Leichtigkeit und Anmut in unsere Erfahrungen.

Im Kontext des Stoizismus bedeutet Hingabe, den gegenwärtigen Moment zu akzeptieren und die Anhaftung an externe Ergebnisse loszulassen. Das bedeutet nicht Apathie oder Resignation, sondern vielmehr eine realistische Einschätzung dessen, was in unserer Macht steht und was nicht. Indem wir uns auf unsere Gedanken und Handlungen konzentrieren, anstatt uns auf äußere Umstände zu fixieren, können wir inneren Frieden und Ermächtigung kultivieren.

Wendet man dieses Prinzip auf die Schattenarbeit an, bedeutet Hingabe, dass wir uns unseren Ängsten, Unsicherheiten und verdrängten Emotionen mit Mut und Mitgefühl stellen. Es bedeutet, dass wir das ständige Bedürfnis, unsere Schattenaspekte zu unterdrücken oder zu kontrollieren, aufgeben und sie stattdessen mit Bewusstheit umarmen. Dieser Prozess der Hingabe an unseren Schatten ermöglicht es uns, diese verleugneten Teile unseres Selbst zu integrieren, was zu einem größeren Gefühl der Ganzheit und Authentizität führt.

Das Gleichgewicht zwischen Kontrolle und Hingabe ist eine ständige und dynamische Übung. Sie erfordert Selbsterkenntnis, Achtsamkeit und die Bereitschaft, das Bedürfnis nach Gewissheit und Perfektion loszulassen. Indem wir uns dieses Gleichgewicht zu eigen machen, können wir die Herausforderungen des Lebens mit größerer Widerstandsfähigkeit, Gleichmut und Mitgefühl meistern, sowohl uns selbst als auch anderen gegenüber.

Indem wir die Harmonie zwischen stoischer Akzeptanz und Schattenintegration finden, können wir einen tieferen Sinn für inneren Frieden, Authentizität und Widerstandsfähigkeit kultivieren. Dies ermöglicht es uns, die Reise der Selbstentdeckung und des Wachstums mit offenem Herzen und offenem Geist anzutreten.

IN DIE PRAXIS UMSETZEN

(1) Pflegen Sie eine Mentalität der Belastbarkeit und Flexibilität. Beispiel: Üben Sie sich in Meditation und Achtsamkeitsübungen, um Ihre Widerstandsfähigkeit und Flexibilität in schwierigen Situationen zu verbessern. Wenn Sie zum Beispiel vor einem stressigen Abgabetermin stehen, nehmen Sie sich ein paar Minuten Zeit, um tief durchzuatmen und sich daran zu erinnern, dass Sie die Fähigkeit haben, sich anzupassen und Lösungen zu finden.

(2) Lassen Sie die Bindung an bestimmte Ergebnisse los. Beispiel: Wenn Sie sich Ziele setzen, konzentrieren Sie sich auf den Prozess und nicht nur auf das Endergebnis. Anstatt sich beispielsweise darauf zu fixieren, einen Wettbewerb zu gewinnen, sollten Sie sich darauf konzentrieren, die Reise zu genießen und Ihr Bestes zu geben.

(3) Machen Sie sich das Konzept der Hingabe zu eigen und vertrauen Sie auf die natürliche Entfaltung des Lebens. Beispiel: Wenn Sie mit unerwarteten Veränderungen oder Herausforderungen konfrontiert werden, üben Sie sich darin, das Bedürfnis loszulassen, die Situation zu kontrollieren. Vertrauen Sie darauf, dass sich die Dinge so entwickeln werden, wie sie sollen, und suchen Sie nach Möglichkeiten, aus der Erfahrung zu lernen und zu wachsen.

(4) Stellen Sie sich Ihren Ängsten, Unsicherheiten und verdrängten Gefühlen mit Mut und Mitgefühl. Beispiel: Nehmen Sie sich Zeit,

um über Ängste oder Unsicherheiten nachzudenken, die Sie möglicherweise zurückhalten, und suchen Sie nach Möglichkeiten, sich ihnen zu stellen. Dies könnte bedeuten, dass Sie sich Unterstützung bei einem vertrauenswürdigen Freund oder Therapeuten suchen, über Ihre Gefühle schreiben oder an Aktivitäten teilnehmen, die Sie aus Ihrer Komfortzone herausführen.
(5) Konzentrieren Sie sich auf Ihre Gedanken und Handlungen, anstatt sich auf äußere Umstände zu fixieren. Beispiel: Anstatt sich von negativen Ereignissen oder Situationen auffressen zu lassen, lenken Sie Ihre Aufmerksamkeit darauf, wie Sie darauf reagieren und sie bewältigen können. Üben Sie, negative Gedanken in positive Affirmationen umzuwandeln und proaktive Schritte in Richtung persönliches Wachstum und Wohlbefinden zu unternehmen.
(6) Integriere deine Schattenaspekte, indem du sie annimmst und akzeptierst. Beispiel: Nehmen Sie sich Zeit, um alle Aspekte Ihres Selbst zu erkennen, die Sie möglicherweise verleugnen oder unterdrücken. Dazu könnte gehören, dass Sie Ihre Fehler, Schwachstellen oder weniger wünschenswerten Eigenschaften anerkennen und akzeptieren. Finden Sie Wege, diese Aspekte in Ihr Selbstbild zu integrieren und nutzen Sie sie als Katalysator für persönliches Wachstum und Selbstakzeptanz.
(7) Üben Sie sich in Selbsterkenntnis und Achtsamkeit. Beispiel: Führen Sie täglich ein Tagebuch, um über Ihre Gedanken, Gefühle und Handlungen nachzudenken. Dies kann Ihnen helfen, Muster, Auslöser und Bereiche, in denen Sie sich auf persönliches Wachstum konzentrieren können, besser zu erkennen. Nehmen Sie sich regelmäßig Zeit für Meditation oder Achtsamkeitsübungen, um ein tieferes Verständnis für sich selbst und Ihre Reaktionen auf verschiedene Situationen zu entwickeln.
(8) Lassen Sie das Bedürfnis nach Gewissheit und Perfektion los. Beispiel: Anstatt perfekte Ergebnisse anzustreben oder ständig zu versuchen, jeden Aspekt Ihres Lebens zu kontrollieren, nehmen Sie die Ungewissheit und Unvollkommenheit an. Üben Sie sich in Selbstmitgefühl und erinnern Sie sich daran, dass Fehler und Rückschläge Gelegenheiten zum Lernen und zur Selbstentfaltung sind.

(9) Dem Leben mit Offenheit und Anpassungsfähigkeit begegnen. Beispiel: Halten Sie nicht starr an einem festen Plan oder einer festen Denkweise fest, sondern bleiben Sie offen für neue Möglichkeiten und andere Denkweisen. Dazu kann es gehören, neue Erfahrungen auszuprobieren, sich auf unterschiedliche Perspektiven einzulassen und offen für Veränderung und Wachstum zu sein.

(10) Zeigen Sie Mitgefühl mit sich selbst und anderen. Beispiel: Üben Sie sich in Freundlichkeit, Verständnis und Vergebung gegenüber sich selbst und anderen. Das kann bedeuten, dass Sie Ihre eigenen Fehler und Schwächen anerkennen und akzeptieren, aber auch, dass Sie Ihre Mitmenschen unterstützen und ihnen Mitgefühl entgegenbringen.

4.5. Integration von Schattenaspekten der Kontrolle

Wenn es darum geht, das Konzept der Kontrolle zu verstehen, sowohl im Stoizismus als auch in der Schattenarbeit, ist es entscheidend anzuerkennen, dass es Teile von uns selbst gibt, die uns vielleicht nicht immer bewusst sind oder mit denen wir uns nicht wohl fühlen. Diese Teile sind als unsere Schattenaspekte bekannt, d.h. die Aspekte unserer Psyche, die wir zu verdrängen oder zu leugnen versuchen. Im Zusammenhang mit Kontrolle können sich diese Schattenaspekte als manipulative Tendenzen, ein übermäßiges Machtbedürfnis oder die Angst vor Kontrollverlust zeigen. Es ist wichtig, diese Schattenaspekte der Kontrolle zu integrieren, um inneren Frieden und Ausgeglichenheit zu erlangen.

Im Stoizismus lehrt uns die Dichotomie der Kontrolle, dass es Dinge gibt, die wir kontrollieren können, und Dinge, die außerhalb unserer Kontrolle liegen. Indem wir uns dieses Prinzip zu eigen machen, können wir erkennen, wann unser Wunsch nach Kontrolle aus einem Ort der Angst oder Unsicherheit entspringt. An dieser Stelle wird die Schattenarbeit wertvoll. Indem wir unsere Schattenaspekte der Kontrolle erforschen, können wir die zugrunde liegenden Ängste und Unsicherheiten aufdecken, die unser Bedürfnis nach Kontrolle antreiben. Diese Selbsterkenntnis ermöglicht es uns, den Einfluss dieser Schattenaspekte auf uns zu lösen.

Ein effektiver Weg, die Schattenaspekte der Kontrolle zu integrieren, ist die Selbstreflexion und Introspektion. Indem wir unsere Überzeugungen und Verhaltensweisen im Zusammenhang mit Kontrolle erforschen, können wir beginnen, unbewusste Motive oder Ängste zu erkennen, die ihnen zugrunde liegen könnten. Jemand, der ständig versucht, andere zu kontrollieren, kann zum Beispiel entdecken, dass seine Angst vor Verletzlichkeit der Grund für dieses Verhalten ist. Indem er diese Angst anerkennt und akzeptiert, kann er beginnen, das Bedürfnis nach übermäßiger Kontrolle loszulassen.

Ein weiterer wichtiger Aspekt der Integration von Schattenaspekten der Kontrolle ist das Erlernen des Loslassens ungesunder Anhaftungen. Dazu gehören Anhaftungen an Ergebnisse, Menschen oder Situationen. Im Stoizismus liegt der Schwerpunkt auf der Kultivierung von innerer Ruhe und Gleichmut, unabhängig von den äußeren Umständen. Schattenarbeit hilft uns dabei, die zugrunde liegenden Anhaftungen aufzudecken, die unser Bedürfnis nach Kontrolle nähren, und lehrt uns, sie mit Mitgefühl und Verständnis loszulassen.

Zur Integration der Schattenaspekte der Kontrolle gehört außerdem die Umwandlung von Furcht und Angst in Akzeptanz und Hingabe. Wir suchen oft nach Kontrolle als Mittel, um unsere Ängste und Befürchtungen zu lindern, aber dadurch werden sie nur aufrechterhalten. Indem wir unsere Schattenaspekte, die mit Kontrolle zu tun haben, annehmen, können wir lernen, diese Emotionen mit Achtsamkeit und stoischer Akzeptanz zu bewältigen. Dies ermöglicht uns, von einer auf Angst basierenden Kontrolle zu einer ausgeglicheneren und hingebungsvolleren Lebenseinstellung überzugehen.

Bei der Integration von Schattenaspekten der Kontrolle geht es darum, ein harmonisches Gleichgewicht zwischen der Kontrolle über unser Leben und der Akzeptanz der inhärenten Ungewissheit der Welt zu finden. Indem wir unsere Schattenaspekte anerkennen und mit ihnen arbeiten, können wir ein größeres Gefühl des inneren Friedens, der Widerstandsfähigkeit und der emotionalen Freiheit kultivieren. Diese Integration befähigt uns, der Welt aus einer Position der Befähigung und Authentizität heraus zu begegnen, anstatt aus einem angstbasierten Kontrollbedürfnis heraus zu reagieren.

Indem wir die Prinzipien des Stoizismus und die Erkenntnisse aus der Schattenarbeit einbeziehen, können wir ein umfassenderes Verständnis von Kontrolle und ihrer Rolle in unserem Leben entwickeln. Diese Integration ermöglicht es uns, eine gesündere Beziehung zur Kontrolle zu kultivieren, die auf Selbsterkenntnis, Akzeptanz und Widerstandsfähigkeit beruht. Indem wir diese Schattenaspekte integrieren, schaffen wir Raum für Wachstum, Transformation und ein tieferes Gefühl der inneren Harmonie.

IN DIE PRAXIS UMSETZEN

(1) Üben Sie sich in Selbstreflexion und Introspektion, um unbewusste Motive und Ängste im Zusammenhang mit Kontrolle zu erkennen. Beispiel: Nehmen Sie sich jeden Tag Zeit, um über Situationen zu schreiben und nachzudenken, in denen Sie das Bedürfnis nach Kontrolle verspürt haben. Erforschen Sie die zugrunde liegenden Ängste und Unsicherheiten, die diesem Verhalten zugrunde liegen könnten. Wenn Sie sich dieser Schattenaspekte bewusst werden, können Sie beginnen, sich von ihnen zu befreien.

(2) Lassen Sie ungesunde Bindungen an Ergebnisse, Menschen oder Situationen los. Beispiel: Bestimmen Sie ein bestimmtes Ergebnis oder eine Person, die Sie zu sehr kontrollieren wollen. Üben Sie, Ihre Anhaftung loszulassen, indem Sie sich daran erinnern, dass Sie nicht alles kontrollieren können. Kultivieren Sie ein Gefühl der Akzeptanz und des Vertrauens in den natürlichen Fluss des Lebens.

(3) Wandeln Sie Furcht und Angst vor Kontrolle in Akzeptanz und Hingabe um. Beispiel: Wenn Sie ein Gefühl der Furcht oder Angst vor einer Situation verspüren, halten Sie inne und atmen Sie tief durch. Erkennen Sie die Angst an, ohne zu versuchen, sie zu kontrollieren. Üben Sie, die Ungewissheit zu akzeptieren und sich dem gegenwärtigen Moment hinzugeben.

(4) Kultivieren Sie inneren Frieden und Gleichmut, indem Sie die stoischen Prinzipien praktizieren. Beispiel: Integrieren Sie stoische Praktiken wie Achtsamkeitsmeditation, Dankbarkeitsübungen und die Konzentration auf das, was Sie unter Kontrolle haben. Entwickeln Sie eine tägliche Routine, die diese Praktiken beinhaltet, um inneren Frieden und Widerstandsfähigkeit zu kultivieren.

(5) Begegnen Sie der Welt aus einer Position der Befähigung und Authentizität heraus. Beispiel: Bevor Sie sich auf eine Situation einlassen, halten Sie inne und denken Sie über Ihre Absichten nach. Fragen Sie sich, ob Ihre Handlungen von einem angstbasierten Kontrollbedürfnis getrieben sind oder ob sie mit Ihren authentischen Werten übereinstimmen. Entscheiden Sie sich dafür, aus einer Position der Ermächtigung und Authentizität heraus zu handeln.

(6) Schaffen Sie Raum für Wachstum und Transformation, indem Sie die Schattenaspekte der Kontrolle integrieren. Beispiel: Suchen Sie nach Möglichkeiten, sich mit Ihren Schattenaspekten der Kontrolle zu konfrontieren und sie anzunehmen. Nehmen Sie eine Therapie oder ein Coaching in Anspruch, um diese Aspekte zu erforschen und zu integrieren. Auf diese Weise können Sie persönliches Wachstum und Transformation erfahren.

(7) Entwickeln Sie ein ganzheitliches Verständnis von Kontrolle, indem Sie die Prinzipien des Stoizismus und der Schattenarbeit integrieren. Beispiel: Lesen Sie Bücher oder besuchen Sie Workshops, die sich mit der stoischen Philosophie und der Schattenarbeit befassen. Versuchen Sie, die zugrundeliegenden Prinzipien zu verstehen und herauszufinden, wie sie zusammenwirken können, um eine umfassendere Perspektive der Kontrolle zu erhalten. Wenden Sie diese Erkenntnisse in Ihrem täglichen Leben an.

(8) Fördern Sie Selbstbewusstsein, Akzeptanz und Widerstandsfähigkeit in Ihrer Beziehung zur Kontrolle. Beispiel: Beobachten Sie regelmäßig Ihre Denk- und Verhaltensmuster im Zusammenhang mit Kontrolle. Üben Sie sich in Selbstmitgefühl und Akzeptanz, wenn Sie diese Muster bemerken. Pflegen Sie Ihre Widerstandsfähigkeit, indem Sie sich daran erinnern, dass Sie die

Fähigkeit haben, das Bedürfnis nach übermäßiger Kontrolle loszulassen.

5. Achtsamkeit und stoischer Geist: Beobachtung von Gedanken und Gefühlen

5.1. Entwicklung von Achtsamkeitspraktiken

Die Entwicklung von Achtsamkeitspraktiken spielt eine entscheidende Rolle bei der Einbeziehung der stoischen Prinzipien und der Schattenarbeit in unser tägliches Leben. Achtsamkeit ist die Praxis, sich unserer Gedanken, Gefühle, Körperempfindungen und der Welt um uns herum in jedem Moment vollständig bewusst zu sein. Sie ist ein grundlegender Aspekt sowohl des Stoizismus als auch der Schattenarbeit. Indem wir unsere Achtsamkeitsfähigkeiten verfeinern, können wir ein tieferes Verständnis von uns selbst und der Welt erlangen, was zu innerem Frieden und Widerstandsfähigkeit führt.

Eine wirksame Methode, Achtsamkeit zu kultivieren, ist die tägliche Meditation. Indem wir meditieren, können wir den Geist zur Ruhe bringen, unsere Gedanken ohne Anhaftung beobachten und ein Gefühl der inneren Ruhe kultivieren. Selbst wenn wir uns jeden Tag ein paar Minuten der Meditation widmen, können

wir unsere Fähigkeit stärken, präsent zu sein und uns vom ständigen geistigen Geschwätz zu lösen. Diese Praxis ist besonders hilfreich, wenn wir mit herausfordernden Emotionen und Schattenaspekten konfrontiert werden, da sie einen nicht wertenden Raum für Beobachtung und Selbstreflexion bietet.

Neben der formellen Meditation können wir Achtsamkeit auch in unsere alltäglichen Aktivitäten einbringen. Dazu gehört, dass wir uns voll und ganz auf die anstehenden Aufgaben konzentrieren, sei es beim Essen, beim Spazierengehen oder in einem Gespräch. Durch die achtsame Teilnahme an diesen Aktivitäten können wir eine tiefere Wertschätzung für den gegenwärtigen Moment entwickeln und unsere Fähigkeit stärken, auch in schwierigen Zeiten geerdet und zentriert zu bleiben.

Ein weiterer Aspekt der Entwicklung von Achtsamkeitspraktiken ist die Kultivierung des Bewusstseins für unsere emotionalen Reaktionen. Indem wir darauf achten, wie sich unsere Emotionen in unserem Körper manifestieren, und die begleitenden Gedankenmuster beobachten, können wir ein besseres Verständnis unserer Gefühlswelt gewinnen. Dieses gesteigerte Bewusstsein befähigt uns, auf unsere Emotionen mit Absicht und Unterscheidungsvermögen zu reagieren, anstatt impulsiv zu reagieren.

Die stoischen Achtsamkeitstechniken bieten ebenfalls wertvolle Erkenntnisse für die Kultivierung von Achtsamkeitspraktiken. Zum Beispiel kann die Praxis der negativen Visualisierung, bei der wir uns den Verlust von etwas Wertvollem vorstellen, uns helfen, den gegenwärtigen Moment zu schätzen und angesichts von Widrigkeiten Widerstandskraft zu entwickeln. Auch die von den stoischen Philosophen propagierte Kontemplation über die Natur der Dinge ermutigt uns, über die Unbeständigkeit des Lebens und die Vergänglichkeit unserer Erfahrungen nachzudenken und so Achtsamkeit und Akzeptanz zu fördern.

Es ist wichtig, die Schattenaspekte in unserer Achtsamkeitspraxis anzuerkennen und anzunehmen. Das bedeutet, dass wir bereit sind, uns unangenehmen Gefühlen, Gedanken und Mustern zu stellen, ohne sie zu bewerten oder zu vermeiden. Indem wir Schattenaspekte in unsere Achtsamkeitspraxis integrieren, können wir unser Selbstverständnis vertiefen und verborgene Quellen innerer Stärke und Weisheit entdecken.

Die Entwicklung von Achtsamkeitspraktiken ist für die Integration der stoischen Prinzipien und der Schattenarbeit in unser Leben unerlässlich. Durch Meditation, achtsame Beschäftigung mit täglichen Aktivitäten, emotionale Bewusstheit und die Erkenntnisse der stoischen Techniken können wir unsere Fähigkeit verbessern, angesichts der Herausforderungen des Lebens präsent, zentriert und widerstandsfähig zu bleiben. Die Einbeziehung der Schattenaspekte in unsere Achtsamkeitspraxis ermöglicht es uns, unsere Selbstwahrnehmung zu vertiefen und einen umfassenderen Ansatz für persönliches Wachstum und Entwicklung zu wählen.

IN DIE PRAXIS UMSETZEN

(1) Entwickeln Sie eine tägliche Meditationsroutine. Beispiel: Nehmen Sie sich jeden Morgen 10 Minuten Zeit, um in Ruhe zu meditieren. Konzentrieren Sie sich auf Ihren Atem und beobachten Sie Ihre Gedanken, ohne sie zu bewerten. Mit der Zeit wird diese Praxis Ihnen helfen, innere Ruhe zu kultivieren und im Moment präsenter zu sein, selbst in schwierigen Situationen.

(2) Üben Sie Achtsamkeit bei Ihren täglichen Aktivitäten. Beispiel: Wenn Sie eine Mahlzeit zu sich nehmen, nehmen Sie sich die Zeit, Ihre Sinne voll zu beschäftigen. Nehmen Sie den Geschmack, die Beschaffenheit und den Geruch Ihres Essens wahr. Vermeiden Sie Ablenkungen und genießen Sie jeden Bissen, um die Erfahrung auszukosten. Dies wird Ihre Verbindung zum gegenwärtigen Moment verbessern und ein tieferes Gefühl der Dankbarkeit fördern.

(3) Schaffen Sie ein Bewusstsein für emotionale Reaktionen. Beispiel: Wann immer Sie bemerken, dass ein starkes Gefühl aufkommt, halten Sie inne und nehmen Sie sich einen Moment Zeit, um zu beobachten, wie es sich in Ihrem Körper anfühlt. Achten Sie auf alle begleitenden Gedanken oder Muster. Indem Sie diese Bewusstheit entwickeln, können Sie wählen, wie Sie auf Ihre Emotionen reagieren, anstatt automatisch zu reagieren, was ein bewussteres und achtsameres Handeln ermöglicht.

(4) Üben Sie negative Visualisierungen. Beispiel: Nehmen Sie sich jeden Tag etwas Zeit, um sich den Verlust von etwas vorzustellen, das Sie schätzen, z. B. einen geliebten Menschen oder einen geschätzten Besitz. Denken Sie über die Vergänglichkeit des Lebens nach und kultivieren Sie Dankbarkeit für das, was Sie im gegenwärtigen Moment haben. Diese Übung kann Ihnen helfen, Widerstandsfähigkeit und Wertschätzung für das zu entwickeln, was Sie haben, und fördert eine Haltung der Achtsamkeit und Akzeptanz.
(5) Nehmen Sie Schattenaspekte in die Achtsamkeitspraxis auf. Beispiel: Wenn während der Meditation oder bei alltäglichen Aktivitäten unangenehme Gefühle oder Gedanken auftauchen, sollten Sie ihnen nicht ausweichen oder sie verurteilen, sondern sich mit Neugier und Mitgefühl auf sie einlassen. Erforschen Sie, was sie Ihnen über sich selbst zeigen wollen, und nehmen Sie sie als wertvolle Quelle für Selbsterkenntnis und Wachstum an. Diese Integration von Schattenaspekten wird Ihre Achtsamkeitspraxis vertiefen und zu einem ganzheitlicheren Ansatz für persönliches Wachstum führen.
(6) Denken Sie über die Vergänglichkeit von Erfahrungen nach. Beispiel: Nehmen Sie sich jede Woche Zeit, um über die Unbeständigkeit des Lebens und die vorübergehende Natur aller Erfahrungen nachzudenken. Diese Reflexion kann Ihnen helfen, ein Gefühl der Losgelöstheit und Ungebundenheit zu entwickeln, das es Ihnen ermöglicht, sowohl angenehmen als auch schwierigen Erfahrungen mit Gleichmut zu begegnen. Indem Sie die Vergänglichkeit der Dinge erkennen, können Sie einen tieferen Sinn für Achtsamkeit und Akzeptanz in Ihrem täglichen Leben kultivieren.
(7) Erkennen Sie unangenehme Gefühle und Gedanken kontinuierlich an und stellen Sie sich ihnen. Beispiel: Wann immer Sie bemerken, dass Gefühle des Unbehagens oder negative Gedankenmuster auftauchen, nehmen Sie sich einen Moment Zeit, um sie ohne Bewertung anzuerkennen. Anstatt sie wegzuschieben oder sich abzulenken, geben Sie ihnen Raum zur Erforschung und zum Verständnis. Diese Übung wird Ihre Selbstwahrnehmung

vertiefen und verborgene Quellen der Stärke und Weisheit in Ihnen aufdecken.

5.2. GEDANKEN BEZEUGEN, OHNE ZU URTEILEN

Beim Üben von Stoizismus und Schattenarbeit ist ein wichtiger Aspekt der Entwicklung von Achtsamkeit und Selbsterkenntnis das Konzept des "Bezeugens von Gedanken ohne zu urteilen". Bei dieser Praxis geht es darum, unsere Gedanken und Gefühle zu beobachten, ohne ihnen Werturteile beizumessen. Anstatt unsere Gedanken als gut oder schlecht zu bezeichnen, nehmen wir sie einfach zur Kenntnis, wenn sie auftauchen, wodurch wir ein tieferes Verständnis von uns selbst erlangen können.

Indem wir unsere Gedanken ohne Wertung beobachten, schaffen wir einen Raum für Selbstreflexion und Selbstbeobachtung. Dadurch können wir uns der Muster und Tendenzen, die unser Verhalten und unsere Gefühle prägen, bewusster werden. Indem wir unsere Gedanken beobachten, ohne sie zu bewerten, können wir Einblick in die Ursachen unserer Ängste, Unsicherheiten und Schattenaspekte gewinnen, die oft unter der Oberfläche unseres Bewusstseins verborgen sind.

Wenn wir uns darin üben, unsere Gedanken wertfrei wahrzunehmen, hilft uns das auch, ein Gefühl der Loslösung von ihnen zu entwickeln. Anstatt uns in unsere Gedanken zu verstricken und ihnen zu erlauben, unser Handeln zu kontrollieren, können wir sie objektiv und neutral betrachten. Dies fördert geistige Klarheit und emotionale Stabilität und hilft uns, auf schwierige Situationen mit Gelassenheit und Weisheit zu reagieren.

Darüber hinaus ermöglicht es uns die Beobachtung von Gedanken ohne Beurteilung, eine mitfühlendere und verständnisvollere Beziehung zu uns selbst zu entwickeln. Anstatt uns für unsere Gedanken und Gefühle zu kritisieren und zu beschimpfen, können wir ihnen mit Neugier und Akzeptanz begegnen. Diese mitfühlende Selbstbeobachtung schafft ein nährendes Umfeld für persönliches Wachstum und Heilung und ermöglicht es uns, unseren Schattenaspekten mit Freundlichkeit und Einfühlungsvermögen zu begegnen.

Um diese Übung zu veranschaulichen, stellen Sie sich eine Situation vor, in der Sie Ärger gegenüber einem Arbeitskollegen empfinden. Anstatt sofort zu reagieren, nehmen Sie sich einen Moment Zeit, um die Gedanken und Gefühle, die auftauchen, zu beobachten, ohne zu urteilen. Beobachten Sie die körperlichen Empfindungen in Ihrem Körper, die spezifischen Gedanken, die Ihren Ärger auslösen, und die zugrundeliegenden Ängste oder Unsicherheiten, die möglicherweise zu dieser emotionalen Reaktion beitragen. Durch diese nicht wertende Beobachtung können Sie einen Einblick in die Schattenaspekte Ihrer Persönlichkeit gewinnen, die in dieser Situation aktiviert werden, wie etwa die Angst vor Unzulänglichkeit oder das Bedürfnis nach Bestätigung.

Indem Sie die Fähigkeit kultivieren, Gedanken zu beobachten, ohne zu urteilen, befähigen Sie sich selbst, auf herausfordernde Situationen mit Weisheit und Gleichmut zu reagieren. Diese Praxis vertieft Ihr Bewusstsein für Ihre innere Landschaft und fördert Ihr persönliches Wachstum und Ihre Selbstintegration. Wenn Sie diese Fähigkeit weiter entwickeln, werden Sie feststellen, dass Sie die Komplexität Ihrer inneren Welt mit Anmut und Widerstandsfähigkeit bewältigen können, was letztlich zu einer harmonischeren und bewussteren Lebensweise führt.

IN DIE PRAXIS UMSETZEN

(1) Üben Sie sich in der nicht wertenden Wahrnehmung von Gedanken und Gefühlen. Beispiel: Anstatt Ihre Gedanken als gut oder schlecht zu bezeichnen, beobachten Sie sie einfach, ohne Werturteile abzugeben. Wenn Sie sich zum Beispiel ängstlich fühlen, nehmen Sie die ängstlichen Gedanken wahr, ohne sich selbst dafür zu verurteilen.

(2) Schaffen Sie einen Raum für Selbstreflexion und Selbstbetrachtung. Beispiel: Nehmen Sie sich jeden Tag eine bestimmte Zeit, in der Sie in Ruhe nachdenken und Ihre Gedanken und Gefühle beobachten und reflektieren können. Dies könnte

morgens vor Beginn des Tages oder abends vor dem Schlafengehen geschehen.

(3) Kultivieren Sie ein Gefühl der Losgelöstheit von Gedanken. Beispiel: Anstatt sich in Ihren Gedanken zu verfangen und zuzulassen, dass sie Ihr Handeln diktieren, üben Sie, sie von einem Ort der Objektivität und Neutralität aus zu betrachten. Wenn Sie zum Beispiel vor einer schwierigen Entscheidung stehen, treten Sie einen Schritt zurück und bewerten Sie die Situation ohne emotionale Bindung an verschiedene Optionen.

(4) Begegnen Sie Gedanken und Gefühlen mit Neugierde und Akzeptanz. Beispiel: Wenn negative Gedanken oder Gefühle auftauchen, sollten Sie sich nicht selbst kritisieren, sondern ihnen mit Neugier und Akzeptanz begegnen. Fragen Sie sich, warum Sie sich so fühlen, und erforschen Sie die zugrunde liegenden Ursachen, ohne zu urteilen.

(5) Nutzen Sie die vorurteilsfreie Beobachtung, um Einsicht in die Schattenaspekte Ihrer Persönlichkeit zu gewinnen. Beispiel: Wenn Sie eine starke emotionale Reaktion erleben, z. B. Wut auf einen Kollegen, nehmen Sie sich einen Moment Zeit, um die Gedanken, Gefühle und körperlichen Empfindungen ohne Bewertung zu beobachten. Überlegen Sie, welche Ängste oder Unsicherheiten zu dieser Reaktion beitragen und wie sie mit Ihren Schattenaspekten übereinstimmen.

(6) Befähigen Sie sich selbst, auf herausfordernde Situationen mit Weisheit und Gleichmut zu reagieren. Beispiel: Halten Sie in Situationen, die starke Emotionen auslösen, inne und entscheiden Sie bewusst, wie Sie reagieren wollen, anstatt impulsiv zu reagieren. Indem Sie Ihre Gedanken und Emotionen beobachten, ohne zu urteilen, können Sie fundiertere und fundiertere Entscheidungen treffen.

(7) Entwickeln Sie ein tieferes Bewusstsein für Ihre innere Landschaft. Beispiel: Führen Sie regelmäßig Praktiken wie Meditation oder Tagebuchführung durch, um Ihre Gedanken, Gefühle und Verhaltensmuster zu erforschen und zu verstehen. Diese Selbsterkenntnis wird Ihnen helfen, bewusste Entscheidungen zu treffen, die mit Ihren Werten und Zielen übereinstimmen.

(8) Fördern Sie persönliches Wachstum und Selbstintegration durch mitfühlende Selbstbeobachtung. Beispiel: Anstatt sich selbst gegenüber kritisch oder hart zu sein, üben Sie sich in Selbstmitgefühl, wenn Sie mit herausfordernden Gedanken oder Gefühlen konfrontiert werden. Behandeln Sie sich selbst mit Freundlichkeit und Einfühlungsvermögen, während Sie Ihre Schattenaspekte erforschen und ansprechen.

(9) Steuern Sie die Komplexität Ihrer inneren Welt mit Anmut und Widerstandsfähigkeit. Beispiel: Wenn Sie mit schwierigen Situationen konfrontiert werden, nutzen Sie Ihre Praxis des nicht wertenden Gewahrseins, um ihnen mit Gelassenheit und emotionaler Stabilität zu begegnen. Wenn Sie diese Fähigkeit kultivieren, wird es Ihnen leichter fallen, ein Gefühl von Gleichgewicht und Harmonie in Ihrem Leben zu bewahren.

(10) Kultivieren Sie eine bewusste Art des Seins durch die fortlaufende Entwicklung von Gedanken, die Sie beobachten, ohne zu urteilen. Beispiel: Verpflichten Sie sich, diese Praxis zu einem Teil Ihres täglichen Lebens zu machen, indem Sie konsequent Selbstreflexion betreiben und Ihre Gedanken und Gefühle ohne Bewertung beobachten. Mit der Zeit wird dies zu einer natürlichen und tief verwurzelten Gewohnheit, die zu einer bewussteren und erfüllteren Lebensweise führt.

5.3. STOISCHE ACHTSAMKEITSTECHNIKEN

Die stoischen Achtsamkeitstechniken sind unglaublich wirkungsvolle Werkzeuge, die uns helfen können, emotionale Widerstandsfähigkeit zu kultivieren und die Herausforderungen des Lebens mit einem Gefühl der Ruhe und des Gleichmuts zu meistern. Diese Techniken beruhen auf der uralten Weisheit des Stoizismus, der die Bedeutung des Lebens im gegenwärtigen Moment und die Anerkennung der vorübergehenden Natur unserer Gedanken und Gefühle betont.

Eine der wichtigsten stoischen Achtsamkeitstechniken ist die "premeditatio malorum", die Vorbedacht des Übels. Bei dieser Übung bereiten wir uns mental auf mögliche Herausforderungen und Widrigkeiten vor, stellen uns die schlimmsten Szenarien vor und überlegen, wie wir mit Anmut und Tugend darauf reagieren könnten. Indem wir uns im Geiste mit unseren Ängsten und Befürchtungen auseinandersetzen, können wir ein Gefühl der Bereitschaft und inneren Stärke entwickeln, das es uns ermöglicht, schwierigen Situationen mit größerer Widerstandsfähigkeit zu begegnen.

Eine weitere stoische Achtsamkeitstechnik beinhaltet die Kontemplation eines Weisen, einer weisen und tugendhaften Person. Indem wir über die Qualitäten und Tugenden einer solchen Person nachdenken, können wir wertvolle Einsichten in die Kultivierung von Weisheit, Mut und Mäßigung in unserem eigenen Leben gewinnen. Diese Praxis kann uns als Quelle der Inspiration und Führung dienen und uns helfen, die komplexen Zusammenhänge des Lebens mit größerer Klarheit und Zielstrebigkeit zu meistern.

Die stoischen Achtsamkeitstechniken betonen auch, wie wichtig es ist, auf den gegenwärtigen Moment zu achten. Dazu gehört, dass wir uns unserer Gedanken und Gefühle bewusst sind, ohne uns zu sehr mit ihnen zu identifizieren. Indem wir einen Sinn für Losgelöstheit und Beobachtung entwickeln, können wir größeren inneren Frieden und Gelassenheit erfahren, selbst im Angesicht von Widrigkeiten. Diese Praxis entspricht dem stoischen Prinzip der "Apatheia" oder des emotionalen Gleichmuts, das uns ermutigt, einen Zustand der Gelassenheit und Ausgeglichenheit des Geistes zu kultivieren.

Darüber hinaus spielt die Selbstprüfung eine zentrale Rolle in den stoischen Achtsamkeitstechniken. Dabei geht es darum, ehrlich über unsere Gedanken, Handlungen und Motive nachzudenken, um Selbsterkenntnis und persönliches Wachstum zu kultivieren. Durch diese Praxis können wir unbewusste Muster und Motivationen aufdecken, die es uns ermöglichen, bewusstere und absichtsvollere Entscheidungen in unserem Leben zu treffen.

Schließlich ermutigen uns die stoischen Achtsamkeitstechniken dazu, das Konzept der "amor fati", der Liebe zum Schicksal, anzunehmen. Bei dieser Praxis geht es darum, die Ereignisse und Umstände, die sich in unserem Leben entfalten, zu akzeptieren und anzunehmen, unabhängig davon, ob sie als positiv oder negativ wahrgenommen werden. Indem wir eine Haltung der Akzeptanz und Dankbarkeit für den gegenwärtigen Moment einnehmen, können wir ein Gefühl von Frieden und Zufriedenheit finden, selbst inmitten von Widrigkeiten.

Indem wir diese stoischen Achtsamkeitstechniken in unser tägliches Leben integrieren, können wir ein größeres Gefühl der emotionalen Widerstandsfähigkeit, des inneren Friedens und der Klarheit entwickeln. Diese Praktiken bieten wertvolle Werkzeuge, um die Herausforderungen des Lebens mit Anmut und Weisheit zu meistern, und ermöglichen es uns, ein tiefes Gefühl der Selbsterkenntnis und inneren Stärke zu kultivieren. Letztlich kann die Integration der stoischen Achtsamkeitstechniken zu einer erfüllteren und bewussteren Lebensweise führen, die auf der zeitlosen Weisheit des Stoizismus beruht.

IN DIE PRAXIS UMSETZEN

(1) Üben Sie den Vorsatz von Übeln. Beispiel: Stellen Sie sich vor einem Vorstellungsgespräch den schlimmsten Fall vor, z. B. dass Sie über Worte stolpern oder Fragen nicht gut beantworten können. Bereiten Sie sich gedanklich darauf vor, wie Sie mit Anmut und Widerstandsfähigkeit reagieren würden, wenn diese Herausforderungen auftreten.

(2) Denken Sie über die Eigenschaften und Tugenden einer weisen und tugendhaften Person nach. Beispiel: Wenn Sie vor einer schwierigen Entscheidung stehen, fragen Sie sich, wie ein stoischer Weiser die Situation angehen würde. Denken Sie an ihre Weisheit, ihren Mut und ihre Mäßigung und nutzen Sie diese Einsichten, um die Komplexität des Lebens mit größerer Klarheit und Zielstrebigkeit zu bewältigen.

(3) Kultivieren Sie die Aufmerksamkeit für den gegenwärtigen Moment. Beispiel: Üben Sie sich in einer stressigen Situation darin, sich Ihrer Gedanken und Gefühle bewusst zu sein, ohne sich zu sehr

an sie zu klammern. Beobachten Sie mit Gelassenheit und konzentrieren Sie sich auf den gegenwärtigen Moment, um selbst im Angesicht von Widrigkeiten inneren Frieden und Gelassenheit zu finden.

(4) Führen Sie eine Selbstuntersuchung durch. Beispiel: Nehmen Sie sich die Zeit, Ihre Gedanken, Handlungen und Motive ehrlich und selbstkritisch zu reflektieren. Wenn Sie sich Ihrer selbst bewusst sind, können Sie unbewusste Muster und Motivationen aufdecken und so bewusstere und bewusstere Entscheidungen in Ihrem Leben treffen.

(5) Machen Sie sich das Konzept der amor fati (Liebe zum Schicksal) zu eigen. Beispiel: Anstatt sich gegen die Ereignisse und Umstände in Ihrem Leben zu wehren oder sie abzulehnen, üben Sie sich darin, sie zu akzeptieren und anzunehmen. Egal, ob Sie sie als positiv oder negativ wahrnehmen, kultivieren Sie eine Haltung der Dankbarkeit und Akzeptanz und finden Sie Frieden und Zufriedenheit im gegenwärtigen Moment.

5.4. EMOTIONALE WIDERSTANDSFÄHIGKEIT KULTIVIEREN

Die Kultivierung emotionaler Resilienz ist ein wesentlicher Bestandteil der Einbeziehung stoischer Prinzipien und der Schattenarbeit in unser tägliches Leben. Emotionale Resilienz ermöglicht es uns, die unvermeidlichen Herausforderungen und Schwierigkeiten mit innerer Stärke und Gelassenheit zu meistern. Sie ermöglicht es uns, uns von schwierigen Situationen zu erholen, unseren eigenen Emotionen mit Mut zu begegnen und inmitten des Chaos ein Gefühl der Stabilität zu bewahren.

Ein wichtiger Aspekt bei der Entwicklung emotionaler Widerstandsfähigkeit ist das Üben von Achtsamkeit. Durch Achtsamkeitsübungen lernen wir, unsere Gedanken und Gefühle zu beobachten, ohne sie zu bewerten. Dadurch entsteht ein Raum zwischen unseren Gefühlen und Reaktionen, der es uns ermöglicht, auf Situationen mit größerer Klarheit und Weisheit zu reagieren. Im Kontext des Stoizismus hilft uns Achtsamkeit, eine stoische Haltung zu kultivieren, inneren Frieden zu finden und emotionale Widerstandsfähigkeit angesichts von Widrigkeiten zu entwickeln.

Das Annehmen von Schattenemotionen ist ebenfalls ein wichtiger Aspekt beim Üben emotionaler Widerstandsfähigkeit. Die Schattenarbeit ermutigt uns, die dunkleren Aspekte unserer Psyche zu erforschen, einschließlich Gefühle von Wut, Angst und Unsicherheit. Indem wir diese Emotionen anerkennen, können wir sie in unser Bewusstsein integrieren und sie auf gesunde und produktive Weise verarbeiten. Wenn wir unsere Schattenemotionen achtsam annehmen, können wir uns selbst besser verstehen und unsere emotionale Widerstandsfähigkeit entwickeln.

Zum Aufbau emotionaler Widerstandsfähigkeit gehört auch, Schmerz in Wachstum zu verwandeln. Widrigkeiten und Herausforderungen sind im Leben unvermeidlich, aber es ist unsere Reaktion auf sie, die unseren Charakter formt. Die stoischen Techniken zur Förderung der Widerstandsfähigkeit geben uns wertvolle Werkzeuge an die Hand, um unsere Perspektive zu ändern und Schwierigkeiten in Gelegenheiten zur persönlichen Entwicklung zu verwandeln. Mit einer stoischen Denkweise können wir unser Leiden in einen Katalysator für Wachstum und Resilienz verwandeln.

Die Entwicklung mentaler und emotionaler Widerstandsfähigkeit ist ein weiterer wichtiger Aspekt der Kultivierung emotionaler Resilienz. Dazu gehört die Förderung einer inneren Stärke und Festigkeit, die uns befähigt, den Schwierigkeiten des Lebens mit Mut und Entschlossenheit zu begegnen. Stoische Praktiken wie die negative Visualisierung und die premeditatio malorum ermöglichen es uns, uns mental und emotional auf mögliche Herausforderungen vorzubereiten und so unsere Widerstandsfähigkeit gegenüber Widrigkeiten zu verbessern.

Und schließlich ist das Annehmen der Schattenaspekte der Resilienz ein wichtiger Teil des Integrationsprozesses. Unser Schatten enthält verborgene Stärken und ungenutzte Ressourcen, die zu unserer emotionalen Widerstandsfähigkeit beitragen können. Indem wir diese Schattenaspekte anerkennen und integrieren, können wir verborgene Reserven der Resilienz freilegen, die uns in schwierigen Zeiten unterstützen.

Die Kultivierung emotionaler Widerstandsfähigkeit durch die Integration von Stoizismus und Schattenarbeit ist eine transformative Reise, die uns befähigt, die Herausforderungen des Lebens mit Anmut und Stärke zu meistern. Indem wir uns in Achtsamkeit üben, unsere Schattenemotionen annehmen, Schmerz in Wachstum umwandeln und mentale und emotionale Widerstandsfähigkeit aufbauen, entwickeln wir die notwendige Widerstandsfähigkeit, um Widrigkeiten mit Mut und Widerstandskraft zu begegnen. Letztlich ist der Weg zur Kultivierung emotionaler Resilienz tiefgreifend und ermächtigend und führt zu persönlichem Wachstum und innerer Stärke.

IN DIE PRAXIS UMSETZEN

(1) Üben Sie sich in Achtsamkeit, um emotionale Widerstandsfähigkeit zu entwickeln. Beispiel: Nehmen Sie sich jeden Morgen 10 Minuten Zeit, um in Ruhe zu sitzen und Ihre Gedanken und Gefühle zu beobachten, ohne sie zu bewerten. Dies hilft, einen Raum zwischen Ihren Gefühlen und Reaktionen zu schaffen, der es Ihnen ermöglicht, auf schwierige Situationen mit Klarheit und Weisheit zu reagieren.

(2) Lassen Sie sich auf Ihre Schattenemotionen ein, um Ihr Selbstbewusstsein und Ihre Widerstandsfähigkeit zu stärken. Beispiel: Wenn Sie Wut oder Angst empfinden, nehmen Sie sich einen Moment Zeit, um diese Gefühle anzuerkennen und zu erforschen, anstatt sie zu verdrängen. Schreiben Sie ein Tagebuch über die Emotionen, ihre Auslöser und die zugrundeliegenden Überzeugungen oder Erfahrungen, die möglicherweise zu ihnen beitragen. Dieser Prozess hilft Ihnen, diese Emotionen in Ihr Bewusstsein zu integrieren, so dass Sie sie auf gesunde und produktive Weise bewältigen können.

(3) Ändern Sie Ihre Sichtweise und betrachten Sie Herausforderungen als Chance für persönliches Wachstum. Beispiel: Wenn Sie mit einer schwierigen oder herausfordernden Situation

konfrontiert werden, entscheiden Sie sich bewusst dafür, sie als Chance für Wachstum und Lernen zu sehen. Fragen Sie sich: "Was kann ich aus dieser Erfahrung lernen? Wie kann ich sie nutzen, um eine bessere Version meiner selbst zu werden? Dieser Perspektivenwechsel hilft, Schmerz in Motivation und Widerstandskraft umzuwandeln.

(4) Entwickeln Sie mentale und emotionale Widerstandsfähigkeit durch stoische Übungen. Beispiel: Üben Sie sich in negativer Visualisierung, indem Sie sich den schlimmsten Fall ausmalen und sich mental darauf vorbereiten. Führen Sie eine premeditatio malorum durch, bei der Sie sich mögliche Herausforderungen und Rückschläge vorstellen, bevor sie eintreten, und planen, wie Sie darauf reagieren werden. Dies stärkt Ihre geistige und emotionale Widerstandsfähigkeit und ermöglicht es Ihnen, Widrigkeiten mit Mut und Entschlossenheit zu begegnen.

(5) Nehmen Sie die Schattenaspekte der Resilienz an und integrieren Sie sie. Beispiel: Nehmen Sie sich Zeit, um über Ihre verborgenen Stärken und ungenutzten Ressourcen nachzudenken. Erkennen Sie Qualitäten oder Fähigkeiten, die Sie in der Vergangenheit vielleicht übersehen oder abgelehnt haben. Nehmen Sie diese Schattenaspekte an und erkennen Sie sie als wertvolle Werkzeuge für den Aufbau von Widerstandsfähigkeit angesichts von Widrigkeiten.

5.5. SCHATTENEMOTIONEN ACHTSAM ANNEHMEN

Wenn es um die Integration von Stoizismus und Schattenarbeit geht, ist eine der wichtigsten Komponenten das Erlernen des achtsamen Umgangs mit Schattengefühlen. Schattenemotionen sind Emotionen, die wir oft versuchen, beiseite zu schieben, zu ignorieren oder sogar zu verleugnen, weil sie uns unangenehm oder verletzlich machen. Diese Emotionen bieten jedoch wertvolle Einblicke in unsere innere Welt und können Katalysatoren für persönliches Wachstum sein, wenn wir ihnen mit Achtsamkeit beggenen.

Schattenemotionen achtsam anzunehmen bedeutet, diese Emotionen anzuerkennen und sich ihnen zu stellen, ohne zu urteilen oder Widerstand zu leisten. Es geht darum, in uns selbst einen Raum zu schaffen, in dem wir diese Emotionen willkommen heißen, ihre

Ursprünge erforschen und die Botschaften verstehen, die sie transportieren. Dieser Prozess erfordert tiefe Selbsterkenntnis, Mut und Mitgefühl für uns selbst. Anstatt zu versuchen, diesen Emotionen zu entkommen oder sie zu betäuben, müssen wir lernen, mit dem Unbehagen und der Unsicherheit zu leben.

Eine Möglichkeit, den achtsamen Umgang mit Schattengefühlen zu üben, ist die Achtsamkeitsmeditation. Indem wir unsere Aufmerksamkeit auf den gegenwärtigen Moment lenken und unsere Emotionen beobachten, ohne uns in ihnen zu verfangen, können wir ein Gefühl der Losgelöstheit und Nicht-Reaktivität entwickeln. Dadurch können wir die Emotionen als das sehen, was sie wirklich sind - vorübergehende Empfindungen in unserem Körper und flüchtige Gedanken in unserem Geist. Indem wir diese Emotionen mit einem nicht wertenden Bewusstsein beobachten, können wir eine mitfühlendere und akzeptierende Beziehung zu ihnen kultivieren.

Ein weiterer Aspekt des achtsamen Umgangs mit Schattengefühlen ist die Erforschung der zugrunde liegenden Überzeugungen und Traumata, die zu diesen Gefühlen beitragen. Dies erfordert die Bereitschaft zur Selbstreflexion und zum Eintauchen in die Tiefen unseres inneren Selbst. Indem wir ein Licht auf die Schatten unserer Psyche werfen, können wir die Ursachen unserer emotionalen Muster aufdecken und beginnen, die in uns vergrabenen Wunden zu heilen. Dieser Prozess kann herausfordernd und unangenehm sein, aber er ist notwendig für echte Transformation und Integration.

Zum achtsamen Umgang mit Schattengefühlen gehört auch, sich in Selbstmitgefühl zu üben. Es ist wichtig zu erkennen, dass diese Emotionen ein natürlicher Teil der menschlichen Erfahrung sind und uns nicht definieren. Indem wir uns in Momenten des emotionalen Kampfes Freundlichkeit, Verständnis und

Unterstützung entgegenbringen, können wir einen sicheren Raum schaffen, in dem diese Emotionen entstehen und verarbeitet werden können.

Ein Beispiel für den achtsamen Umgang mit Schattengefühlen wäre, wenn wir uns schämen oder uns unwürdig fühlen. Anstatt diese Gefühle wegzuschieben oder uns in selbstkritischen Gedanken zu verstricken, können wir einen achtsamen Ansatz wählen. Wir können innehalten und die Empfindungen in unserem Körper, die Gedanken in unserem Kopf und die zugrundeliegenden Überzeugungen wahrnehmen, die diese Emotionen möglicherweise auslösen. Durch diesen Prozess können wir beginnen, die Komplexität unserer inneren Welt zu entwirren und eine mitfühlendere und kraftvollere Beziehung zu uns selbst zu entwickeln.

Der achtsame Umgang mit Schattengefühlen ist ein entscheidender Teil der Reise zur Integration und Selbstfindung. Wenn wir uns diesen Emotionen mit Achtsamkeit, Selbstmitgefühl und der Bereitschaft, ihre Tiefen zu erforschen, nähern, können wir die transformative Kraft freisetzen, die in unseren Schatten liegt. Dieser Prozess ermöglicht es uns, das gesamte Spektrum unserer emotionalen Erfahrungen anzunehmen und ein tieferes Gefühl von Ganzheit und Authentizität in unserem Leben zu kultivieren.

IN DIE PRAXIS UMSETZEN

(1) Üben Sie Achtsamkeitsmeditation, um Losgelöstheit und Nicht-Reaktivität gegenüber Schattengefühlen zu kultivieren. Beispiel: Nehmen Sie sich jeden Tag 10 Minuten Zeit, um in einem ruhigen Raum zu sitzen und sich auf Ihren Atem zu konzentrieren. Wenn Emotionen auftauchen, beobachten Sie sie, ohne sie zu bewerten oder an ihnen festzuhalten, und erlauben Sie ihnen, wie vorübergehende Empfindungen zu kommen und zu gehen. Diese Praxis hilft, ein Gefühl der Losgelöstheit und Nicht-Reaktivität gegenüber Schattengefühlen zu entwickeln.

(2) Führen Sie Selbstreflexion und innere Arbeit durch, um zugrundeliegende Überzeugungen und Traumata zu erforschen, die zu den Schattengefühlen beitragen. Beispiel: Nehmen Sie sich jede Woche Zeit, um über Ihre Emotionen und wiederkehrende Muster

oder Auslöser zu schreiben und nachzudenken. Tauchen Sie tief in das Verständnis der zugrunde liegenden Überzeugungen und Traumata ein, die diese Emotionen möglicherweise beeinflussen. Holen Sie sich bei Bedarf Unterstützung von einem Therapeuten oder Coach, um diesen Prozess zu erleichtern.

(3) Kultivieren Sie in Momenten emotionaler Schwierigkeiten Selbstmitgefühl, indem Sie sich selbst Freundlichkeit, Verständnis und Unterstützung entgegenbringen. Beispiel: Wenn Sie sich mit Gefühlen der Scham oder des Unwertseins konfrontiert sehen, erinnern Sie sich daran, dass diese Gefühle ein natürlicher Teil der menschlichen Erfahrung sind und Ihren Wert nicht bestimmen. Üben Sie Selbstmitgefühl, indem Sie freundlich zu sich selbst sprechen und Worte der Ermutigung und des Verständnisses anbieten. Behandeln Sie sich selbst mit demselben Mitgefühl und derselben Unterstützung, die Sie einem geliebten Menschen geben würden.

(4) Schaffen Sie einen sicheren Raum, in dem Schattenemotionen auftauchen und ohne Urteil oder Widerstand verarbeitet werden können. Beispiel: Bestimmen Sie einen bestimmten Bereich in Ihrer Wohnung als "sicheren Raum", in den Sie sich zurückziehen können, wenn Sie intensive Gefühle erleben. Füllen Sie diesen Raum mit beruhigenden Gegenständen, wie Kerzen, Decken oder beruhigender Musik. Wenn Sie sich überwältigt fühlen, suchen Sie diesen Raum auf, um Ihren Emotionen zu erlauben, aufzutauchen und verarbeitet zu werden, ohne zu urteilen oder Widerstand zu leisten.

(5) Nehmen Sie Unbehagen und Ungewissheit an, indem Sie lernen, mit den Schattengefühlen zu leben, anstatt zu versuchen, ihnen zu entkommen oder sie zu betäuben. Beispiel: Wenn Sie mit schwierigen Gefühlen konfrontiert werden, widerstehen Sie dem Drang, sich abzulenken oder das Unbehagen zu betäuben. Üben Sie stattdessen, mit diesen Gefühlen zu sitzen und sie zuzulassen, ohne sofortige Erleichterung zu suchen. Erinnern Sie sich daran, dass Unbehagen und Unsicherheit natürliche Bestandteile des persönlichen Wachstums und der Transformation sind.

6. Resilienz aufbauen: Widrigkeiten mit stoischer Weisheit begegnen

6.1. DIE NATUR DER HERAUSFORDERUNGEN VERSTEHEN

Das Leben stellt uns vor verschiedene große und kleine Herausforderungen, die unsere Stärke und Widerstandsfähigkeit auf die Probe stellen. Wenn es darum geht, das Wesen von Herausforderungen zu verstehen, bietet der Stoizismus unschätzbare Einsichten, die uns helfen können, anmutig und weise durch schwierige Zeiten zu navigieren.

Ein Grundprinzip des Stoizismus besteht darin, zu erkennen, was in unserer Kontrolle liegt und was nicht. Dieses Verständnis ist besonders wichtig, wenn wir mit Herausforderungen konfrontiert sind, da es uns daran erinnert, unsere Energie auf Dinge zu richten, die wir tatsächlich beeinflussen können. Indem wir Herausforderungen durch eine stoische Linse betrachten, können wir lernen, die unvermeidlichen Hindernisse, die sich uns in den Weg stellen, zu akzeptieren, anstatt uns gegen sie zu wehren oder sie zu bekämpfen.

Darüber hinaus regt der Stoizismus dazu an, Herausforderungen als Chance für persönliches Wachstum und Selbstverbesserung zu begreifen. Anstatt sich von Widrigkeiten überwältigt zu fühlen, lehrt uns die stoische Philosophie, Herausforderungen mit Zielstrebigkeit und Widerstandsfähigkeit anzugehen. Indem wir unsere Perspektive auf Herausforderungen ändern, können wir sie als Chance sehen, unsere Tugenden zu fördern, emotionale Stärke zu kultivieren und unser Selbstbewusstsein zu vertiefen.

Um das Wesen der Herausforderungen zu verstehen, muss man außerdem die Vergänglichkeit dieser Kämpfe anerkennen. Der Stoizismus erinnert uns daran, dass alle Dinge vergänglich sind, auch unsere Nöte. Diese Sichtweise gibt uns ein Gefühl der Perspektive und des Trostes, da wir wissen, dass selbst die schwierigsten Herausforderungen schließlich vorübergehen werden.

Eine praktische Technik, die auf die Stoiker zurückgeht, um das Wesen von Herausforderungen zu verstehen, ist die Übung der negativen Visualisierung. Bei dieser Übung geht es darum, sich das Worst-Case-Szenario einer Situation vor Augen zu führen, was zunächst kontraintuitiv erscheinen mag. Indem wir uns jedoch die potenziellen Herausforderungen und Schwierigkeiten vorstellen, mit denen wir konfrontiert werden könnten, können wir uns mental vorbereiten und Widerstandskraft entwickeln, wenn wir mit Widrigkeiten konfrontiert werden. Diese Übung hilft uns nicht nur, unsere Ängste zu überwinden, sondern fördert auch die Dankbarkeit für den gegenwärtigen Moment, da wir erkennen, dass es viel schlimmer sein könnte.

Neben der stoischen Philosophie spielt auch die Schattenarbeit eine wichtige Rolle, um das Wesen von Herausforderungen zu verstehen. Indem wir unsere Schattenaspekte erforschen, können wir tief sitzende Ängste, Unsicherheiten und negative Muster aufdecken, die zu unserer Wahrnehmung und Herangehensweise an Herausforderungen beitragen können. Die Schattenarbeit drängt uns dazu, zu untersuchen, wie frühere Erfahrungen und verschüttete Emotionen unsere Reaktion auf Hindernisse beeinflussen, und ermöglicht uns so ein tieferes Verständnis unserer Reaktionen und unseres Verhaltens.

Indem wir die Weisheit des Stoizismus mit der introspektiven Praxis der Schattenarbeit verbinden, können wir ein umfassendes

Verständnis für das Wesen von Herausforderungen erlangen. Die Umarmung der unvermeidlichen Natur von Widrigkeiten, die Betrachtung von Herausforderungen als Chancen für Wachstum, die Anerkennung ihrer Vergänglichkeit und die Erforschung der verborgenen Aspekte unserer Psyche tragen alle zu einem ausgewogenen und widerstandsfähigen Umgang mit den Hindernissen des Lebens bei.

Wenn wir das Wesen von Herausforderungen durch die Linse des Stoizismus und der Schattenarbeit verstehen, erhalten wir die Werkzeuge, um Schwierigkeiten mit Mut, Akzeptanz und Selbsterkenntnis zu begegnen. Es befähigt uns, eine Haltung zu kultivieren, die sowohl widerstandsfähig als auch mitfühlend ist und es uns ermöglicht, die unvermeidlichen Prüfungen des Lebens mit Anmut und Stärke zu meistern.

IN DIE PRAXIS UMSETZEN

(1) Unterscheiden Sie zwischen dem, was unter Ihrer Kontrolle steht, und dem, was nicht unter Ihrer Kontrolle steht. Das bedeutet, dass Sie die Aspekte einer Herausforderung erkennen, die Sie beeinflussen können, und Ihre Energie auf diese Bereiche umlenken. Beispiel: Wenn Sie vor einem schwierigen Arbeitsprojekt stehen, konzentrieren Sie sich auf Ihren eigenen Einsatz und Ihre Einstellung, anstatt sich mit Faktoren zu beschäftigen, auf die Sie keinen Einfluss haben, wie etwa die Reaktionen anderer.

(2) Betrachten Sie Herausforderungen als Chancen für Wachstum und Selbstverbesserung. Anstatt sich von Widrigkeiten überwältigen zu lassen, sehen Sie sie als Chance, Ihre Tugenden, Ihre emotionale Stärke und Ihr Selbstverständnis zu entwickeln. Beispiel: Betrachten Sie eine Trennung als Chance, mehr über sich selbst, Ihre Bedürfnisse und die Bedeutung einer Beziehung zu erfahren.

(3) Nehmen Sie die Vergänglichkeit von Herausforderungen an. Verstehen Sie, dass alle Schwierigkeiten und Kämpfe vorübergehend sind und schließlich vergehen werden. Diese Sichtweise vermittelt ein Gefühl der Perspektive und des Trostes in dem Wissen, dass schwierige Zeiten nicht von Dauer sind. Beispiel: Wenn Sie mit einem Gesundheitsproblem zu kämpfen haben, denken Sie daran, dass es sich nur um einen vorübergehenden Rückschlag handelt, und

konzentrieren Sie sich darauf, Schritte zur Genesung und zum Wohlbefinden zu unternehmen.

(4) Üben Sie sich in negativer Visualisierung. Stellen Sie sich das Worst-Case-Szenario einer Situation vor, um sich mental vorzubereiten und Widerstandskraft gegen Widrigkeiten zu entwickeln. Diese Übung hilft, Ängste zu überwinden und Dankbarkeit für den gegenwärtigen Moment zu entwickeln. Beispiel: Stellen Sie sich vor einem schwierigen Vorstellungsgespräch das schlimmstmögliche Ergebnis vor, z. B. dass Sie die Stelle nicht bekommen. Dies kann Ihnen helfen, sich mental auf mögliche Rückschläge vorzubereiten und Ängste zu minimieren.

(5) Beschäftigen Sie sich mit Schattenarbeit. Erforschen Sie Ihre verborgenen Ängste, Unsicherheiten und negativen Muster, die dazu beitragen können, wie Sie Herausforderungen angehen und wahrnehmen. Durch die Untersuchung vergangener Erfahrungen und verborgener Emotionen können Sie ein tieferes Verständnis für Ihre Reaktionen und Ihr Verhalten gewinnen. Beispiel: Decken Sie durch Selbstbeobachtung ungelöste Traumata oder Unsicherheiten auf, die Ihre Fähigkeit zur effektiven Bewältigung von Herausforderungen beeinträchtigen, und sprechen Sie sie an.

(6) Kombinieren Sie Stoizismus und Schattenarbeit, um ein umfassendes Verständnis von Herausforderungen zu entwickeln. Indem Sie die unvermeidliche Natur von Widrigkeiten annehmen, Herausforderungen als Wachstumschancen betrachten, ihre Vergänglichkeit anerkennen und sich mit Ihren Schattenaspekten auseinandersetzen, können Sie einen ausgewogenen und widerstandsfähigen Ansatz für die Hindernisse des Lebens kultivieren. Beispiel: Wenn Sie mit einer großen Veränderung in Ihrem Leben konfrontiert werden, wie z. B. einem Umzug in eine neue Stadt, nutzen Sie die stoischen Prinzipien, um die Herausforderungen zu akzeptieren und sich ihnen anzupassen, während Sie sich gleichzeitig der Schattenarbeit widmen, um die zugrunde liegenden Ängste oder den Widerstand gegen Veränderungen zu untersuchen.

6.2. STOISCHE TECHNIKEN FÜR RESILIENZ

Stoiker wurden schon immer für ihre Fähigkeit bewundert, Widrigkeiten mit Widerstandskraft und Stärke zu begegnen. In diesem Abschnitt werden wir einige stoische Techniken erforschen, die Ihnen helfen können, Widerstandsfähigkeit aufzubauen, wenn Sie mit den Herausforderungen des Lebens konfrontiert sind.

Eine wirksame stoische Technik zur Stärkung der Widerstandsfähigkeit ist die Praxis der negativen Visualisierung. Dabei stellen Sie sich die schlimmsten Szenarien vor, die in Ihrem Leben eintreten könnten, und bereiten sich mental darauf vor, sie zu bewältigen. Indem Sie die Möglichkeit schwieriger und schmerzhafter Ereignisse anerkennen und akzeptieren, können Sie ein Gefühl geistiger und emotionaler Widerstandsfähigkeit entwickeln, das es Ihnen ermöglicht, diese Herausforderungen mit größerer Leichtigkeit zu bewältigen. Indem Sie die weniger wünschenswerten Aspekte des Lebens anerkennen und sich darauf vorbereiten, können Sie ein stärkeres Gefühl der inneren Stärke und Stabilität entwickeln.

Eine weitere wertvolle stoische Technik der Resilienz ist das Konzept, Hindernisse in Chancen zu verwandeln. Die Stoiker glaubten, dass jede Herausforderung eine Gelegenheit für Wachstum und Lernen darstellt. Diese veränderte Denkweise kann Ihnen dabei helfen, schwierige Situationen in einem positiveren Licht zu sehen, so dass Sie sie mit Widerstandsfähigkeit und Entschlossenheit angehen können. Indem Sie die ungünstigen Aspekte des Lebens annehmen und sie als Chance für persönliches Wachstum betrachten, können Sie die nötige Widerstandsfähigkeit entwickeln, um sich von Widrigkeiten leichter zu erholen.

Die Stoiker betonten auch, wie wichtig es ist, angesichts von Widrigkeiten innere Ruhe und Gelassenheit zu bewahren. Dazu gehört das Praktizieren von Techniken wie Achtsamkeit und Meditation, um ein Gefühl des inneren Friedens und der emotionalen Widerstandsfähigkeit zu kultivieren. Indem Sie lernen, Ihre Gedanken und Gefühle ohne Bewertung zu beobachten, können Sie ein stärkeres Gefühl der Widerstandsfähigkeit gegenüber den Herausforderungen des Lebens entwickeln. Indem Sie Schattengefühle anerkennen und akzeptieren und ihnen erlauben, durch Sie hindurchzugehen, ohne von ihnen überwältigt zu werden, können Sie die Fähigkeit erwerben, Widrigkeiten mit einem ruhigen und gelassenen Geist zu begegnen.

Außerdem betonen die Stoiker, wie wichtig es ist, die Perspektive zu wahren, wenn man mit Widrigkeiten konfrontiert wird. Dazu gehört, dass man die unmittelbare Situation hinter sich lässt und die Herausforderungen, mit denen man konfrontiert ist, in einem größeren Zusammenhang betrachtet. Indem man erkennt, dass das Leben mit Höhen und Tiefen gespickt ist und dass keine Herausforderung unüberwindbar ist, kann man ein größeres Gefühl der Widerstandsfähigkeit entwickeln, das es einem ermöglicht, Widrigkeiten mit Mut und Entschlossenheit zu begegnen. Indem Sie die ungünstigen Aspekte des Lebens anerkennen und ins rechte Licht rücken, können Sie die nötige Widerstandsfähigkeit entwickeln, um die Herausforderungen des Lebens mit größerer Leichtigkeit zu meistern.

Schließlich betonen die Stoiker, wie wichtig es ist, ein Gefühl von Selbstvertrauen zu entwickeln, wenn man mit Widrigkeiten konfrontiert wird. Dazu gehört die Erkenntnis, dass man die Kraft und die Ressourcen in sich selbst hat, um die Herausforderungen des Lebens zu meistern. Durch die Kultivierung eines Gefühls von Selbstvertrauen und innerer Stärke können Sie eine größere Widerstandsfähigkeit entwickeln, die es Ihnen ermöglicht, Widrigkeiten mit Zuversicht und Entschlossenheit zu begegnen. Indem Sie die weniger wünschenswerten Aspekte Ihres Selbst als Teil Ihrer inneren Stärke anerkennen und annehmen, können Sie die nötige Widerstandsfähigkeit entwickeln, um die Herausforderungen des Lebens mit größerer Leichtigkeit zu meistern.

Indem Sie diese stoischen Techniken für Resilienz praktizieren, können Sie ein Gefühl der inneren Stärke und Stabilität kultivieren, das es Ihnen ermöglicht, den Herausforderungen des Lebens mit größerer Leichtigkeit und Entschlossenheit zu begegnen. Die Integration von Schattenarbeit und stoischen Prinzipien kann Ihnen helfen, die nötige Widerstandsfähigkeit zu entwickeln, um Widrigkeiten zu überwinden und angesichts der Herausforderungen des Lebens zu gedeihen.

IN DIE PRAXIS UMSETZEN

(1) Üben Sie negative Visualisierung Beispiel: Nehmen Sie sich jeden Tag ein paar Minuten Zeit, um sich die schlimmsten Szenarien vorzustellen, die in Ihrem Leben passieren könnten. Visualisieren Sie sie im Detail und stellen Sie sich vor, wie Sie ihnen mit Widerstandsfähigkeit und Stärke begegnen. Diese Übung hilft Ihnen, sich mental auf schwierige Situationen vorzubereiten und emotionale Widerstandskraft aufzubauen.

(2) Betrachten Sie Herausforderungen als Chancen für Wachstum Beispiel: Wann immer Sie auf eine schwierige Situation stoßen, erinnern Sie sich bewusst daran, dass sie eine Gelegenheit zum Wachsen und Lernen ist. Betrachten Sie sie nicht als Rückschlag, sondern gehen Sie mit einer positiven Einstellung an sie heran und suchen Sie nach den Lektionen und Möglichkeiten, die sie Ihnen bietet. Dieser Perspektivenwechsel wird Ihnen helfen, angesichts von Widrigkeiten Widerstandsfähigkeit und Entschlossenheit zu entwickeln.

(3) Achtsamkeit und Meditation für inneren Frieden und emotionale Belastbarkeit Beispiel: Nehmen Sie sich jeden Tag ein paar Minuten Zeit, um Achtsamkeit oder Meditation zu praktizieren. Konzentrieren Sie sich in dieser Zeit darauf, Ihre Gedanken und Gefühle zu beobachten, ohne sie zu bewerten. Erlauben Sie allen negativen Gefühlen und Gedanken, durch Sie hindurchzugehen, ohne sich von ihnen überwältigen zu lassen. Bei regelmäßiger Übung werden Sie ein größeres Gefühl der Ruhe und emotionalen

Widerstandsfähigkeit entwickeln, was Ihnen helfen wird, die Herausforderungen des Lebens mit Leichtigkeit zu meistern.

(4) Im Angesicht von Widrigkeiten die Perspektive bewahren Beispiel: Wenn Sie mit einer schwierigen Situation konfrontiert werden, treten Sie einen Schritt zurück und erinnern Sie sich daran, dass dies nur ein Teil Ihrer Lebensreise ist. Denken Sie an die Höhen und Tiefen, die Sie bereits erlebt haben, und an die Widerstandsfähigkeit, die Sie in der Vergangenheit bewiesen haben. Indem Sie die aktuelle Herausforderung in die richtige Perspektive rücken, entwickeln Sie den Mut und die Entschlossenheit, die Sie brauchen, um sie mit Leichtigkeit zu meistern.

(5) Kultivieren Sie Selbstvertrauen und innere Stärke Beispiel: Erkennen Sie, dass Sie die Kraft und die Ressourcen in sich tragen, um jede Herausforderung zu meistern, die sich Ihnen stellt. Vertrauen Sie auf Ihre Fähigkeiten und entwickeln Sie einen Sinn für Selbstvertrauen. Nehmen Sie alle Aspekte Ihres Selbst an, auch die Schattenaspekte, da sie zu Ihrer inneren Stärke beitragen. Indem Sie Selbstvertrauen kultivieren, werden Sie Widerstandsfähigkeit aufbauen und Widrigkeiten selbstbewusst überwinden.

Durch die Einbeziehung der praktischen Lehren der stoischen Philosophie sind Sie in der Lage, abstrakte Ideen in konkrete Handlungen umzusetzen, die Ihnen helfen, Widerstandsfähigkeit zu entwickeln und angesichts der Hindernisse des Lebens zu gedeihen.

6.3. SCHMERZ IN WACHSTUM VERWANDELN

Auf dem Weg des Stoizismus und der Erforschung unseres inneren Selbst ist einer der wichtigsten Aspekte die Fähigkeit, Schmerz in persönliches Wachstum zu verwandeln. Schmerz ist ein unvermeidlicher Teil des Lebens, der oft aus verschiedenen Quellen wie Verlust, Versagen oder Widrigkeiten herrührt. Die Art und Weise, wie wir auf diesen Schmerz reagieren, kann jedoch den entscheidenden Unterschied auf unserem Weg zur Selbstverbesserung ausmachen.

Die Konfrontation mit Schmerz ruft natürlich eine Reihe von Emotionen wie Traurigkeit, Wut oder sogar Verzweiflung hervor. Der Stoizismus lehrt uns jedoch, wie wichtig es ist, diese Emotionen anzuerkennen und gleichzeitig zu erkennen, dass wir die Kraft haben, sie in Möglichkeiten des Wachstums umzuwandeln. Es geht darum zu verstehen, dass Schmerz nicht das Ende des Weges ist, sondern eher ein Sprungbrett für die persönliche Entwicklung.

Eine mächtige Technik des Stoizismus, um Schmerz in persönliches Wachstum zu verwandeln, ist die Praxis des "amor fati" oder der Liebe zum Schicksal. Dieses Konzept ermutigt uns, unser Schicksal anzunehmen, egal wie herausfordernd es auch sein mag, und es als Gelegenheit zu nutzen, zu lernen und zu wachsen. Indem wir die Herausforderungen, die auf uns zukommen, akzeptieren und sogar lieben, können wir unsere Sichtweise auf den Schmerz ändern und ihn als Katalysator für die persönliche Entwicklung betrachten.

Darüber hinaus spielt auch die Schattenarbeit eine entscheidende Rolle in diesem Transformationsprozess. Indem wir in die Tiefen unseres Schattens eintauchen und uns mit den Ursachen unseres Schmerzes auseinandersetzen, können wir wertvolle Einsichten gewinnen, die zu einem tiefgreifenden persönlichen Wachstum führen können. Wenn wir uns mit unseren Schatten konfrontieren und sie integrieren, können wir einen Sinn in unserem Leiden finden und es als Katalysator für positive Veränderungen nutzen.

Im Angesicht des Schmerzes ist es wichtig, geistige und emotionale Widerstandsfähigkeit zu kultivieren. Dazu gehört es, die innere Stärke zu entwickeln, sich dem Schmerz frontal zu stellen und die Entschlossenheit, Widrigkeiten zu überstehen. Der Stoizismus bietet wertvolle Werkzeuge und Prinzipien für den Aufbau von Widerstandsfähigkeit, wie z. B. das Üben der Dichotomie der Kontrolle und die Konzentration auf das, was in unserer Macht steht, zu ändern. Wenn wir uns die stoische Denkweise der Resilienz zu eigen machen, können wir mit Mut und Stärke durch den Schmerz navigieren.

Außerdem erfordert die Umwandlung von Schmerz in Wachstum einen Wechsel der Perspektive. Anstatt Schmerz als eine rein negative Erfahrung zu betrachten, ermutigt uns der Stoizismus, ihn als eine Gelegenheit für Wachstum und Selbstentdeckung zu betrachten. Indem wir eine wachstumsorientierte Einstellung kultivieren und aus unserem Schmerz lernen, können wir einen neuen Sinn und Zweck in unseren Erfahrungen finden, was letztlich zu einer persönlichen Transformation führt.

Schließlich ist die Integration unserer Schattenaspekte des Schmerzes von entscheidender Bedeutung für den Transformationsprozess. Indem wir die tieferen, verborgenen Schichten unseres Schmerzes anerkennen und durcharbeiten, können wir wertvolle Lektionen und Einsichten freilegen, die zu unserem Wachstum beitragen. Die Schattenarbeit ermöglicht es uns, die Gesamtheit unserer Erfahrungen, einschließlich der schmerzhaften, anzunehmen und sie in unsere Reise zur persönlichen Entwicklung zu integrieren.

Die Umwandlung von Schmerz in persönliches Wachstum ist ein grundlegender Aspekt des Stoizismus und der Selbstreflexion. Indem wir den Schmerz als eine Gelegenheit zum Wachstum begreifen, unsere Widerstandsfähigkeit kultivieren, unsere Perspektive ändern und unsere Schattenaspekte integrieren, können wir unsere schwierigsten Erfahrungen in Katalysatoren für die persönliche Entwicklung verwandeln. Letztendlich ermöglicht uns dieser Prozess nicht nur, unseren Schmerz zu überwinden, sondern auch als stärkere, weisere und widerstandsfähigere Menschen hervorzugehen.

IN DIE PRAXIS UMSETZEN

(1) Praktizieren Sie das Konzept der "amor fati" oder der Liebe zum Schicksal, um schwierige Umstände anzunehmen und daraus zu lernen. Beispiel: Wenn Sie mit einer schwierigen Situation konfrontiert werden, wie z. B. dem Verlust des Arbeitsplatzes, üben Sie sich darin, diese als Chance für persönliches Wachstum zu begreifen. Denken Sie über die Lektionen nach, die Sie gelernt haben, über die Fähigkeiten, die Sie entwickelt haben, und über die

Widerstandsfähigkeit, die Sie durch diese schwierige Zeit gewonnen haben. Nutzen Sie dies als Katalysator, um neue Karrierewege zu erkunden und Möglichkeiten zu verfolgen, die Ihren Leidenschaften und Werten entsprechen.

(2) Lassen Sie sich auf Schattenarbeit ein, um wertvolle Erkenntnisse und Lehren aus Ihrem Schmerz zu ziehen. Beispiel: Nehmen Sie sich die Zeit, die Ursachen Ihres Schmerzes zu erforschen, und stellen Sie sich allen verborgenen Emotionen oder Traumata, die aufgearbeitet werden müssen. Nehmen Sie eine Therapie oder Beratung in Anspruch, um tiefer in Ihre Schattenaspekte einzutauchen und sie in Ihren Weg der Selbstentwicklung zu integrieren. Auf diese Weise können Sie sich selbst besser verstehen, vergangene Wunden heilen und eine solide Grundlage für Ihr persönliches Wachstum schaffen.

(3) Entwickeln Sie Resilienz, indem Sie die innere Stärke entwickeln, sich Widrigkeiten zu stellen und diese zu überstehen. Beispiel: Wenn Sie mit einem Rückschlag oder einer schwierigen Situation konfrontiert werden, üben Sie sich darin, eine stoische Haltung einzunehmen und sich auf das zu konzentrieren, was Sie unter Kontrolle haben. Anstatt sich vom Schmerz überwältigen zu lassen, konzentrieren Sie sich auf die Maßnahmen, die Sie ergreifen können, um die Hindernisse zu überwinden. Entwickeln Sie eine tägliche Resilienzpraxis, wie Achtsamkeit oder Tagebuchschreiben, um mentale und emotionale Stärke aufzubauen, die es Ihnen ermöglicht, mit Mut und Entschlossenheit durch den Schmerz zu gehen.

(4) Sehen Sie den Schmerz als Chance für Wachstum und Selbsterkenntnis. Beispiel: Anstatt Schmerz als rein negative Erfahrung zu betrachten, entscheiden Sie sich bewusst dafür, ihn als Chance zu sehen, zu lernen und sich weiterzuentwickeln. Denken Sie über die wertvollen Lektionen und Erkenntnisse nach, die aus jeder schmerzhaften Erfahrung gewonnen werden können. Nutzen Sie das gewonnene Wissen und die Selbsterkenntnis, um zukünftige Entscheidungen und Handlungen zu lenken, was zu persönlicher Transformation und Erfüllung führt.

(5) Integrieren Sie die Schattenaspekte des Schmerzes in Ihren Weg der Selbstentwicklung. Beispiel: Nehmen Sie die tieferen Schichten

Ihres Schmerzes an und erforschen Sie sie, indem Sie die verborgenen Aspekte Ihres Selbst, die zu dem Schmerz beitragen, anerkennen und ansprechen. Machen Sie Praktiken wie Tagebuchführung, Therapie oder Selbstreflexion, um diese Schattenaspekte ans Licht zu bringen und sie in Ihren Wachstumsprozess einzubeziehen. Indem Sie die Gesamtheit Ihrer Erfahrungen, einschließlich der schmerzhaften, akzeptieren und integrieren, können Sie eine ganzheitliche persönliche Transformation und ein tieferes Verständnis für sich selbst erreichen.

6.4. MENTALE UND EMOTIONALE BELASTBARKEIT AUFBAUEN

Die Entwicklung mentaler und emotionaler Widerstandsfähigkeit ist ein wesentlicher Aspekt des Stoizismus und der Schattenarbeit. Es geht darum, die nötige Widerstandsfähigkeit und Stärke aufzubauen, um den Herausforderungen des Lebens mit einer ruhigen und unerschütterlichen Haltung zu begegnen. Um diese Zähigkeit zu kultivieren, müssen wir zunächst die Natur der Herausforderungen verstehen. Es ist wichtig zu erkennen, dass Widrigkeiten ein unvermeidlicher Teil des Lebens sind und dass wir die Fähigkeit haben, an diesen Erfahrungen zu wachsen und daraus zu lernen.

Die stoischen Techniken der Resilienz sind in dieser Hinsicht besonders wertvoll. Eine Technik, die als negative Visualisierung bekannt ist, ermöglicht es uns, uns mental auf potenzielle Schwierigkeiten vorzubereiten und die Auswirkungen unerwarteter Schwierigkeiten zu verringern. Indem wir uns den schlimmsten Fall ausmalen, können wir ein Gefühl der Gelassenheit und Stärke entwickeln, das uns im Angesicht von Widrigkeiten widerstandsfähiger macht.

Darüber hinaus ist die Umwandlung von Schmerz in Wachstum ein Schlüsselelement für den Aufbau mentaler und emotionaler Widerstandsfähigkeit. Der Stoizismus lehrt uns, Herausforderungen als Chancen für die persönliche Entwicklung und nicht als unüberwindbare Hindernisse zu betrachten. Wenn wir diese Denkweise annehmen, können wir unsere Perspektive ändern und einen Sinn in unseren Kämpfen finden, wodurch wir letztendlich stärker und widerstandsfähiger werden.

Die Schattenaspekte der Resilienz zu akzeptieren, ist ebenfalls ein wichtiger Teil des Aufbaus mentaler und emotionaler Widerstandsfähigkeit. Dazu gehört es, die dunkleren, herausfordernden Emotionen, die in schwierigen Zeiten auftauchen, anzuerkennen und zu integrieren. Anstatt diese Gefühle zu unterdrücken oder zu verleugnen, müssen wir uns ihnen direkt stellen und erkennen, dass sie ein normaler Teil der menschlichen Erfahrung sind. Indem wir diese Schattengefühle annehmen und erforschen, können wir ein tieferes Verständnis für uns selbst entwickeln und eine größere emotionale Widerstandsfähigkeit kultivieren.

Darüber hinaus ist es ein grundlegender Aspekt der Entwicklung mentaler und emotionaler Widerstandsfähigkeit, Widrigkeiten mit stoischer Weisheit zu beggnen. Das bedeutet, dass wir Herausforderungen mit einem Gefühl der Ruhe und Rationalität angehen, anstatt uns von intensiven Emotionen überwältigen zu lassen. Indem wir uns in der stoischen Disziplin der Zustimmung üben, können wir lernen, auf Schwierigkeiten mit Gleichmut zu reagieren, indem wir unsere Reaktionen mit Bedacht wählen, anstatt uns von impulsiven oder übermäßigen emotionalen Reaktionen leiten zu lassen.

Zum Aufbau mentaler und emotionaler Stärke gehört schließlich auch, die Stärken zu erkennen, die sich aus der Integration der Schattenaspekte der Resilienz ergeben. Indem wir die dunkleren, schwierigeren Teile von uns selbst anerkennen und annehmen, können wir ein tieferes Gefühl der Selbsterkenntnis und emotionalen Stärke entwickeln. Diese Selbsterkenntnis ermöglicht es uns, unsere eigene Widerstandsfähigkeit und Wachstumsfähigkeit zu erkennen, was letztlich zu einer integrierteren und widerstandsfähigeren Art und Weise führt, durch das Leben zu navigieren.

Zusammenfassend lässt sich sagen, dass der Aufbau mentaler und emotionaler Widerstandsfähigkeit ein mehrdimensionaler Prozess ist, der sich auf die stoische Weisheit und die Integration der Schattenarbeit stützt. Indem wir die Natur der Herausforderungen verstehen, stoische Techniken für die Resilienz anwenden, Schmerz in Wachstum umwandeln und die Schattenaspekte der Resilienz annehmen, können wir die innere Stärke kultivieren, die wir brauchen, um den Schwierigkeiten des Lebens mit Anmut und Gelassenheit zu begegnen. Dieser Prozess führt letztlich zu einer widerstandsfähigeren, integrierteren und stärkeren Art, in der Welt zu existieren.

IN DIE PRAXIS UMSETZEN

(1) Üben Sie sich in negativer Visualisierung, indem Sie sich die schlimmsten Szenarien vorstellen, um Gleichmut und Stärke im Angesicht von Widrigkeiten zu entwickeln. Beispiel: Wenn Sie bei der Arbeit mit einer schwierigen Situation konfrontiert werden, stellen Sie sich das schlimmstmögliche Ergebnis vor und bereiten Sie sich mental darauf vor, diese Situation ruhig und effektiv zu bewältigen. Dies hilft, Ängste abzubauen und gibt Ihnen die nötige Widerstandskraft, um sich allen Herausforderungen zu stellen.

(2) Betrachten Sie Herausforderungen als Chancen für die persönliche Entwicklung und sehen Sie sie als Gelegenheit zum Wachsen und Lernen. Beispiel: Betrachten Sie ein gescheitertes Projekt nicht als Rückschlag, sondern als wertvolle Lernerfahrung, die Ihnen helfen kann, Ihre Fähigkeiten und Ihre Herangehensweise für künftige Unternehmungen zu verbessern. Dieser Perspektivenwechsel wird Ihnen helfen, einen Sinn in Ihren Kämpfen zu finden und widerstandsfähiger zu werden.

(3) Nehmen Sie die dunkleren, schwierigeren Gefühle, die in schwierigen Zeiten auftauchen, an und erkennen Sie sie an. Beispiel: Anstatt Gefühle wie Wut oder Traurigkeit zu unterdrücken oder zu verleugnen, sollten Sie sich erlauben, sie auf gesunde und konstruktive Weise zu erleben und auszudrücken. Diese emotionale Ehrlichkeit wird zu Ihrer emotionalen Widerstandsfähigkeit und Ihrem Selbstbewusstsein beitragen.

(4) Gehen Sie Herausforderungen mit Ruhe und Rationalität an und üben Sie sich in der stoischen Disziplin der Zustimmung. Beispiel: Wenn Sie mit einem plötzlichen Rückschlag oder einer

Enttäuschung konfrontiert werden, nehmen Sie sich einen Moment Zeit, um innezuhalten, nachzudenken und überlegt zu reagieren, anstatt impulsiv zu reagieren. Diese Übung wird Ihnen helfen, die Ruhe zu bewahren und inmitten von Widrigkeiten bessere Entscheidungen zu treffen.

(5) Erkennen und integrieren Sie die Schattenaspekte der Resilienz, indem Sie die dunkleren und schwierigeren Teile von sich selbst annehmen. Beispiel: Anstatt Ihre Fehler und Schwächen abzulehnen oder zu vermeiden, sollten Sie sich direkt mit ihnen auseinandersetzen und daran arbeiten, sich selbst zu verbessern. Dieser Prozess der Selbstakzeptanz und des Wachstums wird Ihre emotionale Stärke und Widerstandsfähigkeit erhöhen.

(6) Pflegen Sie Ihr Selbstbewusstsein, indem Sie Ihre eigene Widerstandsfähigkeit und Wachstumsfähigkeit erkennen. Beispiel: Nehmen Sie sich Zeit, um über frühere Erfahrungen nachzudenken, in denen Sie Herausforderungen gemeistert haben und daran gewachsen sind. Diese Reflexion wird Ihren Glauben an Ihre eigenen Fähigkeiten stärken und eine Grundlage für Stärke und Widerstandsfähigkeit bei zukünftigen Schwierigkeiten schaffen.

(7) Üben Sie, die Weisheit des Stoizismus und die Prinzipien der Schattenarbeit in Ihr tägliches Leben zu integrieren. Beispiel: Fangen Sie an, stoische Praktiken wie Tagebuchführung, Meditation und Selbstreflexion in Ihren Alltag einzubauen. Bemühen Sie sich außerdem bewusst darum, Ihre Schattenaspekte anzuerkennen und mit ihnen zu arbeiten, indem Sie eine Therapie aufsuchen oder an Aktivitäten zur persönlichen Entwicklung teilnehmen. Die aktive Auseinandersetzung mit diesen Philosophien wird Ihre geistige und emotionale Widerstandsfähigkeit mit der Zeit stärken.

6.5. DIE SCHATTENASPEKTE DER RESILIENZ ANNEHMEN

Um Stoizismus und Schattenarbeit wirklich in Ihr Leben zu integrieren, ist es entscheidend, die Schattenaspekte der Resilienz anzunehmen. Während Resilienz oft mit Stärke und der Fähigkeit, sich von Widrigkeiten zu erholen, assoziiert wird, ist es ebenso wichtig, die dunkleren, unangenehmeren Emotionen und

Erfahrungen, die zu unserer Resilienz beitragen, anzuerkennen und zu akzeptieren.

Eine Möglichkeit, diese Schattenaspekte anzunehmen, besteht darin, sich den schmerzhaften Erfahrungen und Emotionen zu stellen und sie anzuerkennen, die unsere Fähigkeit zur Widerstandsfähigkeit geprägt haben. Anstatt diese Gefühle von Angst, Wut, Traurigkeit und Verletzlichkeit zu verdrängen oder zu versuchen, ihre Auswirkungen herunterzuspielen, sollten wir uns erlauben, mit ihnen zu leben. Indem wir diese schwierigen Emotionen anerkennen und akzeptieren, gewinnen wir ein tieferes Verständnis für die Quellen unserer Stärke und entwickeln eine authentischere Beziehung zu unserer Widerstandsfähigkeit.

Ein weiterer Aspekt der Umarmung des Schattens ist die Erkenntnis, wie unsere vergangenen Traumata und Nöte unsere Reaktionen auf aktuelle Herausforderungen beeinflusst haben. Indem wir die Verbindungen zwischen unseren vergangenen und aktuellen Erfahrungen erforschen, können wir Einblicke in die zugrunde liegenden Überzeugungen und Bewältigungsmechanismen gewinnen, die unsere Fähigkeit prägen, mit Widrigkeiten umzugehen. Dieser Prozess deckt die verborgenen Quellen unserer Widerstandsfähigkeit auf und befähigt uns, diese Fähigkeit bewusst zu kultivieren und für die Zukunft zu stärken.

Darüber hinaus ist es wichtig zu akzeptieren, dass der Weg zur Resilienz nicht immer geradlinig und kampflos ist. Rückschläge, Misserfolge und Momente des Zweifels sind natürliche und unvermeidliche Bestandteile dieses Prozesses. Die Schattenseite der Resilienz zu akzeptieren bedeutet, diese Momente der Schwäche und Verletzlichkeit als wesentlich für den Aufbau authentischer und nachhaltiger Resilienz anzuerkennen. Anstatt sie als Fehler oder

Schwächen zu betrachten, sollten wir sie als Chancen für Wachstum und Selbstentdeckung sehen.

In der Praxis kann das Annehmen der Schattenaspekte der Resilienz verschiedene Praktiken beinhalten, um unsere schwierigen Gefühle und Erfahrungen zu erforschen und zu integrieren. Tagebuchführung, Therapie und kreative Tätigkeiten wie Kunst oder Musik können hilfreich sein, um unsere Schattenaspekte zu verarbeiten und ihnen einen Sinn zu geben. Diese Praktiken ermöglichen es uns, ein größeres Selbstbewusstsein und eine tiefere Verbindung zu unserer eigenen Resilienz zu entwickeln.

Die Schattenaspekte der Resilienz anzunehmen bedeutet, die Komplexität und Tiefe unserer emotionalen Landschaft anzuerkennen und zu würdigen. Auf diese Weise kultivieren wir eine ganzheitlichere und nachhaltigere Form der Resilienz, die auf Selbsterkenntnis, Akzeptanz und einer echten Wertschätzung des gesamten Spektrums menschlicher Erfahrungen beruht. Diese Integration der Schattenarbeit in unsere Resilienz stärkt nicht nur unsere Fähigkeit, die Herausforderungen des Lebens zu meistern, sondern bereichert auch unsere Fähigkeit, mit anderen in Kontakt zu treten und sie auf ihrem eigenen Weg zur Resilienz zu unterstützen.

IN DIE PRAXIS UMSETZEN

(1) Konfrontieren Sie sich mit schmerzhaften Erfahrungen und Emotionen und erkennen Sie diese an, um die Schattenaspekte der Resilienz anzunehmen. Beispiel: Nehmen Sie sich die Zeit, über eine vergangene schmerzhafte Erfahrung oder Emotion nachzudenken, die zu Ihrer Widerstandsfähigkeit beigetragen hat. Bleiben Sie bei allen Gefühlen wie Angst, Wut, Traurigkeit oder Verletzlichkeit, die bei dieser Reflexion aufkommen. Versuchen Sie nicht, diese Gefühle zu verdrängen, sondern erlauben Sie sich, sie vollständig zu erleben und anzuerkennen. Dies kann Ihnen helfen, ein tieferes Verständnis für Ihre eigene Widerstandsfähigkeit zu erlangen und dafür, wie sie durch diese schwierigen Erfahrungen geprägt wurde.

(2) Erforschen Sie die Verbindungen zwischen vergangenen Traumata und aktuellen Erfahrungen, um einen Einblick in die Überzeugungen und Bewältigungsmechanismen zu erhalten, die

Ihre Fähigkeit bestimmen, mit Widrigkeiten umzugehen. Beispiel: Nehmen Sie sich etwas Zeit, um darüber nachzudenken, wie ein vergangenes Trauma oder eine Notlage Ihre gegenwärtigen Reaktionen auf schwierige Situationen beeinflussen könnte. Überlegen Sie, welche Überzeugungen und Bewältigungsmechanismen sich als Folge dieses Traumas entwickelt haben. Indem Sie diese Zusammenhänge erkennen, können Sie einen Einblick in die Art und Weise gewinnen, wie Ihre Widerstandsfähigkeit geformt wurde, und bewusst daran arbeiten, sie zu stärken und zu kultivieren.

(3) Akzeptieren Sie Rückschläge, Misserfolge und Momente des Zweifels als natürliche und unvermeidliche Bestandteile des Resilienzaufbaus. Beispiel: Wenn Sie mit einem Rückschlag oder Misserfolg konfrontiert werden, sehen Sie ihn nicht als persönlichen Fehler oder Schwäche an, sondern als Chance für Wachstum und Selbstentdeckung. Akzeptieren Sie die Momente der Schwäche und Verwundbarkeit, die zum Prozess der Resilienzbildung gehören. Indem Sie diese Momente als normal und notwendig akzeptieren, können Sie aus ihnen lernen und eine stärkere und nachhaltigere Form der Resilienz entwickeln.

(4) Nutzen Sie Praktiken wie Tagebuchschreiben, Therapie oder kreative Ausdrucksformen wie Kunst oder Musik, um schwierige Emotionen und Erfahrungen zu erforschen und zu integrieren. Beispiel: Beginnen Sie mit dem Führen eines Tagebuchs, in dem Sie Ihre Schattenaspekte verarbeiten und ihnen einen Sinn geben können. Nehmen Sie sich jeden Tag oder jede Woche eine bestimmte Zeit, um über Ihre schwierigen Gefühle und Erfahrungen zu schreiben. Alternativ dazu können Sie auch Therapiesitzungen in Betracht ziehen oder sich kreativ betätigen, z. B. mit Kunst oder Musik. Diese Praktiken können Ihnen helfen, tiefer in Ihre Gefühlswelt einzutauchen und ein größeres Selbstbewusstsein und eine stärkere Verbindung zu Ihrer Widerstandsfähigkeit zu entwickeln.

(5) Erkennen und würdigen Sie die Komplexität und Tiefe Ihrer emotionalen Landschaft, um eine ganzheitliche und nachhaltige Form der Resilienz zu kultivieren. Beispiel: Nehmen Sie sich die

Zeit, über das gesamte Spektrum menschlicher Emotionen und Erfahrungen nachzudenken, die zu Ihrer Resilienz beitragen. Anstatt bestimmte Emotionen zu unterdrücken oder zu verleugnen, sollten Sie ihre Komplexität annehmen und sie als wesentliche Bestandteile Ihrer Reise anerkennen. Auf diese Weise können Sie eine Resilienz kultivieren, die auf Selbsterkenntnis, Akzeptanz und einer echten Wertschätzung der Vielfalt menschlicher Erfahrungen beruht.

7. Mitgefühl kultivieren: Stoische Liebe und Schattenintegration

7.1. Selbstmitgefühl üben

Die Praxis des Selbstmitgefühls spielt sowohl im Stoizismus als auch in der Schattenarbeit eine entscheidende Rolle. Es beinhaltet, dass wir uns selbst mit Freundlichkeit und Verständnis behandeln, insbesondere wenn wir mit Versagen, Enttäuschung oder Leiden konfrontiert sind. Die Grundlage dieses Konzepts liegt in der Erkenntnis, dass wir alle fehlbar sind und Fürsorge verdienen, auch wir selbst.

Wenn es um Selbstmitgefühl in Stoizismus und Schattenarbeit geht, beginnt alles mit der Anerkennung unserer eigenen Menschlichkeit und Unvollkommenheit. Es erfordert einen Wechsel in der Denkweise von Selbstkritik zu Selbstliebe. Anstatt uns selbst zu verurteilen, wenn wir mit Rückschlägen oder Herausforderungen konfrontiert werden, werden wir ermutigt, mit Selbstmitgefühl zu reagieren. Das bedeutet, dass wir uns selbst das gleiche Einfühlungsvermögen und Verständnis entgegenbringen, das wir auch einem engen Freund in einer ähnlichen Situation entgegenbringen würden.

Wenn wir uns in Selbstmitgefühl üben, können wir stoische Prinzipien wie das Konzept der amor fati, der Liebe zum Schicksal, und die Schattenarbeit einbeziehen, indem wir unsere Schwächen und Grenzen anerkennen und annehmen. Auf diese Weise können wir ein größeres Gefühl der inneren Stärke und Widerstandsfähigkeit entwickeln.

Eine stoische Praxis, die in das Selbstmitgefühl integriert werden kann, ist die Idee der "Reserveklausel". Bei dieser Praxis geht es darum, innere Erwartungen zu setzen und gleichzeitig zuzulassen, dass sich die äußeren Umstände so entfalten, wie sie es wollen. Mit dieser Einstellung können wir uns unseren eigenen Fehlern und Unzulänglichkeiten mit Verständnis und Perspektive nähern, anstatt harsche Selbstkritik zu üben.

Zum Selbstmitgefühl gehört auch die Kultivierung eines tiefen Gefühls der Selbstakzeptanz und des Selbstwerts. Dies kann durch Schattenarbeit erreicht werden, indem wir die Schattenaspekte von uns selbst anerkennen und annehmen, einschließlich der Teile, die oft als unerwünscht oder beschämend wahrgenommen werden. Indem wir diese Schattenaspekte integrieren, können wir ein umfassenderes und mitfühlenderes Verständnis dafür entwickeln, wer wir sind.

Darüber hinaus fördert das Selbstmitgefühl die emotionale Heilung und das Wohlbefinden. Indem wir unserem eigenen Leiden mit Freundlichkeit und einer nicht wertenden Haltung begegnen, können wir ein größeres Gefühl der emotionalen Widerstandsfähigkeit entwickeln. Dies entspricht der stoischen Praxis, zu erkennen, was unter unserer Kontrolle ist, und zu akzeptieren, was nicht unter unserer Kontrolle ist, was es uns ermöglicht, auf Widrigkeiten mit größerem Gleichmut zu reagieren.

In der Praxis kann das Üben von Selbstmitgefühl verschiedene Aktivitäten wie positive Selbstgespräche, Achtsamkeit und Selbstberuhigungstechniken umfassen. So können wir beispielsweise Affirmationen oder Mantras verwenden, um selbstkritischen Gedanken entgegenzuwirken und einen nährenden inneren Dialog zu pflegen. Außerdem können uns Achtsamkeitsübungen dabei helfen, unsere Gedanken und Gefühle zu beobachten, ohne von ihnen überwältigt zu werden, und so eine mitfühlendere Beziehung zu uns selbst zu fördern.

Die Praxis des Selbstmitgefühls ist ein wesentlicher Bestandteil sowohl des Stoizismus als auch der Schattenarbeit. Indem wir die stoischen Prinzipien der Resilienz und Akzeptanz mit den Erkenntnissen der Schattenarbeit verbinden, können wir eine mitfühlendere und nährende Beziehung zu uns selbst kultivieren. Dies wiederum kann zu größerem emotionalen Wohlbefinden und einem tieferen Gefühl des inneren Friedens führen.

IN DIE PRAXIS UMSETZEN

(1) Üben Sie sich in Selbstmitgefühl, indem Sie von Selbstkritik zu Selbstliebe übergehen. Beispiel: Wenn Sie mit einem Rückschlag oder einer Herausforderung konfrontiert werden, üben Sie sich in Selbstmitgefühl, indem Sie Verständnis und Freundlichkeit zeigen, anstatt hart und kritisch mit sich selbst zu sein. Behandeln Sie sich selbst so, wie Sie einen engen Freund in einer ähnlichen Situation behandeln würden, indem Sie Einfühlungsvermögen und Unterstützung anbieten.

(2) Machen Sie sich das Konzept der amor fati zu eigen und erkennen Sie Ihre eigenen Schwächen und Grenzen an. Beispiel: Anstatt sich gegen schwierige Umstände zu wehren oder sie zu bekämpfen, nehmen Sie sie als Teil Ihrer Reise an. Erkennen Sie, dass Unzulänglichkeiten und Schwächen zum Menschsein gehören, und nutzen Sie sie als Chance für Wachstum und Lernen.

(3) Verinnerlichen Sie die "Reserveklausel", um Ihre Fehler und Unzulänglichkeiten mit Verständnis und Perspektive anzugehen. Beispiel: Legen Sie innere Erwartungen an sich selbst fest, während Sie den äußeren Umständen Raum geben, sich so zu entwickeln, wie sie es wollen. Wenn Sie auf Misserfolge oder Unzulänglichkeiten stoßen, üben Sie sich in Selbstmitgefühl, indem Sie verstehen, dass es Faktoren gibt, auf die Sie keinen Einfluss haben, und sich darauf konzentrieren, was Sie aus dieser Erfahrung lernen können.

(4) Kultivieren Sie Selbstakzeptanz und Selbstwertgefühl, indem Sie Ihre Schattenaspekte annehmen. Beispiel: Erkennen Sie die Teile Ihres Selbst an, die Sie als unerwünscht oder beschämend empfinden, und nehmen Sie sie an. Indem Sie diese Schattenaspekte integrieren,

entwickeln Sie ein vollständigeres und mitfühlenderes Verständnis von sich selbst, was zu mehr Selbstakzeptanz und Selbstwertgefühl führen kann.

(5) Fördern Sie emotionale Heilung und Wohlbefinden, indem Sie Ihrem eigenen Leiden mit Freundlichkeit und einer nicht wertenden Einstellung begegnen. Beispiel: Wenn Sie mit emotionalen Kämpfen oder Leiden konfrontiert sind, üben Sie Selbstmitgefühl, indem Sie sich selbst mit Freundlichkeit und Verständnis behandeln. Vermeiden Sie Selbstverurteilungen und nehmen Sie eine nicht wertende Haltung gegenüber Ihren Emotionen ein, damit Sie sie auf gesunde Weise verarbeiten und heilen können.

(6) Führen Sie Aktivitäten wie positive Selbstgespräche, Achtsamkeit und Selbstberuhigungstechniken durch, um Selbstmitgefühl zu entwickeln. Beispiel: Führen Sie Praktiken wie Affirmationen oder Mantras ein, um selbstkritischen Gedanken entgegenzuwirken und einen nährenden inneren Dialog zu fördern. Üben Sie sich in Achtsamkeit, um Ihre Gedanken und Gefühle zu beobachten, ohne sich von ihnen überwältigen zu lassen, und fördern Sie so eine mitfühlendere Beziehung zu sich selbst. Wenden Sie Selbstberuhigungstechniken an, wie z. B. tiefes Atmen oder Aktivitäten, die Ihnen Trost spenden, um sich in schwierigen Momenten zu unterstützen.

Wenn Sie diese praktischen Schritte in Ihre tägliche Routine einbauen, können Sie ein stärkeres Gefühl des Selbstmitgefühls kultivieren, was wiederum Ihr emotionales Wohlbefinden verbessern und ein tiefes Gefühl der inneren Ruhe hervorrufen kann.

7.2. ANDEREN GEGENÜBER MITGEFÜHL ZEIGEN

Anderen gegenüber Mitgefühl zu zeigen, spielt sowohl im Stoizismus als auch in der Schattenarbeit eine wichtige Rolle. In der stoischen Tradition sind Liebe und Einfühlungsvermögen von grundlegender Bedeutung, um ein tugendhaftes und erfülltes Leben führen zu können. Indem wir die Schattenaspekte des Mitgefühls und der Liebe integrieren, können wir unser Verständnis von uns selbst und anderen vertiefen, was zu stärkeren Verbindungen und Harmonie in unseren Beziehungen führt.

Wenn wir stoische Liebe und Empathie praktizieren, sind wir nicht nur dazu aufgerufen, uns selbst gegenüber Mitgefühl zu zeigen, sondern auch gegenüber den Menschen um uns herum. Das bedeutet, die Menschlichkeit in anderen zu erkennen, ihre Kämpfe und Herausforderungen zu verstehen und Unterstützung und Verständnis anzubieten, ohne zu urteilen. Es erfordert, dass wir unser eigenes Ego und unsere Wünsche zurückstellen und die Erfahrungen anderer wahrhaftig sehen und hören.

Schattenintegration bedeutet im Zusammenhang mit der Ausweitung des Mitgefühls auf andere, dass wir die dunklen Aspekte unserer Beziehungen und Interaktionen erkennen und erforschen. Dazu kann es gehören, dass wir unsere Tendenzen zur Verurteilung, zum Groll oder zur Gleichgültigkeit erkennen und verstehen, wie unsere früheren Erfahrungen und Traumata unsere Fähigkeit, uns in andere einzufühlen, beeinträchtigen können. Indem wir diese Schattenaspekte beleuchten, können wir beginnen, sie zu heilen und zu transformieren, und so mehr Mitgefühl und Verbundenheit in unseren Beziehungen fördern.

Eine Möglichkeit, sich darin zu üben, anderen gegenüber Mitgefühl zu zeigen, ist die Kultivierung des Selbstmitgefühls. Wenn wir ein tiefes Gefühl der Güte und des Verständnisses für uns selbst entwickeln, sind wir besser in der Lage, dieses Mitgefühl auch auf die Menschen um uns herum auszudehnen. Dazu gehört, dass wir unsere eigene Menschlichkeit und Unvollkommenheit anerkennen und uns selbst mit der Liebe und dem Einfühlungsvermögen behandeln, die wir einem lieben Freund in Not entgegenbringen würden. Durch diese Praxis können wir unsere Fähigkeit zu Verständnis und Einfühlungsvermögen gegenüber anderen verbessern und so einen Welleneffekt des Mitgefühls in unseren Beziehungen erzeugen.

Ein weiterer wichtiger Aspekt der Ausweitung des Mitgefühls auf andere ist die Praxis der Vergebung und des Loslassens von

Ressentiments. In der Schattenarbeit können wir tief sitzenden Ärger oder Groll gegenüber anderen aufdecken und verstehen, wie diese Emotionen unsere Interaktionen mit ihnen beeinflussen können. Indem wir daran arbeiten, diese negativen Emotionen loszulassen und Vergebung zu kultivieren, können wir uns von der Last des Grolls befreien und Raum für mehr Empathie und Verständnis in unseren Beziehungen schaffen.

Die Integration von stoischer Liebe und Schattenarbeit ermöglicht es uns schließlich, unseren Beziehungen mit offenem Herzen und Verstand zu begegnen und so tiefere Verbindungen und ein Gefühl der gemeinsamen Menschlichkeit mit den Menschen um uns herum zu fördern. Indem wir anderen gegenüber Mitgefühl zeigen, bereichern wir nicht nur das Leben derer, mit denen wir zu tun haben, sondern kultivieren auch ein größeres Gefühl von Frieden, Erfüllung und Widerstandsfähigkeit in uns selbst. Wir sind in der Lage, die Komplexität menschlicher Beziehungen mit Anmut und Verständnis zu meistern, unser eigenes Gefühl von Eudaimonia zu verbessern und zum Wohlbefinden der Menschen um uns herum beizutragen.

IN DIE PRAXIS UMSETZEN

(1) Üben Sie sich in Selbstmitgefühl: Entwickeln Sie ein tiefes Gefühl der Güte und des Verständnisses für uns selbst und erkennen Sie unsere eigene Menschlichkeit und Unvollkommenheit an. Beispiel: Nehmen Sie sich jeden Tag Zeit für Selbstfürsorgeaktivitäten wie Tagebuchschreiben, Achtsamkeitsübungen oder ein Hobby, das Ihnen Freude bereitet.

(2) Kultivieren Sie Vergebung und lassen Sie den Groll los: Arbeiten Sie daran, tief sitzenden Ärger oder Groll gegenüber anderen loszulassen und sich von der Last des Grolls zu befreien. Beispiel: Schreiben Sie einen Vergebungsbrief an jemanden, der Sie verletzt hat, und drücken Sie darin Ihre Gefühle und Ihre Absicht aus, die mit der Situation verbundenen negativen Emotionen loszulassen.

(3) Erkennen und anerkennen Sie Schattenaspekte: Denken Sie über Ihre eigenen Tendenzen zu Urteil, Groll oder Gleichgültigkeit in Ihren Beziehungen nach und erforschen Sie, wie frühere Erfahrungen und Traumata Ihre Fähigkeit, sich in andere

einzufühlen, beeinträchtigen können. Beispiel: Üben Sie sich in Selbstreflexion, indem Sie ein Tagebuch über eine kürzliche Interaktion führen, bei der Sie negative Gefühle gegenüber jemandem empfunden haben, und untersuchen Sie die zugrunde liegenden Gründe und Muster, die zu diesen Gefühlen beigetragen haben.

(4) Zeigen Sie anderen gegenüber Mitgefühl, ohne zu urteilen: Erkennen Sie die Menschlichkeit in anderen, verstehen Sie ihre Probleme und Herausforderungen und bieten Sie Unterstützung und Verständnis an, ohne zu urteilen. Beispiel: Hören Sie aktiv zu, indem Sie sich voll und ganz auf ein Gespräch mit jemandem konzentrieren, keine vorgefassten Urteile abgeben und einfühlsam antworten.

(5) Fördern Sie tiefere Verbindungen durch Empathie: Entwickeln Sie ein größeres Verständnis und Einfühlungsvermögen für andere und schaffen Sie so einen Welleneffekt des Mitgefühls in Ihren Beziehungen. Beispiel: Führen Sie Übungen zur Perspektivenübernahme durch, z. B. indem Sie sich in die Lage einer anderen Person versetzen und deren Gefühle und Erfahrungen in einer bestimmten Situation berücksichtigen.

(6) Nehmen Sie Verletzlichkeit und Offenherzigkeit an: Gehen Sie mit offenem Herzen und Verstand an Ihre Beziehungen heran, um tiefere Verbindungen und ein Gefühl der gemeinsamen Menschlichkeit zu ermöglichen. Beispiel: Ergreifen Sie die Initiative, um Ihre eigenen Schwachstellen und Erfahrungen mit jemandem zu teilen, dem Sie vertrauen, und schaffen Sie so einen Raum, in dem er das Gleiche tun kann, was eine tiefere Bindung fördert.

(7) Praktizieren Sie Schattenarbeit: Beleuchten Sie die dunkleren Aspekte Ihrer Beziehungen und Interaktionen, indem Sie Tendenzen zur Verurteilung, zum Groll oder zur Gleichgültigkeit erkennen und erforschen. Beispiel: Suchen Sie die Unterstützung eines Therapeuten oder Coaches, der auf Schattenarbeit spezialisiert ist, um Sie durch den Prozess der Selbstfindung und Heilung zu führen.

(8) Entwickeln Sie eine tägliche Praxis der Dankbarkeit: Kultivieren Sie Wertschätzung für die positiven Aspekte Ihrer Beziehungen und Erfahrungen, um ein Gefühl der Verbundenheit und Erfüllung zu

fördern. Beispiel: Schreiben Sie jeden Abend drei Dinge auf, für die Sie in Ihren Beziehungen dankbar sind, und konzentrieren Sie sich dabei auf bestimmte Momente oder Eigenschaften, die Ihnen Freude oder Dankbarkeit bereiten.

(9) Legen Sie in Ihren Gesprächen den Schwerpunkt auf aktives Zuhören und Einfühlungsvermögen: Sehen und hören Sie sich die Erfahrungen anderer wirklich an und stellen Sie Ihr eigenes Ego und Ihre Wünsche zurück. Beispiel: Üben Sie Techniken des reflektierenden Zuhörens, wie z. B. das Zusammenfassen und Paraphrasieren der Gedanken und Gefühle des Sprechers, um sicherzustellen, dass Sie ihn verstehen, und um seine Perspektive zu bestätigen.

(10) Denken Sie über Ihre Fortschritte nach und passen Sie Ihre Vorgehensweise an: Bewerten Sie regelmäßig Ihre Handlungen und deren Auswirkungen auf Ihre Beziehungen und nehmen Sie bei Bedarf Anpassungen vor. Beispiel: Nehmen Sie sich jede Woche Zeit, um über Ihre Interaktionen nachzudenken und zu überlegen, ob es Möglichkeiten für Wachstum und Verbesserungen in Ihrem mitfühlenden Ansatz gibt.

7.3. STOISCHE LIEBE UND EMPATHIE

Im Bereich des Stoizismus wird das Konzept der Liebe und des Mitgefühls oft missverstanden und übersehen. Die Stoiker erkannten jedoch die Bedeutung von Mitgefühl und Verständnis in unseren Interaktionen mit uns selbst und anderen. Stoische Liebe und Einfühlungsvermögen beruhen auf der Idee, den jedem Menschen innewohnenden Wert und seine Menschlichkeit anzuerkennen, unabhängig von seinen Handlungen oder Umständen.

Ein entscheidender Aspekt der stoischen Liebe und Empathie ist das Üben von Selbstmitgefühl. Das bedeutet, dass man sich selbst mit Freundlichkeit und Verständnis begegnet, insbesondere in Zeiten des Scheiterns oder der Widrigkeiten. Die Stoiker glaubten, dass der Einzelne durch die Kultivierung von Selbstmitgefühl innere Stärke und Widerstandsfähigkeit entwickeln kann, die es ihm ermöglichen, seinen eigenen Kämpfen mit Anmut und Demut zu begegnen.

Eine weitere wichtige Komponente der stoischen Liebe und Empathie ist das Mitgefühl für andere. Dazu gehört, dass wir aktiv versuchen, die Perspektiven und Erfahrungen der Menschen um uns herum zu verstehen, auch wenn sie sich von unseren eigenen unterscheiden. Durch die Praxis der Empathie kann der Einzelne ein tieferes Gefühl der Verbundenheit und der gemeinsamen Menschlichkeit mit anderen entwickeln, was ein mitfühlenderes und harmonischeres soziales Umfeld fördert.

Vergebung und das Loslassen von Groll sind ebenfalls Schlüsselelemente der stoischen Liebe und Empathie. Die Stoiker glaubten, dass das Festhalten an Gefühlen wie Ärger oder Groll nur einem selbst schadet und nicht der Person, die den Schmerz verursacht hat. Indem man Vergebung übt, kann man sich von der Last negativer Emotionen befreien und inneren Frieden und Gelassenheit kultivieren.

Die Integration der Schattenaspekte von Liebe und Mitgefühl ist ein besonders anspruchsvoller, aber lohnender Aspekt der stoischen Philosophie. Es geht darum, die dunkleren, schwierigeren Emotionen, die in unseren Beziehungen zu uns selbst und anderen auftauchen können, anzuerkennen und anzusprechen. Indem wir uns diesen Schattenaspekten mit Mut und Mitgefühl stellen, kann der Einzelne auf Heilung und Transformation hinarbeiten und letztlich seine Fähigkeit zu Liebe und Mitgefühl stärken.

Ein überzeugendes Beispiel für stoische Liebe und Empathie in der Praxis findet sich in der Geschichte von Marcus Aurelius, einem berühmten stoischen Philosophen und römischen Kaiser. Trotz des Drucks und der Verantwortung, die sein Amt mit sich brachte, war Markus Aurelius für sein Mitgefühl und sein Verständnis für sein Volk bekannt. Er praktizierte Einfühlungsvermögen und Vergebung, selbst gegenüber seinen Gegnern, und erkannte die jedem Menschen innewohnende Menschlichkeit an, unabhängig von seinen Handlungen oder Umständen.

In unserer modernen Welt kann das Praktizieren von stoischer Liebe und Empathie tiefgreifende Auswirkungen auf unser persönliches Wohlbefinden und unsere Beziehungen zu anderen haben. Indem wir Selbstmitgefühl kultivieren, anderen gegenüber Mitgefühl zeigen und Vergebung praktizieren, können wir zu einer mitfühlenderen und verständnisvolleren Gesellschaft beitragen. Darüber hinaus ermöglicht die Integration der Schattenaspekte von Liebe und Mitgefühl dem Einzelnen, zu wachsen und sich weiterzuentwickeln, wodurch tiefere Verbindungen und emotionale Heilung gefördert werden.

Insgesamt sind stoische Liebe und Empathie wichtige Bestandteile eines erfüllten und sinnvollen Lebens. Durch das Üben von Selbstmitgefühl, das Ausdehnen von Mitgefühl auf andere und das Integrieren der Schattenaspekte von Liebe und Mitgefühl kann der Einzelne inneren Frieden, Widerstandsfähigkeit und echte Verbindungen mit den Menschen um ihn herum kultivieren.

IN DIE PRAXIS UMSETZEN

(1) Kultivieren Sie Selbstmitgefühl und gehen Sie mit sich selbst freundlich und verständnisvoll um, insbesondere angesichts von Misserfolgen oder Widrigkeiten. Beispiel: Wenn Sie bei der Arbeit einen Rückschlag erleiden, sollten Sie sich in Selbstmitgefühl üben, indem Sie die Anstrengungen anerkennen, aus der Erfahrung lernen und sich selbst mit Freundlichkeit und Verständnis behandeln, anstatt hart mit sich selbst zu sein und über den Fehler nachzudenken.

(2) Aktiv versuchen, die Perspektiven und Erfahrungen anderer zu verstehen, auch wenn sie sich von unseren eigenen unterscheiden. Beispiel: Wenn Sie sich mit jemandem unterhalten, dessen Meinung von Ihrer abweicht, hören Sie ihm aktiv zu, ohne zu urteilen, und stellen Sie Fragen, um seine Sichtweise besser zu verstehen und eine gemeinsame Basis zu finden.

(3) Üben Sie sich in Vergebung und lassen Sie Ihren Groll los, denn Sie wissen, dass das Festhalten an negativen Emotionen Ihnen nur schadet. Beispiel: Wenn Ihnen jemand Unrecht getan hat, üben Sie sich in Vergebung, indem Sie den verursachten Schmerz

anerkennen, sich aber dafür entscheiden, den Groll loszulassen und sich auf persönliches Wachstum und das Vorwärtskommen zu konzentrieren.

(4) Die dunkleren und schwierigeren Emotionen, die in den Beziehungen zu uns selbst und zu anderen auftauchen können, zu erkennen und anzusprechen. Beispiel: Wenn in einer romantischen Beziehung Eifersuchtsgefühle aufkommen, sollten Sie sie nicht unterdrücken oder ignorieren, sondern ihnen mit Mut und Mitgefühl begegnen. Denken Sie über die zugrunde liegenden Unsicherheiten oder Ängste nach, die diese Gefühle auslösen, und unternehmen Sie Schritte, um sie anzusprechen und zu heilen.

(5) Erkennen Sie den jedem Menschen innewohnenden Wert und die Menschlichkeit an, unabhängig von seinen Handlungen oder Umständen. Beispiel: Anstatt jemanden aufgrund seiner Fehler in der Vergangenheit oder seiner aktuellen Lebensumstände zu verurteilen, üben Sie sich darin, den ihm innewohnenden Wert zu sehen, indem Sie sein Potenzial für Wachstum und Veränderung anerkennen. Behandeln Sie sie mit Einfühlungsvermögen und Mitgefühl und bieten Sie Unterstützung und Verständnis an.

Wenn wir diese praktischen Schritte umsetzen und die Prinzipien der stoischen Liebe und Empathie in unseren Alltag integrieren, können wir mehr persönliche Zufriedenheit erfahren und tiefere, bedeutungsvollere Beziehungen zu unseren Mitmenschen aufbauen.

7.4. VERGEBUNG UND LOSLASSEN DES GROLLS

Vergebung und das Loslassen von Ressentiments sind entscheidende Elemente sowohl des Stoizismus als auch der Schattenarbeit. Im Stoizismus wird Vergebung als ein Weg gesehen, sich von der Last negativer Emotionen zu befreien, während es in der Schattenarbeit darum geht, die Aspekte von uns selbst anzuerkennen und zu integrieren, die möglicherweise an Ressentiments festhalten.

Bei der Vergebung geht es nicht darum, die Handlungen anderer zu rechtfertigen oder zu entschuldigen, sondern vielmehr darum, uns von dem emotionalen Aufruhr zu befreien, der mit Groll einhergeht. Indem wir vergeben, lösen wir uns von dem Druck, den vergangene

Verletzungen auf uns ausüben, und öffnen uns für Heilung und persönliches Wachstum. So können wir vorwärts gehen, ohne von Wut und Bitterkeit belastet zu sein, was letztlich zu einem größeren Gefühl von Frieden und Wohlbefinden führt.

Im Rahmen der Schattenarbeit bedeuten Vergebung und das Loslassen von Ressentiments, dass wir die Teile von uns selbst erkennen, die an altem Groll oder ungelöstem Schmerz festhalten. Wenn wir diese Schattenaspekte anerkennen und integrieren, können wir anfangen zu heilen und zu wachsen, was zu einem ganzheitlicheren und integrierten Selbstverständnis führt.

Vergebung zu üben und Groll loszulassen kann eine Herausforderung sein, besonders wenn die Wunden tief sind. Es erfordert eine bewusste Anstrengung, Empathie und Verständnis für die Person zu entwickeln, die uns geschadet hat, und anzuerkennen, dass das Festhalten am Groll unser eigenes Leiden nur aufrechterhält.

Eine Möglichkeit, Vergebung zu üben, besteht darin, die Perspektive zu wechseln und zu versuchen, die Situation aus der Sicht der anderen Person zu sehen. Das bedeutet nicht, dass wir das Verhalten des anderen entschuldigen, sondern dass wir uns in die Umstände einfühlen, die sein Handeln beeinflusst haben könnten. Dies kann helfen, das Mitgefühl zu fördern, das für den Prozess der Vergebung unerlässlich ist.

Ein weiterer wichtiger Aspekt der Vergebung ist die Festlegung von Grenzen. Vergebung bedeutet nicht, dass schädliche Verhaltensweisen ohne Konsequenzen fortgesetzt werden dürfen. Es ist wichtig, unser eigenes Wohlergehen und unsere Sicherheit in den Vordergrund zu stellen, und Vergebung kann ein Mittel sein, um den emotionalen Griff, den vergangene Ereignisse auf uns ausüben, zu lösen und gleichzeitig Grenzen zu setzen, um künftigen Schaden zu verhindern.

Um den Groll loszulassen, müssen wir akzeptieren, dass wir die Vergangenheit nicht ändern können, aber wir können kontrollieren, wie wir auf sie reagieren. Diese Erkenntnis kann unglaublich ermutigend sein, denn sie gibt uns die Macht zu entscheiden, wie wir vorwärts kommen wollen.

Vergebung und das Loslassen von Ressentiments sind kraftvolle Praktiken, die unser Leben verändern können. Indem wir diese Praktiken in unser tägliches Leben integrieren, können wir den Einfluss loslassen, den negative Emotionen auf uns ausüben, vergangene Wunden heilen und ein größeres Gefühl von Frieden und Wohlbefinden kultivieren. Dieser Prozess ist sowohl für den Stoizismus als auch für die Schattenarbeit von entscheidender Bedeutung, da er es uns ermöglicht, ein ausgewogeneres und integrierteres Selbstverständnis zu entwickeln, was letztlich zu einem erfüllteren und sinnvolleren Leben führt.

IN DIE PRAXIS UMSETZEN

(1) Entwickeln Sie Einfühlungsvermögen und Verständnis für diejenigen, die Schaden verursacht haben. Beispiel: Wenn uns jemand wehgetan hat, kann es schwierig sein, sich in sein Handeln einzufühlen. Wenn wir uns jedoch bemühen, die Perspektive der Person und die Faktoren, die ihr Verhalten beeinflusst haben, zu verstehen, können wir anfangen, Empathie zu entwickeln. Wenn z. B. ein Freund seine Pläne in letzter Minute absagt, können wir versuchen, uns in seinen vollen Terminkalender oder die unerwarteten Umstände einzufühlen, anstatt Groll zu hegen, was Vergebung und Verständnis fördert.

(2) Setzen Sie Grenzen, um zukünftigen Schaden zu verhindern, während Sie vergeben. Beispiel: Jemandem zu verzeihen bedeutet nicht, ihm zu erlauben, schädliche Verhaltensweisen fortzusetzen. Das Setzen von Grenzen ist für unser Wohlbefinden und unsere Sicherheit unerlässlich. Wenn zum Beispiel ein Kollege häufig die Lorbeeren für unsere Arbeit einheimst, bedeutet Vergebung, dass wir unseren Groll loslassen und gleichzeitig klare Grenzen setzen, um

sicherzustellen, dass unsere Beiträge in Zukunft anerkannt und respektiert werden.

(3) Akzeptieren Sie, dass wir die Vergangenheit nicht ändern können, aber wir können wählen, wie wir darauf reagieren. Beispiel: Um den Groll loszulassen, müssen wir akzeptieren, dass wir die Vergangenheit nicht ändern können. Anstatt in vergangenen Verletzungen zu schwelgen, haben wir die Macht zu wählen, wie wir in der Gegenwart und Zukunft reagieren. Wenn uns beispielsweise ein romantischer Partner betrogen hat, können wir entweder an unserem Groll festhalten oder loslassen und uns darauf konzentrieren, das Vertrauen wiederherzustellen oder eine gesündere Beziehung zu suchen.

(4) Üben Sie sich in Vergebung, um emotionale Turbulenzen loszulassen und persönliches Wachstum zu fördern. Beispiel: Durch Vergebung können wir uns aus dem Griff negativer Emotionen befreien und unser persönliches Wachstum fördern. Wenn z. B. ein Familienmitglied unser Vertrauen missbraucht hat, können wir uns entscheiden, ihm zu vergeben, ohne seine Handlungen zu entschuldigen, aber wir können den Groll loslassen, um uns selbst zu heilen und eine gesündere Beziehung zu fördern.

(5) Kultivieren Sie ein Gefühl des Mitgefühls für diejenigen, die uns verletzt haben. Beispiel: Die Entwicklung von Mitgefühl gegenüber denjenigen, die uns verletzt haben, erleichtert die Vergebung. Wenn wir verstehen, dass die Handlungen von Menschen oft von ihren eigenen Ängsten, Unsicherheiten oder früheren Erfahrungen angetrieben werden, können wir Mitgefühl zeigen. Wenn zum Beispiel ein Freund während eines Streits verletzende Dinge gesagt hat, kann es uns helfen, Vergebung und Verständnis zu entwickeln, wenn wir anerkennen, dass er aufgrund seines eigenen ungelösten Schmerzes um sich schlägt.

7.5. INTEGRATION DER SCHATTENASPEKTE VON LIEBE UND MITGEFÜHL

Die Schattenaspekte der Liebe und des Mitgefühls anzunehmen, ist ein wesentlicher Teil unserer Reise zum persönlichen Wachstum. Es geht darum, die verborgenen und dunkleren Seiten dieser positiven Emotionen zu erkennen und zu akzeptieren. Während wir

Liebe und Mitgefühl oft mit Freundlichkeit und Wärme assoziieren, ist es wichtig anzuerkennen, dass sie auch eine Schattenseite haben können, die sich als Besitzdenken, Co-Abhängigkeit oder Groll manifestiert. Indem wir diese Schattenaspekte integrieren, können wir ein tieferes Verständnis und einen authentischeren Ausdruck von Liebe und Mitgefühl erreichen.

Um damit zu beginnen, die Schattenaspekte von Liebe und Mitgefühl zu integrieren, müssen wir zunächst Selbstmitgefühl üben. Das bedeutet, dass wir unsere eigenen Fehler und Unvollkommenheiten akzeptieren und uns für vergangene Fehler verzeihen. Indem wir unsere eigenen Schattenaspekte mit Freundlichkeit und Verständnis annehmen, können wir ein echtes Gefühl des Mitgefühls für andere entwickeln. Dieser Prozess hilft uns auch zu erkennen, dass jeder Mensch seine eigenen Schattenaspekte hat, und ermöglicht es uns, anderen mit mehr Einfühlungsvermögen und Mitgefühl zu begegnen.

Vergebung und das Loslassen von Ressentiments sind ebenfalls entscheidend für die Integration der Schattenaspekte von Liebe und Mitgefühl. Das Festhalten an Gefühlen des Ärgers oder der Bitterkeit gegenüber anderen schafft Hindernisse für das Erleben und Ausdrücken von echter Liebe und Mitgefühl. Indem wir unsere eigenen Gefühle des Grolls anerkennen und durcharbeiten, können wir unsere Herzen für eine authentischere und bedingungslose Liebe öffnen. Zu diesem Prozess gehört auch, die Schattenaspekte der Liebe wie Eifersucht oder Besitzdenken zu erkennen und anzunehmen und diese Emotionen in gesunde und konstruktive Ausdrücke der Fürsorge und des Mitgefühls zu verwandeln.

Ein weiterer wichtiger Aspekt der Integration der Schattenaspekte von Liebe und Mitgefühl besteht darin, unser Mitgefühl auf andere auszudehnen, selbst unter schwierigen Umständen. Dies kann erfordern, dass wir uns mit unseren eigenen inneren Konflikten und dunkleren Emotionen wie Neid oder Konkurrenz konfrontieren und

Wege finden, diese Gefühle in echte Taten der Freundlichkeit und Unterstützung für andere umzuwandeln. Indem wir diese Schattenaspekte anerkennen und durcharbeiten, können wir tiefere und bedeutungsvollere Beziehungen zu den Menschen um uns herum kultivieren.

Zur Integration der Schattenaspekte von Liebe und Mitgefühl gehört schließlich auch, die Komplexität dieser Emotionen anzunehmen und zu erkennen, dass sie nicht immer rein und positiv sind. Indem wir die Schattenelemente von Liebe und Mitgefühl akzeptieren, entwickeln wir ein ausgewogeneres und realistischeres Verständnis dieser Emotionen. Dadurch können wir uns auf eine authentischere und sinnvollere Weise mit ihnen auseinandersetzen.

Die Reise zur Integration der Schattenaspekte von Liebe und Mitgefühl ist ein transformativer Prozess, der unsere Beziehungen zu uns selbst und anderen vertieft. Indem wir die dunkleren Elemente dieser Emotionen anerkennen und annehmen, kultivieren wir eine aufrichtigere und widerstandsfähigere Liebe und ein Mitgefühl, das auf Selbsterkenntnis, Empathie und Akzeptanz beruht. Dieser Prozess fördert unser persönliches Wachstum und Wohlbefinden und ermöglicht es uns, bedeutungsvollere und mitfühlendere Beziehungen zu unseren Mitmenschen aufzubauen.

IN DIE PRAXIS UMSETZEN

(1) Üben Sie sich in Selbstmitgefühl und erkennen Sie persönliche Schwächen und Unvollkommenheiten an: Indem man freundlich und verständnisvoll mit sich selbst umgeht, kann man ein echtes Gefühl des Mitgefühls für andere entwickeln. Anstatt sich beispielsweise selbst zu kritisieren, weil man bei der Arbeit einen Fehler gemacht hat, kann man die Unvollkommenheit anerkennen und sich selbst Unterstützung und Vergebung anbieten.

(2) Üben Sie sich in Vergebung und lassen Sie Ihre Ressentiments los: Indem man Gefühle von Ärger oder Bitterkeit gegenüber anderen verarbeitet, kann man sein Herz für eine authentischere und bedingungslosere Form der Liebe und des Mitgefühls öffnen. Zum Beispiel kann man sich entscheiden, einem Freund zu vergeben, der einen unbeabsichtigt verletzt hat, und alle negativen Gefühle, die mit dieser Situation verbunden sind, loszulassen.

(3) Zeigen Sie Mitgefühl für andere, auch unter schwierigen Umständen: Indem man sich inneren Konflikten und dunklen Gefühlen stellt, kann man Wege finden, diese Gefühle in echte Taten der Freundlichkeit und Unterstützung für andere umzuwandeln. Wenn man zum Beispiel neidisch auf den Erfolg eines Kollegen ist, kann man ihm aufrichtig gratulieren und bei Bedarf Hilfe anbieten.

(4) Akzeptieren Sie die Komplexität von Liebe und Mitgefühl: Indem man die Schattenseiten dieser Gefühle akzeptiert, kann man ein ausgewogeneres und realistischeres Verständnis von Liebe und Mitgefühl entwickeln. Dies ermöglicht ein authentischeres und sinnvolleres Engagement. Wenn man zum Beispiel erkennt, dass Liebe manchmal von Eifersucht begleitet sein kann, kann man bewusst daran arbeiten, die Eifersucht in Wertschätzung und Unterstützung für die Leistungen des geliebten Menschen umzuwandeln.

(5) Sinnvolle Verbindungen mit sich selbst und anderen kultivieren: Durch die Integration von Schattenaspekten der Liebe und des Mitgefühls können Menschen ihre Beziehungen vertiefen und mitfühlendere Beziehungen aufbauen. Durch Selbsterkenntnis, Einfühlungsvermögen und Akzeptanz kann der Einzelne sein persönliches Wachstum und Wohlbefinden steigern. Indem man sich beispielsweise in Selbstreflexion übt und Empathie gegenüber den Erfahrungen anderer zum Ausdruck bringt, kann man sinnvollere Beziehungen in Freundschaften und Liebesbeziehungen aufbauen.

8. Sinn und Zweck finden: Stoische Eudaimonia und Schattenerkundung

8.1. Entdecken Sie Ihre wahre Bestimmung

Einer der grundlegenden Aspekte des Stoizismus und der Schattenarbeit ist das Streben nach Eudaimonia, also echtem Glück und echter Erfüllung. In diesem Abschnitt werden wir den Prozess der Entdeckung Ihres authentischen Lebenszwecks und dessen Übereinstimmung mit Ihren innersten Werten untersuchen.

Um sich auf die Reise zur Entdeckung Ihrer authentischen Bestimmung zu begeben, ist es wichtig, sich mit sich selbst zu beschäftigen und sich zu prüfen. Dazu gehört, dass Sie sich die Zeit nehmen, Ihre Überzeugungen, Leidenschaften und Wünsche zu untersuchen und über die Erfahrungen und Momente nachzudenken, die Ihnen die größte Freude und Erfüllung gebracht haben. Indem Sie in sich gehen und sich Klarheit darüber verschaffen, was Ihnen wirklich wichtig ist, können Sie beginnen, die zugrunde liegenden Themen und Werte aufzudecken, die mit Ihrer authentischen Bestimmung übereinstimmen.

Darüber hinaus spielt die Ausrichtung auf Ihre Werte eine zentrale Rolle beim Streben nach

Eudaimonia. Indem Sie die Tugenden und Prinzipien identifizieren, die Ihnen am wichtigsten sind, können Sie beginnen, ein Leben zu gestalten, das mit diesen Werten in Einklang steht. Wenn für Sie beispielsweise Ehrlichkeit und Integrität an erster Stelle stehen, können Sie nach Gelegenheiten suchen, die es Ihnen ermöglichen, diese Tugenden sowohl in Ihrem Privat- als auch in Ihrem Berufsleben zu verkörpern. Indem Sie Ihr Handeln bewusst an Ihren Grundwerten ausrichten, können Sie ein Gefühl von Sinn und Erfüllung kultivieren, das eine tiefe Bedeutung für Sie hat.

Ein eudaimonisches Leben zu führen bedeutet auch, existenzielle Hindernisse zu überwinden, wie z. B. Ängste und Zweifel, die Ihr Gefühl für Sinn und Erfüllung trüben können. Diese Hindernisse können sich als selbstbeschränkende Überzeugungen, Impostersyndrom oder Versagensangst äußern. Indem Sie diese Hindernisse anerkennen und angehen, können Sie beginnen, sich aus ihrem Griff zu befreien und Platz für ein authentischeres und zielorientierteres Leben zu schaffen.

Es ist wichtig zu erkennen, dass die Reise zur Entdeckung Ihrer authentischen Bestimmung ein fortlaufender und sich ständig weiterentwickelnder Prozess ist. In dem Maße, in dem Sie wachsen und sich weiterentwickeln, kann sich auch Ihr Sinn für Ihre Ziele und das, was Ihnen am wichtigsten ist, verändern. Wenn Sie sich mit offenem Geist und offenem Herzen auf den Prozess der Selbstfindung einlassen, können Sie Ihre authentische Bestimmung immer weiter verfeinern und in Einklang mit ihr bringen.

Zur Veranschaulichung des Konzepts der Entdeckung der eigenen authentischen Bestimmung sei hier die Geschichte von Sarah erzählt, einer erfolgreichen Führungskraft, die sich trotz ihrer beruflichen Erfolge unerfüllt fühlte. Durch Selbstbeobachtung und Selbstreflexion entdeckte sie, dass ihre wahre Leidenschaft in der Betreuung und Förderung junger Fachkräfte lag. Indem sie sich an ihrem Kernwert orientierte, etwas Positives zu bewirken, wechselte Sarah in eine Rolle, die es ihr ermöglichte, andere in ihrem persönlichen und beruflichen Wachstum zu inspirieren und zu unterstützen. Diese Veränderung brachte ihr nicht nur tiefe

Erfüllung, sondern ermöglichte es ihr auch, ein zielgerichtetes Leben zu führen, das mit ihren authentischen Werten übereinstimmt.

Die Entdeckung Ihrer authentischen Bestimmung ist eine zutiefst persönliche und transformative Reise. Durch Selbstreflexion, Ausrichtung auf Ihre Werte und Überwindung existenzieller Hindernisse können Sie ein Gefühl von Sinn und Erfüllung entwickeln, das mit Ihrem wahren Wesen übereinstimmt. Dieser Prozess ist fortlaufend und kann sich im Laufe der Zeit weiterentwickeln, aber wenn Sie sich auf die Reise der Selbstentdeckung einlassen, können Sie ein Leben kultivieren, das zutiefst bedeutungsvoll ist und mit Ihrer authentischen Bestimmung übereinstimmt.

IN DIE PRAXIS UMSETZEN

(1) Führen Sie eine Selbstreflexion und Selbstbeobachtung durch. Beispiel: Nehmen Sie sich jeden Tag Zeit, um über Ihre Überzeugungen, Leidenschaften und Wünsche nachzudenken. Schreiben Sie ein Tagebuch oder meditieren Sie, um Klarheit und Einsicht in das zu gewinnen, was Ihnen wirklich wichtig ist.

(2) Ermitteln Sie übergreifende Themen und Werte, die mit Ihrem wahren Ziel übereinstimmen. Beispiel: Erstellen Sie eine Liste der Erfahrungen und Momente, die Ihnen am meisten Freude und Erfüllung gebracht haben. Suchen Sie nach Mustern und Themen, die sich herauskristallisieren, z. B. die Leidenschaft, anderen zu helfen, oder der Wunsch nach Kreativität, und nutzen Sie diese als Leitprinzipien für Ihre Entscheidungen.

(3) Bestimmen Sie Ihre Grundwerte und richten Sie Ihr Handeln danach aus. Beispiel: Denken Sie über die Tugenden und Prinzipien nach, die Ihnen am wichtigsten sind, wie z. B. Ehrlichkeit, Integrität oder Mitgefühl. Suchen Sie nach Möglichkeiten, diese Werte in Ihrem Privat- und Berufsleben zum Ausdruck zu bringen, sei es durch ehrenamtliche Arbeit, durch das Eintreten für Dinge, an die Sie glauben, oder durch die Suche nach einem Job, der Ihren Werten entspricht.

(4) Existenzielle Schatten ansprechen und überwinden. Beispiel: Erkennen Sie alle Ängste, selbsteinschränkenden Überzeugungen oder Zweifel, die Sie davon abhalten, ein zielgerichtetes Leben zu

führen. Ergreifen Sie Maßnahmen, um diese Schatten herauszufordern und zu überwinden, z. B. eine Therapie zu machen, sich in Selbstmitgefühl zu üben oder kleine Risiken einzugehen, um Vertrauen aufzubauen.

(5) Lassen Sie sich mit offenem Geist und Herz auf den Prozess der Selbstentdeckung ein. Beispiel: Betrachten Sie die Reise zur Entdeckung Ihrer wahren Bestimmung als einen fortlaufenden und sich entwickelnden Prozess. Erlauben Sie sich, neue Interessen zu erforschen, neue Erfahrungen auszuprobieren, und seien Sie offen dafür, Ihren Sinn zu ändern, wenn Sie als Person wachsen und sich entwickeln. Umarmen Sie das Unbekannte und vertrauen Sie auf Ihre Fähigkeit, den Weg zu einem erfüllten Leben zu finden.

(6) Suchen Sie nach Gelegenheiten, bei denen Sie Ihre wahre Bestimmung zum Ausdruck bringen können. Beispiel: Suchen Sie aktiv nach Möglichkeiten, Ihre Leidenschaften und Werte in Ihr tägliches Leben einzubringen. Dies könnte bedeuten, dass Sie sich ehrenamtlich für eine Sache engagieren, die Ihnen am Herzen liegt, ein Nebenprojekt starten, das mit Ihrer wahren Bestimmung zu tun hat, oder eine Karriere anstreben, die mit Ihren Werten übereinstimmt und es Ihnen ermöglicht, einen positiven Einfluss auszuüben.

(7) Verfeinern Sie sich ständig und richten Sie sich auf Ihr wahres Ziel aus. Beispiel: Überprüfen Sie regelmäßig Ihre Ziele, Werte und Sinnhaftigkeit. Denken Sie darüber nach, ob Ihre derzeitigen Handlungen und Entscheidungen mit Ihrem wahren Selbst übereinstimmen, und nehmen Sie gegebenenfalls Anpassungen vor. Denken Sie daran, dass die Entdeckung Ihrer wahren Bestimmung eine lebenslange Reise ist, und dass es in Ordnung ist, auf dem Weg dorthin Änderungen vorzunehmen.

8.2. AUSRICHTEN AN IHREN WERTEN

Die Ausrichtung auf unsere Werte ist ein entscheidender Bestandteil eines erfüllten und zielgerichteten Lebens, wie im Buch "Stoic and Shadow Work" dargelegt wird. Wenn wir unsere Gedanken, Handlungen und Entscheidungen mit unseren Grundwerten in Einklang bringen, schaffen wir einen Weg zu einem sinnvolleren Leben. Dieser Prozess beinhaltet eine tiefe Selbstbeobachtung und Selbstreflexion, um zu verstehen, was uns wirklich wichtig ist und wie wir diese Werte in unserem täglichen Leben verkörpern können.

Um uns auf unsere Werte auszurichten, müssen wir zunächst herausfinden, was für uns am wichtigsten ist. Dazu können Eigenschaften wie Ehrlichkeit, Mitgefühl, Integrität, Mut oder Widerstandsfähigkeit gehören. Es kann sich auch um Prinzipien wie Gerechtigkeit, Gleichheit, Freiheit oder Nachhaltigkeit handeln. Nehmen Sie sich die Zeit, über diese Werte nachzudenken und zu überlegen, warum sie für Sie von Bedeutung sind. Vielleicht ist Ehrlichkeit wichtig, weil sie Vertrauen und sinnvolle Verbindungen fördert, oder vielleicht ist Gerechtigkeit für Sie von Bedeutung, weil Sie an Fairness und Gleichheit für alle glauben.

Sobald wir ein klares Verständnis unserer Werte haben, besteht der nächste Schritt darin, zu bewerten, wie gut unser derzeitiger Lebensstil und unsere Entscheidungen mit ihnen übereinstimmen. Leben wir so, dass es mit unseren Werten übereinstimmt, oder gibt es Bereiche, in denen wir Kompromisse eingehen oder vernachlässigen, was uns wirklich wichtig ist? Wenn z. B. Mitgefühl ein zentraler Wert ist, überlegen Sie, wie Sie im Umgang mit anderen Mitgefühl zeigen. Wenn Ihnen Nachhaltigkeit wichtig ist, denken Sie über Ihre Auswirkungen auf die Umwelt und Ihre Entscheidungen in Bezug auf Verbrauch und Abfall nach.

Die Ausrichtung auf unsere Werte erfordert auch, dass wir bewusst Entscheidungen treffen, die diese Grundsätze aufrechterhalten und ehren. Dazu kann es gehören, Grenzen zu setzen, die mit unseren Werten übereinstimmen, für Anliegen einzutreten, die mit unseren Überzeugungen übereinstimmen, oder Entscheidungen zu treffen, die unser Engagement widerspiegeln, im Einklang mit dem zu leben, was uns wichtig ist. Es kann auch bedeuten, dass wir uns aus Situationen oder Beziehungen zurückziehen, die mit unseren Werten in Konflikt stehen, auch wenn es uns herausfordert.

Darüber hinaus veranlasst uns die Ausrichtung an unseren Werten dazu, unsere Entscheidungen im Lichte unserer Grundsätze kontinuierlich zu bewerten und zu verfeinern. Dieser fortlaufende Prozess der Reflexion und Anpassung stellt sicher, dass wir authentisch und im Einklang mit dem leben, was uns wichtig ist. Wenn wir neuen Erfahrungen und Herausforderungen begegnen, ist es wichtig zu überlegen, wie sie mit unseren Werten übereinstimmen und wie wir auf eine Weise reagieren können, die mit dem übereinstimmt, was uns am wichtigsten ist.

Indem wir uns an unseren Werten ausrichten, kultivieren wir ein Gefühl der Integrität und Authentizität in unserem Leben. Diese Ausrichtung dient auch als Kompass, der unsere Entscheidungen und Handlungen auf unser wahres Selbst ausrichtet. Wenn wir in unseren Werten verwurzelt sind, sind wir besser gerüstet, um die Komplexität des Lebens mit Klarheit und Zielstrebigkeit zu meistern.

Insgesamt ist der Prozess der Ausrichtung auf unsere Werte ein grundlegender Aspekt der stoischen und der Schattenarbeit, da er uns in die Lage versetzt, ein Leben zu führen, das mit unseren tiefsten Überzeugungen übereinstimmt. Diese Ausrichtung befähigt uns, Entscheidungen zu treffen, die mit unserem wahren Selbst in Einklang stehen und ein Gefühl der Erfüllung und des inneren Friedens fördern. Es ist eine fortlaufende Reise der Selbstentdeckung und Selbstbestätigung, die zu einem sinnvolleren und zielgerichteteren Leben führen kann.

IN DIE PRAXIS UMSETZEN

(1) Ermitteln Sie Ihre Grundwerte: Nehmen Sie sich die Zeit, darüber nachzudenken, was Ihnen wirklich wichtig ist, z. B. Ehrlichkeit, Mitgefühl, Gerechtigkeit oder Nachhaltigkeit. Überlegen Sie, warum diese Werte für Sie von Bedeutung sind und wie sie Ihr Handeln und Ihre Entscheidungen leiten können.

Beispiel: Identifizieren Sie Ehrlichkeit als einen zentralen Wert und überlegen Sie, wie Sie ihn in Ihrem täglichen Leben verkörpern können. Üben Sie offene und transparente Kommunikation, sowohl in persönlichen als auch in beruflichen Beziehungen, um Vertrauen und sinnvolle Verbindungen zu fördern.

(2) Bewerten Sie die Übereinstimmung mit Ihren Werten: Beurteilen Sie, wie gut Ihr derzeitiger Lebensstil und Ihre Entscheidungen mit Ihren Grundwerten übereinstimmen. Gibt es Bereiche, in denen Sie Kompromisse eingehen oder vernachlässigen, was Ihnen wirklich wichtig ist? Beispiel: Wenn Nachhaltigkeit zu Ihren Grundwerten gehört, sollten Sie die Auswirkungen auf die Umwelt prüfen. Überlegen Sie, wie Sie Abfall reduzieren, Recycling praktizieren und sich für einen nachhaltigen Konsum entscheiden, z. B. durch die Nutzung erneuerbarer Energiequellen.

(3) Treffen Sie bewusste Entscheidungen: Entscheiden Sie sich aktiv dafür, Entscheidungen zu treffen und Maßnahmen zu ergreifen, die Ihre Werte ehren und aufrechterhalten. Dazu kann es gehören, Grenzen zu setzen, sich für Dinge einzusetzen, die mit Ihren Überzeugungen übereinstimmen, oder Entscheidungen zu treffen, die Ihr Engagement widerspiegeln, im Einklang mit dem zu leben, was Ihnen wichtig ist. Beispiel: Wenn Gerechtigkeit ein zentraler Wert ist, unterstützen Sie aktiv Initiativen oder Organisationen, die sich für Gleichberechtigung und Fairness einsetzen, z. B. indem Sie sich ehrenamtlich für eine Menschenrechtskampagne engagieren oder an Programmen zur Förderung der Gemeinschaft teilnehmen.

(4) Reflektieren und anpassen: Bewerten und verfeinern Sie Ihre Entscheidungen ständig im Hinblick auf Ihre Werte. Denken Sie regelmäßig darüber nach, inwieweit Ihre Handlungen mit Ihren Grundsätzen übereinstimmen, und nehmen Sie gegebenenfalls Anpassungen vor, um sicherzustellen, dass Sie authentisch und im Einklang mit dem leben, was Ihnen am wichtigsten ist. Beispiel: Wenn Sie mit neuen Erfahrungen oder Herausforderungen konfrontiert werden, überlegen Sie, inwieweit diese mit Ihren Werten übereinstimmen, und reagieren Sie auf eine Weise, die mit dem übereinstimmt, was Ihnen wichtig ist. Wenn eine Situation im Widerspruch zu Ihren Werten steht, unternehmen Sie die

notwendigen Schritte, um sie zu bewältigen oder sich von ihr zu lösen, auch wenn dies schwierig sein mag.

(5) Kultivieren Sie Integrität und Authentizität: Wenn Sie sich an Ihren Werten orientieren, kultivieren Sie ein Gefühl der Integrität und Authentizität in Ihrem Leben. Sie dient als Kompass, der Ihre Entscheidungen und Handlungen in eine Richtung lenkt, die mit Ihrem wahren Selbst übereinstimmt. Beispiel: Wenn Sie vor einer Entscheidung stehen, nehmen Sie sich einen Moment Zeit, um über Ihre Grundwerte nachzudenken und darüber, wie jede Wahl mit ihnen in Einklang steht. Entscheiden Sie sich für die Option, die Ihren Werten entspricht und sich mit Ihrem authentischen Selbst in Einklang bringt.

(6) Mit Klarheit und Zielsetzung durch die Komplexität des Lebens navigieren: Ein Leben in Übereinstimmung mit Ihren Werten gibt Ihnen ein Gefühl von Klarheit und Zielsetzung und ermöglicht es Ihnen, die Komplexität des Lebens mit Zuversicht und Orientierung zu meistern. Beispiel: Wenn Sie mit herausfordernden Situationen oder Interessenkonflikten konfrontiert werden, lassen Sie sich von Ihren Werten leiten, um Entscheidungen zu treffen, die mit Ihrem wahren Selbst übereinstimmen und Ihnen ein Gefühl der Erfüllung und des inneren Friedens vermitteln.

(7) Beschäftigen Sie sich kontinuierlich mit Selbsterkenntnis und Selbstbestätigung: Der Prozess der Anpassung an Ihre Werte ist eine ständige Reise der Selbstentdeckung und Selbstbestätigung. Nehmen Sie diese Reise an und erlauben Sie ihr, zu einem sinnvolleren und zielgerichteteren Leben beizutragen. Beispiel: Führen Sie regelmäßig Selbstreflexion, Tagebuch oder Achtsamkeitsübungen durch, um Ihr Verständnis für Ihre Werte und deren Rolle in Ihrem Leben zu vertiefen. Suchen Sie nach Möglichkeiten für persönliches Wachstum und Lernen, die mit Ihren Grundwerten in Einklang stehen.

8.3. EIN EUDAIMONIA-LEBEN FÜHREN

Eudaimonia, ein Konzept, das tief in der stoischen Philosophie verwurzelt ist, umfasst die Idee des "menschlichen Gedeihens" - ein Leben, das mit wahrem Glück und Erfüllung erfüllt ist. Dabei geht es nicht nur darum, Vergnügen zu suchen oder Schmerz zu vermeiden, sondern vielmehr darum, unsere Werte, Tugenden und das Streben nach Zweck und Sinn in Einklang zu bringen. Wenn es um Schattenarbeit geht, bedeutet ein Leben in Eudaimonia, dass wir die Schatten, die uns auf dem Weg zur Entfaltung behindern könnten, annehmen und integrieren.

Um ein eudaimonia-Leben zu führen, müssen wir zunächst unsere wahre Bestimmung entdecken. Dazu gehört eine tiefe Selbstbeobachtung, Selbstreflexion und die Erkundung dessen, was uns wirklich wichtig ist. Indem wir uns an unseren Werten orientieren und die Aktivitäten und Unternehmungen identifizieren, die uns ein Gefühl von Sinn und Erfüllung geben, können wir beginnen, ein Leben zu gestalten, das mit unserem authentischen Selbst in Einklang steht.

Sobald wir unsere Bestimmung gefunden haben, besteht der nächste Schritt darin, die für die Eudaimonia wesentlichen Tugenden zu kultivieren: Weisheit, Mut, Gerechtigkeit und Mäßigung. Indem wir diese Tugenden in unserem täglichen Leben verkörpern, können wir die Herausforderungen und Komplexitäten der Welt mit Integrität und moralischer Stärke bewältigen. Im Bereich der Schattenarbeit bedeutet dies auch, die Schattenaspekte dieser Tugenden zu erkennen und zu integrieren und anzuerkennen, dass wir alle die Fähigkeit zu sowohl Licht als auch Dunkelheit in uns tragen.

Ein eudaimonia-Leben zu führen erfordert auch, dass wir uns den existenziellen Schatten stellen - den tieferen Ängsten und Befürchtungen, die uns daran hindern können, uns zu entfalten. Indem wir diese existenziellen Schatten anerkennen und uns ihnen stellen, können wir die Widerstandskraft und Stärke finden, um authentisch und mit einem Sinn für das Wesentliche zu leben.

Darüber hinaus spielt Dankbarkeit eine wichtige Rolle für ein eudaimonia-Leben. Die Kultivierung eines Gefühls der Wertschätzung für die einfachen Freuden des Lebens sowie für die Herausforderungen, die Chancen für Wachstum bieten, ermöglicht es uns, Freude und Zufriedenheit im gegenwärtigen Moment zu finden. Im Kontext der Schattenarbeit bedeutet dies auch, die Schattenaspekte der Dankbarkeit anzuerkennen und zu akzeptieren, einschließlich der Momente der Dunkelheit, die uns geprägt haben, und der Herausforderungen, die zu unserem persönlichen Wachstum beigetragen haben.

Schließlich ist die Aufrechterhaltung von Wachstum und Integration eine kontinuierliche Reise. Sie erfordert, dass wir über unsere Fortschritte nachdenken, eine tägliche Praxis der Selbstreflexion und Achtsamkeit aufrechterhalten und die Unterstützung einer Gemeinschaft von Gleichgesinnten suchen. Indem wir erkennen, dass der Weg zu Eudaimonia nicht immer linear verläuft und Rückschläge und Herausforderungen Teil des Prozesses sind, können wir die nötige Widerstandsfähigkeit und Ausdauer entwickeln, um weiter voranzukommen.

Im Wesentlichen geht es bei einem Leben mit Eudaimonia darum, das gesamte Spektrum der menschlichen Erfahrung anzunehmen, einschließlich der Schatten, die in uns existieren. Indem wir unsere Schatten integrieren, anerkennen und mit ihnen arbeiten, können wir ein Leben von echtem Glück, Sinn und Erfüllung kultivieren. Dieser Prozess ist nicht einfach, aber es lohnt sich, sich auf diese Reise zu begeben - zu unserem eigenen Gedeihen und zum Wohle der Menschen um uns herum.

IN DIE PRAXIS UMSETZEN

(1) Führen Sie eine tiefe Selbstbeobachtung und Selbstreflexion durch, um Ihre wahre Bestimmung zu entdecken. Beispiel: Nehmen Sie sich Zeit für Selbstreflexion, Tagebuchführung und Meditation, um Ihre Werte und Leidenschaften zu erkunden und herauszufinden, was Ihnen wirklich Sinn und Erfüllung gibt. Stellen Sie sich Fragen wie "Was sind meine Grundwerte? Bei welchen Aktivitäten oder Beschäftigungen fühle ich mich lebendig und zielgerichtet?"

(2) Identifizieren Sie Ihre Werte und Tugenden und richten Sie sie im täglichen Leben aus. Beispiel: Erstellen Sie eine Liste Ihrer Grundwerte und Tugenden, wie z. B. Weisheit, Mut, Gerechtigkeit und Mäßigung. Geben Sie diesen Werten bei Ihren Entscheidungen den Vorrang und bemühen Sie sich, sie in Ihren Interaktionen und Handlungen zu verkörpern. Wenn Ihnen z. B. Gerechtigkeit wichtig ist, suchen Sie aktiv nach Möglichkeiten, sich gegen Ungerechtigkeit zu wehren und Fairness zu fördern.

(3) Erkennen Sie die Schattenaspekte der Tugenden und Werte an und integrieren Sie sie. Beispiel: Erkennen Sie, dass Tugenden und Werte Schattenaspekte oder potenzielle Fallstricke haben. Zum Beispiel kann Weisheit in Arroganz oder übermäßige Skepsis umschlagen, während Mut zu Leichtsinn führen kann. Denken Sie darüber nach, wie sich diese Schattenaspekte in Ihrem Leben manifestieren können, und bemühen Sie sich, ein Gleichgewicht zu finden, das die positiven Aspekte umfasst und die negativen abmildert.

(4) Sich den existenziellen Schatten stellen und sie überwinden, die Sie daran hindern, sich zu entfalten. Beispiel: Erkennen und konfrontieren Sie Ihre tieferen Ängste und Befürchtungen, die Sie möglicherweise daran hindern, authentisch und zielgerichtet zu leben. Ziehen Sie in Erwägung, eine Therapie oder ein Coaching in Anspruch zu nehmen, um sich mit diesen existenziellen Schatten auseinanderzusetzen und sie zu bewältigen.

(5) Kultivieren Sie Dankbarkeit sowohl für die einfachen Freuden als auch für die Herausforderungen des Lebens. Beispiel: Üben Sie sich in Dankbarkeit, indem Sie regelmäßig über die Momente der Freude, des Wachstums und der Lernmöglichkeiten nachdenken, die sowohl positive Erfahrungen als auch Herausforderungen mit sich bringen, und ihre Wertschätzung zum Ausdruck bringen. Dazu könnte das Führen eines Dankbarkeitstagebuchs oder das Ausdrücken von Dankbarkeit gegenüber anderen für deren Unterstützung und Beiträge zu Ihrem Wachstum gehören.

(6) Pflegen Sie eine tägliche Praxis der Selbstreflexion und Achtsamkeit. Beispiel: Nehmen Sie sich jeden Tag Zeit für Selbstreflexion und Achtsamkeitsübungen wie Meditation,

Tagebuchschreiben oder tiefe Atemübungen. Diese Praktiken können Ihnen helfen, mit Ihrem inneren Selbst in Verbindung zu bleiben, Selbstbewusstsein zu entwickeln und Ihre Fähigkeit zu verbessern, bewusste Entscheidungen zu treffen, die mit Ihren Zielen und Werten übereinstimmen.

(7) Suchen Sie Unterstützung durch eine Gemeinschaft von Gleichgesinnten. Beispiel: Schließen Sie sich einer Gruppe oder Gemeinschaft von Menschen an, die ebenfalls auf dem Weg sind, ein eudaimonia-Leben zu führen. Führen Sie Gespräche, tauschen Sie Erfahrungen aus und lernen Sie von den Einsichten und Perspektiven der anderen. Dies kann emotionale Unterstützung, Verantwortlichkeit und Möglichkeiten für Wachstum und Lernen bieten.

(8) Nehmen Sie Rückschläge und Herausforderungen als Teil des Weges zur Eudaimonia an. Beispiel: Erkennen Sie, dass Rückschläge und Herausforderungen im Leben unvermeidlich und Teil des Wachstumsprozesses sind. Betrachten Sie sie nicht als Misserfolge, sondern als Gelegenheiten zum Lernen und zur persönlichen Entwicklung. Üben Sie sich in Widerstandsfähigkeit und Ausdauer, indem Sie eine wachstumsorientierte Denkweise beibehalten und sich auch angesichts von Schwierigkeiten weiterhin für Ihre Ziele und Werte einsetzen.

8.4. ÜBERWINDUNG EXISTENZIELLER SCHATTEN

Existenzielle Schatten sind die tief verwurzelten Ängste und Unsicherheiten, die entstehen, wenn wir über den Sinn des Lebens und unseren Platz in der Welt nachdenken. Diese Schatten können sich als Gefühle der Leere, der Isolation und des Gefühls der Hoffnungslosigkeit angesichts der tiefgreifenden Fragen des Lebens manifestieren. Wenn wir uns jedoch die Prinzipien des Stoizismus zu eigen machen und uns auf die Schattenarbeit einlassen, können wir lernen, diesen existenziellen Schatten mit Widerstandskraft und Weisheit zu begegnen und sie zu überwinden.

Der erste Schritt zur Überwindung existenzieller Schatten besteht in einer tiefgreifenden Selbstreflexion und Selbstbeobachtung. Indem wir uns mit unseren Überzeugungen, Werten und Ängsten in Bezug auf unsere Existenz auseinandersetzen, können wir beginnen, die Ursachen für unsere existenziellen Schatten aufzudecken. Dieser Prozess der Selbstreflexion erfordert Mut und Verletzlichkeit, da er uns mit unbequemen Wahrheiten über unsere Ängste und Unsicherheiten konfrontieren kann. Indem wir jedoch Licht in diese Schatten bringen, können wir beginnen, sie zu verstehen und auf ihre Überwindung hinzuarbeiten.

Die stoische Philosophie bietet mächtige Werkzeuge, um unsere existenziellen Schatten zu überdenken und einen Sinn in unserem Leben zu entdecken. Die Stoiker betonten die Bedeutung eines Lebens in Übereinstimmung mit unseren Werten und Tugenden, unabhängig von den äußeren Umständen. Indem wir uns auf das konzentrieren, was in unserer Kontrolle liegt - unsere Gedanken, Handlungen und Einstellungen - können wir ein Gefühl von Sinn und Bedeutung kultivieren, das über die existenzielle Leere hinausgeht. Dankbarkeit üben, Tugendhaftigkeit annehmen und Eudaimonia (Wohlstand) anstreben - all das sind Wege, auf denen der Stoizismus uns

dabei helfen kann, unsere existenziellen Schatten zu navigieren und zu überwinden.

Darüber hinaus ermutigt uns die Schattenarbeit dazu, die existenziellen Schatten in uns anzuerkennen und zu integrieren. Anstatt diese Ängste zu unterdrücken oder zu verleugnen, können wir lernen, sie als natürliche Bestandteile der menschlichen Erfahrung anzunehmen. Indem wir unsere existenziellen Schatten anerkennen, können wir uns bewusst und absichtlich mit ihnen auseinandersetzen, wodurch wir unsere Ängste in Quellen der Weisheit und des Wachstums verwandeln können. Dieser Prozess der Integration ermöglicht es uns, inmitten der existenziellen

Unsicherheiten des Lebens ein tieferes Gefühl von Frieden und Akzeptanz zu finden.

Darüber hinaus erfordert die Konfrontation mit existenziellen Schatten und deren Überwindung die Kultivierung von Widerstandsfähigkeit und mentaler Zähigkeit. Die stoischen Grundsätze, Widrigkeiten mit Mut und Widerstandskraft zu begegnen, können auf unsere existenziellen Kämpfe angewandt werden. Indem wir die Vergänglichkeit des Lebens anerkennen und die unvermeidlichen Unwägbarkeiten annehmen, können wir eine innere Stärke und Widerstandsfähigkeit entwickeln, die uns befähigt, unseren existenziellen Schatten mit Tapferkeit zu begegnen.

Durch die Einbeziehung der Erkenntnisse des Stoizismus und der Schattenarbeit können wir uns auf eine transformative Reise begeben, um unsere existenziellen Schatten zu überwinden und einen tieferen Sinn für den Zweck und die Bedeutung unseres Lebens zu entdecken. Diese Reise erfordert die Bereitschaft, sich mit unseren Ängsten und Unsicherheiten auseinanderzusetzen, die Verpflichtung, im Einklang mit unseren Werten und Tugenden zu leben, und die Kultivierung von Widerstandsfähigkeit angesichts der existenziellen Herausforderungen des Lebens. Wenn wir uns mit offenem Herzen und einer stoischen Haltung auf diese Reise begeben, können wir unsere existenziellen Schatten überwinden und ein größeres Gefühl von Frieden und Erfüllung in unserem Leben finden.

IN DIE PRAXIS UMSETZEN

(1) Führen Sie eine tiefgehende Selbstreflexion und Selbstbeobachtung durch Beispiel: Nehmen Sie sich jeden Tag Zeit, um über Ihre Überzeugungen, Werte und Ängste in Bezug auf Ihre Existenz nachzudenken. Erkennen Sie alle Muster oder wiederkehrenden Themen, die zu Ihren existenziellen Schatten beitragen können. Schreiben Sie Ihre Gedanken und Gefühle auf, um ein tieferes Verständnis für sich selbst zu gewinnen und den Prozess der Überwindung dieser Schatten zu beginnen.

(2) Machen Sie sich die stoische Philosophie zu eigen und konzentrieren Sie sich auf das, was Sie unter Kontrolle haben Beispiel: Wenn Sie mit existenziellen Fragen oder Ungewissheiten

konfrontiert werden, sollten Sie sich auf das konzentrieren, was Sie kontrollieren können – Ihre Gedanken, Handlungen und Haltungen. Anstatt sich vom großen Ganzen überwältigen zu lassen, zerlegen Sie es in kleinere Aktionen, die mit Ihren Werten und Tugenden übereinstimmen. Wenn Sie zum Beispiel den Sinn des Lebens in Frage stellen, konzentrieren Sie sich darauf, im täglichen Umgang mit anderen freundlich und mitfühlend zu sein.

(3) Üben Sie sich in Dankbarkeit und streben Sie nach eudaimonia (Wohlstand) Beispiel: Nehmen Sie sich jeden Tag ein paar Minuten Zeit, um über die Dinge nachzudenken, für die Sie in Ihrem Leben dankbar sind. Schreiben Sie sie auf oder teilen Sie sie mit einem geliebten Menschen. Diese Übung kann dazu beitragen, den Fokus von existenziellen Fragen auf die Wertschätzung des gegenwärtigen Augenblicks zu verlagern. Bemühen Sie sich außerdem bewusst um Aktivitäten und Erfahrungen, die Ihnen Freude und Erfüllung bringen, und tragen Sie so zu Ihrer allgemeinen Eudaimonie bei.

(4) Erkennen Sie Ihre existenziellen Schatten an und integrieren Sie sie Beispiel: Anstatt Ihre Ängste und Unsicherheiten zu unterdrücken oder zu verleugnen, sollten Sie sie offen zugeben und erforschen. Führen Sie Gespräche mit vertrauenswürdigen Freunden oder wenden Sie sich an einen Therapeuten oder Coach, der Ihnen hilft, mit diesen Schatten umzugehen. Indem Sie sie als einen natürlichen Teil Ihrer menschlichen Erfahrung annehmen und integrieren, können Sie sie in Quellen der Weisheit und des persönlichen Wachstums verwandeln.

(5) Kultivieren Sie Widerstandsfähigkeit und mentale Zähigkeit Beispiel: Erinnern Sie sich bei existenziellen Herausforderungen an die Vergänglichkeit des Lebens und an die Unvermeidbarkeit von Unsicherheit. Üben Sie sich in Resilienz, indem Sie nach Möglichkeiten der persönlichen Entwicklung und des Wachstums suchen. Setzen Sie sich kleine Ziele, bei denen Sie aus Ihrer Komfortzone heraustreten müssen, und bauen Sie so allmählich mentale Stärke und die Fähigkeit auf, Ihren existenziellen Schatten mit Kraft und Ausdauer zu begegnen.

(6) Umarmen Sie die transformative Reise Beispiel: Gehen Sie Ihre Reise zur Überwindung existenzieller Schatten mit offenem Herzen

und einer stoischen Haltung an. Nehmen Sie das Unbehagen und die Ungewissheit an, die mit Selbstreflexion und persönlichem Wachstum einhergehen. Betrachten Sie sie als eine Gelegenheit, einen tieferen Sinn und eine tiefere Bedeutung in Ihrem Leben zu finden. Bleiben Sie Ihren Werten und Tugenden treu und denken Sie daran, dass der Prozess selbst ein wichtiger Teil der Reise zu Frieden und Erfüllung ist.

8.5. INTEGRATION DER SCHATTENASPEKTE VON ZWECK UND BEDEUTUNG

Der Prozess der Integration der Schattenaspekte von Zweck und Bedeutung spielt eine entscheidende Rolle auf unserer Reise der Selbstfindung und des persönlichen Wachstums. Während viele von uns ermutigt werden, nach dem Sinn und Zweck ihres Lebens zu suchen, übersehen wir oft die versteckten Herausforderungen, die mit diesem Streben einhergehen. Zu diesen Herausforderungen können Gefühle der Ziellosigkeit, existenzielle Verzweiflung oder eine tief verwurzelte Angst vor dem Versagen bei der Erfüllung unserer Aufgabe gehören. In der Philosophie des Stoizismus und der Schattenarbeit ist es wesentlich, diese Schattenaspekte anzuerkennen und anzunehmen, um Erfüllung und Authentizität in unserem Leben zu finden.

Um die Schattenaspekte von Sinn und Zweck wirklich zu verstehen und zu integrieren, ist es wichtig, sich mit einer tiefen Selbstreflexion und Selbstbeobachtung zu beschäftigen. Dazu gehört, dass wir die zugrundeliegenden Ängste und Unsicherheiten erforschen, die uns möglicherweise daran hindern, unsere Ziele mit Klarheit und Überzeugung zu verfolgen. Indem wir uns das stoische Prinzip der Selbsterkenntnis zu eigen machen und diese Schattenaspekte anerkennen, können wir beginnen, die Ursachen unserer existenziellen Kämpfe zu entschlüsseln und an ihrer Lösung zu arbeiten.

Darüber hinaus erfordert die Integration der Schattenaspekte von

Zweck und Bedeutung, dass wir uns mit den verleugneten oder unterdrückten Teilen von uns selbst auseinandersetzen, die uns möglicherweise davon abhalten, unseren wahren Zweck zu verwirklichen. Dies kann bedeuten, dass wir Gefühle wie Selbstzweifel, Unwürdigkeit oder innere Konflikte, die in unserem Unterbewusstsein verschüttet sind, anerkennen und annehmen. Indem wir stoische Tugenden wie Mut und Mäßigung verkörpern, können wir diese Schattenaspekte mit Widerstandsfähigkeit und Freundlichkeit bewältigen, was letztlich zu einem authentischeren und zielgerichteteren Leben führt.

Das Üben von Selbstmitgefühl und Vergebung ist ebenfalls von entscheidender Bedeutung für die Integration der Schattenaspekte von Ziel und Bedeutung. Oft tragen wir selbstkritische Überzeugungen oder Bedauern in uns, die unsere Fähigkeit, unsere Ziele mit Klarheit und Zuversicht zu verfolgen, stark beeinträchtigen. Indem wir Selbstmitgefühl kultivieren und lernen, uns für vergangene Fehler oder wahrgenommene Unzulänglichkeiten zu vergeben, können wir die emotionalen Belastungen loslassen, die unser Streben nach Sinn und Zweck behindern.

Darüber hinaus erfordert die Integration der Schattenaspekte von Zweck und Sinn, dass wir die der menschlichen Existenz innewohnende Dualität anerkennen. Das stoische Prinzip der Dichotomie der Kontrolle lehrt uns zu akzeptieren, dass wir nicht alles unter Kontrolle haben und dass die Suche nach Sinn und Zweck auch bedeuten kann, dass wir die damit verbundenen Kämpfe und Ungewissheiten in Kauf nehmen. Indem wir die Schattenaspekte des Sinns erkennen und akzeptieren, können wir eine ganzheitlichere und ausgewogenere Perspektive entwickeln, die ein tieferes Verständnis der Komplexität der menschlichen Erfahrung ermöglicht.

Die Integration der Schattenaspekte von Zweck und Bedeutung ist ein transformativer Prozess, der Mut, Selbsterkenntnis und Mitgefühl erfordert. Indem wir in die Tiefen unserer Psyche eintauchen und die Schattenaspekte anerkennen, die unser Streben nach Sinn und Zweck behindern, können wir ein authentischeres und erfüllteres Leben kultivieren. Indem wir uns stoische Prinzipien wie Selbstreflexion, Widerstandsfähigkeit und Akzeptanz zu eigen machen, können wir die Komplexität unserer inneren Welt bewältigen, was letztlich zu einer harmonischen Integration unseres Zwecks und unserer Bedeutung führt.

IN DIE PRAXIS UMSETZEN

(1) Führen Sie eine tiefe Selbstreflexion und Selbstbeobachtung durch, um zugrundeliegende Ängste und Unsicherheiten zu erforschen, die das Streben nach Ziel und Sinn behindern. Beispiel: Nehmen Sie sich jeden Tag 15 Minuten Zeit, um in stiller Kontemplation zu sitzen und über Ängste oder Unsicherheiten zu schreiben, die Sie vielleicht davon abhalten, Ihre wahre Bestimmung zu verfolgen. Diese tägliche Übung wird Ihnen helfen, Klarheit und Bewusstsein für diese Schattenaspekte zu erlangen, so dass Sie auf deren Lösung hinarbeiten können.

(2) Konfrontieren Sie sich mit den verleugneten oder unterdrückten Teilen von sich selbst, die der Verwirklichung Ihrer wahren Bestimmung im Wege stehen könnten, und nehmen Sie sie an. Beispiel: Nehmen Sie an einem Workshop teil oder besuchen Sie Therapiesitzungen, die sich auf Schattenarbeit konzentrieren, um die Aspekte Ihres Selbst zu erforschen und zu konfrontieren, die Sie bisher vermieden oder unterdrückt haben. Indem Sie sich diesen inneren Konflikten oder Gefühlen des Selbstzweifels stellen, können Sie beginnen, sie in Ihr Selbstverständnis zu integrieren und sie als Katalysator für persönliches Wachstum zu nutzen.

(3) Kultivieren Sie Selbstmitgefühl und Vergebung gegenüber sich selbst für vergangene Fehler oder wahrgenommene Unzulänglichkeiten. Beispiel: Schreiben Sie einen Vergebungsbrief an sich selbst, in dem Sie alle Fehler oder Bedauern ansprechen, die Sie möglicherweise haben. Bieten Sie sich selbst Vergebung und Verständnis an und erkennen Sie an, dass jeder Fehler macht und dass diese Erfahrungen Sie zu dem gemacht haben, was Sie heute sind. Üben Sie sich in Selbstmitgefühl, indem Sie sich selbst mit Freundlichkeit und Verständnis behandeln, während Sie Ihre Reise in Richtung Ziel und Sinn fortsetzen.

(4) Akzeptieren Sie die dem menschlichen Dasein innewohnende Dualität und stellen Sie sich den Kämpfen und Ungewissheiten, die mit der Suche nach Sinn und Zweck einhergehen. Beispiel: Erfinden Sie ein Mantra oder eine Affirmation, die Sie daran erinnert, die Höhen und Tiefen des Lebens anzunehmen, weil Sie wissen, dass sie alle Teil der Reise zu Ziel und Sinn sind. Wiederholen Sie dieses Mantra täglich, um sich daran zu erinnern, die Herausforderungen und Ungewissheiten, die auf Sie zukommen, zu akzeptieren und anzunehmen und darauf zu vertrauen, dass sie wesentliche Elemente Ihres persönlichen Wachstums und Ihrer Entwicklung sind.

(5) Wenden Sie stoische Tugenden wie Mut und Mäßigung an, um die Schattenaspekte mit Widerstandsfähigkeit und Mitgefühl zu bewältigen. Beispiel: Wenn Sie mit einer herausfordernden Situation oder einem inneren Konflikt konfrontiert werden, der mit Ihrem Streben nach Sinn und Zweck zusammenhängt, atmen Sie tief durch und erinnern Sie sich daran, mit Mut und Selbstbeherrschung an die Sache heranzugehen. Üben Sie, auf diese Herausforderungen mit Widerstandskraft und Mitgefühl zu reagieren, und erlauben Sie sich, aus ihnen zu lernen und zu wachsen, anstatt von ihnen überwältigt zu werden.

9. Dankbarkeit kultivieren: Stoische Freude und Schatten-Anerkennung

9.1. DANKBARKEIT ALS STOISCHE PRAXIS

Dankbarkeit ist ein wesentliches Element des Stoizismus und dient als mächtiges Werkzeug, um Zufriedenheit und Widerstandsfähigkeit angesichts der Herausforderungen des Lebens zu fördern. Als stoische Praxis ermutigt sie uns, die unzähligen Segnungen in unserem Leben zu erkennen und zu schätzen, unabhängig von den Umständen, in denen wir uns befinden. Indem wir uns Dankbarkeit zur täglichen Gewohnheit machen, können wir unseren Fokus von dem, was uns fehlt, auf das verlagern, was wir bereits haben, und so ein Gefühl der Fülle und Erfüllung fördern.

In der stoischen Philosophie entspringt die Praxis der Dankbarkeit dem Verständnis für die Unbeständigkeit aller Dinge. Indem sie die Vergänglichkeit des Lebens anerkennen, erkennen die Stoiker, wie wichtig es ist, den gegenwärtigen Moment zu schätzen und Dankbarkeit für die Gelegenheiten und Beziehungen auszudrücken, die unser Leben bereichern. Diese Denkweise ermöglicht es uns, die einfachen Freuden und Erfahrungen, die

uns Glück und Bedeutung bringen, zutiefst zu schätzen.

Dankbarkeit als Stoiker zu praktizieren bedeutet, eine Haltung der Dankbarkeit sowohl für die positiven als auch für die negativen Aspekte des Lebens einzunehmen. Stoiker wissen, dass jede Erfahrung, ob angenehm oder herausfordernd, eine Chance für Wachstum und Lernen bietet. Indem wir für Widrigkeiten dankbar sind, können wir unsere Perspektive ändern und das Potenzial für Widerstandsfähigkeit und Weisheit erkennen, das aus der Überwindung von Schwierigkeiten erwächst.

Die stoische Dankbarkeit betont auch die Wertschätzung der Verbundenheit aller Dinge untereinander. Indem wir die Beiträge anderer zu unserem Wohlbefinden anerkennen, können wir Demut und ein Gefühl der Verbundenheit kultivieren. Diese Anerkennung der Unterstützung und Freundlichkeit, die wir von anderen erhalten, vertieft unsere Wertschätzung für die Beziehungen und die Gemeinschaft, die unser Leben bereichern, und stärkt die stoischen Werte der sozialen Verantwortung und des Mitgefühls.

Im Kontext der Schattenarbeit ist die Praxis der Dankbarkeit ein mächtiges Werkzeug, um die Schattenaspekte unserer Erfahrungen anzuerkennen und zu integrieren. Indem wir Dankbarkeit für das gesamte Spektrum von Emotionen und Erfahrungen empfinden, können wir die Schattenelemente unserer Psyche mit Mitgefühl und Verständnis konfrontieren und akzeptieren. Dieser Prozess fördert ein tieferes Gefühl der Selbstakzeptanz und Ganzheit und ermöglicht es uns, unsere Schatten mit Dankbarkeit für die Lektionen und Einsichten zu integrieren, die wir aus unseren dunkleren Erfahrungen gewonnen haben.

Um die stoische Dankbarkeit in unser tägliches Leben zu integrieren, können wir Praktiken wie das Führen eines Dankbarkeitstagebuchs, das Reflektieren über die positiven Aspekte unseres Tages, das Ausdrücken von Wertschätzung gegenüber anderen und die Kultivierung einer Haltung der Dankbarkeit für die einfachen Freuden des Lebens anwenden. Indem wir Dankbarkeit zu einer täglichen Gewohnheit machen, können wir unsere Perspektive neu gestalten und ein Gefühl von Frieden und Zufriedenheit inmitten der Höhen und Tiefen des Lebens entwickeln.

Die Praxis der Dankbarkeit als Stoiker bietet tiefgreifende Vorteile für Menschen, die in ihrem Leben Resilienz, Zufriedenheit und Sinnhaftigkeit kultivieren wollen. Indem wir Dankbarkeit als einen grundlegenden Aspekt der stoischen Philosophie annehmen, können wir unseren Fokus auf die Wertschätzung der Fülle und des Reichtums unserer Erfahrungen verlagern und so ein tieferes Gefühl der Verbundenheit, der Widerstandsfähigkeit und der Dankbarkeit für die Reise der Selbstentdeckung fördern.

IN DIE PRAXIS UMSETZEN

(1) Führen Sie ein Dankbarkeitstagebuch: Nehmen Sie sich jeden Tag ein paar Minuten Zeit, um Dinge aufzuschreiben, für die Sie dankbar sind. Das kann so einfach sein wie ein leckeres Essen, eine freundliche Geste eines Freundes oder ein sonniger Tag. Wenn Sie sich regelmäßig in Dankbarkeit üben, können Sie Ihren Blick auf die positiven Aspekte Ihres Lebens lenken und ein Gefühl der Fülle und Zufriedenheit kultivieren. Beispiel: Nehmen Sie jeden Abend vor dem Schlafengehen Ihr Dankbarkeitstagebuch zur Hand und schreiben Sie drei Dinge auf, für die Sie an diesem Tag dankbar sind. Dabei kann es sich um so kleine Dinge handeln wie eine heiße Tasse Kaffee am Morgen, ein Kompliment von einem Kollegen oder eine schöne Zeit mit Ihrem Haustier. Indem Sie über diese Momente der Dankbarkeit nachdenken, können Sie Ihren Tag mit einer positiven Note beenden und eine Haltung der Wertschätzung fördern.

(2) Drücken Sie anderen Ihre Wertschätzung aus: Nehmen Sie sich die Zeit, den Menschen in Ihrem Leben, die einen positiven Einfluss auf Sie haben, Ihre Dankbarkeit zu zeigen. Das kann ein einfaches Dankesschreiben sein, ein aufrichtiges Gespräch oder ein kleiner Akt der Freundlichkeit ihnen gegenüber. Indem Sie die Beiträge anderer anerkennen und wertschätzen, können Sie Ihre Beziehungen stärken und ein Gefühl der Verbundenheit kultivieren. Beispiel: Wenden Sie sich an einen engen Freund oder ein Familienmitglied und lassen Sie sie wissen, wie sehr Sie ihre Unterstützung und Präsenz in Ihrem Leben schätzen. Sie können ihnen einen Brief schreiben, in dem Sie Ihre Dankbarkeit zum Ausdruck bringen, ein Telefongespräch führen, in dem Sie sich ausdrücklich für ihre Freundlichkeit bedanken, oder sie mit einem kleinen Geschenk überraschen, um

ihre Wertschätzung zum Ausdruck zu bringen. Indem Sie Ihre Dankbarkeit zum Ausdruck bringen, geben Sie ihnen nicht nur das Gefühl, geschätzt zu werden, sondern vertiefen auch Ihr eigenes Gefühl der Dankbarkeit für ihre Anwesenheit in Ihrem Leben.

(3) Kultivieren Sie eine Haltung der Dankbarkeit: Gehen Sie jeden Tag mit einer Haltung der Dankbarkeit für die einfachen Freuden und Erfahrungen an, die Ihrem Leben Freude und Sinn verleihen. Nehmen Sie die Schönheit der Natur wahr, genießen Sie den Geschmack einer köstlichen Mahlzeit oder nehmen Sie sich einen Moment Zeit, um ein fesselndes Kunstwerk zu würdigen. Indem Sie sich bewusst in Dankbarkeit üben, können Sie Ihre Perspektive ändern und Freude im gegenwärtigen Moment finden. Beispiel: Bemühen Sie sich im Laufe Ihres Tages bewusst darum, die kleinen Momente der Schönheit und Freude um Sie herum wahrzunehmen und zu schätzen. Das kann sein, dass Sie bei Ihrem Morgenspaziergang eine blühende Blume bewundern, sich einen Moment Zeit nehmen, um das Aroma und den Geschmack Ihrer Lieblingsspeise zu genießen, oder innehalten, um einen atemberaubenden Sonnenuntergang zu betrachten. Indem Sie aktiv eine Haltung der Dankbarkeit kultivieren, können Sie Ihre täglichen Erfahrungen verbessern und ein größeres Gefühl der Dankbarkeit entwickeln.

9.2. DIE EINFACHEN FREUDEN DES LEBENS ZU SCHÄTZEN WISSEN

In unserer schnelllebigen und oft chaotischen Welt übersehen wir leicht die kleinen, einfachen Freuden, die das Leben zu bieten hat. Doch wenn wir uns die Prinzipien des Stoizismus und der Schattenarbeit zu eigen machen, können wir Zufriedenheit und Freude im gegenwärtigen Moment finden, unabhängig davon, was um uns herum geschieht. Wenn wir lernen, die einfachen Freuden des Lebens zu schätzen, kultivieren wir ein Gefühl der Dankbarkeit und der Erfüllung, das uns selbst in den schwierigsten Zeiten Halt geben kann.

Der erste Schritt, um die einfachen Freuden des Lebens zu genießen, besteht darin, Achtsamkeit zu üben. Das bedeutet, dass wir langsamer werden und uns voll und ganz auf den gegenwärtigen

Moment einlassen, anstatt uns immer darauf zu konzentrieren, was als Nächstes auf unserer To-Do-Liste steht. Ganz gleich, ob wir eine köstliche Mahlzeit genießen, einen gemütlichen Spaziergang in der Natur machen oder viel Zeit mit unseren Lieben verbringen - Achtsamkeit ermöglicht es uns, uns wirklich auf die Erfahrung einzulassen und Freude an den kleinen Dingen zu finden.

Dankbarkeit ist auch wichtig, um die einfachen Freuden des Lebens zu schätzen. Sie ist ein Kernprinzip des Stoizismus und eine Schlüsselkomponente der Schattenarbeit. Indem wir die Dinge, die wir oft für selbstverständlich halten - wie Nahrung, Unterkunft, Gesundheit und die Schönheit der Natur - bewusst anerkennen und Dankbarkeit ausdrücken, verlagern wir unseren Fokus von dem, was uns fehlt, auf die Fülle, die uns umgibt.

Außerdem bedeutet die Wertschätzung der einfachen Freuden des Lebens, das ständige Streben nach materiellem Besitz und äußerer Bestätigung loszulassen. Die stoische Philosophie lehrt uns, dass wahres Glück von innen kommt, nicht von weltlichen Besitztümern oder gesellschaftlichem Status. Schattenarbeit hilft uns, ungesunde Anhaftungen oder Verhaltensmuster zu erkennen und anzugehen, die uns daran hindern, echte Zufriedenheit und Erfüllung zu erfahren.

Denken Sie zum Beispiel an die Wärme, die Ihr Herz erfüllt, wenn Sie an einem kühlen Tag an einer heißen Tasse Tee nippen, oder an die Ruhe, die Sie überkommt, wenn Sie einen atemberaubenden Sonnenuntergang beobachten. Das sind die einfachen Freuden, die uns unendlich glücklich machen können, wenn wir innehalten und sie zu schätzen wissen. Indem wir diese Momente der Freude in unser tägliches Leben integrieren, verschieben wir allmählich unsere Perspektive hin zu einer positiveren und erfüllenderen Einstellung.

Und schließlich gehört zur Wertschätzung der einfachen Freuden des Lebens auch das Konzept der eudaimonia - der altgriechische Begriff für "menschliches Wohlbefinden" -. Dieses philosophische Konzept steht im Einklang mit der Idee des Stoizismus, in Harmonie mit der Natur zu leben und unser menschliches Potenzial auszuschöpfen. Wenn wir Freude und Zufriedenheit in den kleinen Freuden des Lebens finden, fördern wir unser eigenes Wohlbefinden und erlauben uns, ungeachtet der äußeren Umstände zu gedeihen.

Zu lernen, die einfachen Freuden des Lebens zu schätzen, ist ein wesentlicher Aspekt sowohl des Stoizismus als auch der Schattenarbeit. Indem wir Achtsamkeit kultivieren, Dankbarkeit üben, ungesunde Anhaftungen loslassen und uns das Konzept der Eudaimonia zu eigen machen, können wir echtes Glück und Erfüllung im gegenwärtigen Moment finden. Dies bereichert nicht nur unser eigenes Leben, sondern versetzt uns auch in die Lage, anderen gegenüber präsenter und mitfühlender zu sein, was einen Welleneffekt von Positivität und Wohlbefinden in der Welt um uns herum erzeugt.

In die Praxis umsetzen

(1) Kultivieren Sie Achtsamkeit, um sich ganz auf die Erfahrung einzulassen und Freude am gegenwärtigen Moment zu finden. Beispiel: Nehmen Sie sich jeden Tag ein paar Minuten Zeit, um ruhig zu sitzen und sich auf Ihren Atem zu konzentrieren, damit Sie ganz in die Empfindungen und Gedanken eintauchen können, die auftauchen. Diese Übung kann Ihnen helfen, ein größeres Gefühl der Präsenz und Wertschätzung für die kleinen Momente der Freude in Ihrem Alltag zu entwickeln.

(2) Üben Sie sich in Dankbarkeit, indem Sie die Dinge, die Sie oft als selbstverständlich ansehen, bewusst wahrnehmen und ihre Wertschätzung zum Ausdruck bringen. Beispiel: Führen Sie ein Dankbarkeitstagebuch und schreiben Sie jeden Tag drei Dinge auf, für die Sie dankbar sind. Diese einfache Übung kann Ihre Aufmerksamkeit auf die Fülle in Ihrem Leben lenken und Ihr allgemeines Gefühl der Erfüllung und Zufriedenheit steigern.

(3) Lassen Sie das ständige Streben nach materiellem Reichtum und äußerer Bestätigung los und konzentrieren Sie sich auf den inneren Geisteszustand und die Freude am gegenwärtigen Moment. Beispiel: Anstatt ständig nach dem nächsten großen Kauf zu streben oder Bestätigung von anderen zu suchen, nehmen Sie sich Zeit, um darüber nachzudenken, was Sie wirklich glücklich und erfüllt macht. Beschäftigen Sie sich mit Aktivitäten, die Ihren Werten entsprechen und Ihnen echte Freude bereiten, sei es, dass Sie Zeit mit geliebten Menschen verbringen, einem Hobby nachgehen oder die Natur erkunden.

(4) Machen Sie sich das Konzept der Eudaimonia zu eigen, indem Sie Ihr Handeln an Ihrem Potenzial für menschliches Wohlbefinden ausrichten. Beispiel: Setzen Sie sich klare Ziele und Absichten, die mit Ihren Werten übereinstimmen und Ihnen helfen, Ihr volles Potenzial auszuschöpfen. Konzentrieren Sie sich auf persönliches Wachstum und Entwicklung in Bereichen, die Ihnen echte Erfüllung bringen, sei es die Verbesserung von Beziehungen, das Erlernen neuer Fähigkeiten oder die Förderung Ihres körperlichen und geistigen Wohlbefindens.

(5) Integrieren Sie kleine Momente der Freude in Ihr tägliches Leben, um eine positivere und erfüllendere Einstellung zu kultivieren. Beispiel: Nehmen Sie sich jeden Tag ein paar Minuten Zeit, um einer Tätigkeit nachzugehen, die Ihnen Freude bereitet, sei es, dass Sie Ihre Lieblingsmusik hören, einem Hobby nachgehen oder eine Tasse Tee genießen. Indem Sie diese Momente der Freude bewusst in Ihre Routine einbauen, können Sie Ihre Perspektive allmählich in Richtung einer positiveren und erfüllenderen Lebenseinstellung verschieben.

9.3. DANKBARKEIT IM ANGESICHT VON HERAUSFORDERUNGEN

Dankbarkeit ist ein tiefgreifendes Konzept, das unsere Fähigkeit, schwierige Zeiten mit Widerstandsfähigkeit und Stärke zu meistern, nachhaltig beeinflusst. Im Kontext von Stoizismus und Schattenarbeit kann das Praktizieren von Dankbarkeit in Zeiten des Unglücks eine tiefgreifende Transformation bewirken.

Dankbarkeit kultivieren: Stoische Freude und Schatten-Anerkennung

Wenn wir mit Herausforderungen konfrontiert werden, ist es ganz natürlich, dass wir uns auf die Dinge konzentrieren, die schief laufen, oder auf die Hindernisse, die uns im Weg stehen. Wenn wir jedoch eine Haltung der Dankbarkeit kultivieren, können wir unsere Perspektive ändern und selbst inmitten von Schwierigkeiten Möglichkeiten für Wachstum und Lernen entdecken.

Eine Möglichkeit, sich angesichts von Herausforderungen in Dankbarkeit zu üben, ist die bewusste Suche nach dem Silberstreif am Horizont oder dem versteckten Segen in schwierigen Situationen. Das kann so einfach sein wie die Anerkennung der Lektionen, die wir lernen, die Stärke, die wir aufbauen, oder die Unterstützung, die wir von anderen erhalten. Indem wir uns auf diese Aspekte konzentrieren, können wir ein Gefühl der Wertschätzung dafür entwickeln, wie Herausforderungen zu unserer persönlichen Entwicklung beitragen.

Darüber hinaus kann die Dankbarkeit für Dinge, die wir oft als selbstverständlich ansehen, in schwierigen Zeiten eine besonders starke Wirkung haben. Dazu könnte gehören, dass wir die Unterstützung von Freunden und Familie, das Dach über dem Kopf oder das Essen auf unserem Tisch anerkennen. Indem wir die Fülle, die in unserem Leben bereits vorhanden ist, bewusst wahrnehmen, können wir unseren Fokus weg von Knappheit und Angst und hin zu einem Gefühl der Fülle und Widerstandsfähigkeit lenken.

Wenn wir uns angesichts von Herausforderungen in Dankbarkeit üben, müssen wir auch unsere Denkweise ändern und uns auf das konzentrieren, was wir unter Kontrolle haben, anstatt über das zu grübeln, was nicht unter Kontrolle ist. So können wir unsere Aufmerksamkeit auf die proaktiven Schritte lenken, die wir unternehmen können, auf die Ressourcen, die wir nutzen können, und auf die Unterstützung, die wir suchen können, anstatt uns von Dingen

überwältigt zu fühlen, die außerhalb unseres unmittelbaren Einflusses liegen.

Darüber hinaus kann die Integration von Schattenaspekten der Dankbarkeit in schwierigen Zeiten eine Gelegenheit zur tieferen Selbstreflexion und zum Wachstum bieten. Das bedeutet, dass wir alle zugrundeliegenden Gefühle von Anspruch, Opferrolle oder Bitterkeit, die möglicherweise vorhanden sind, anerkennen und ansprechen und darauf hinarbeiten, diese negativen Gefühle loszulassen. Auf diese Weise können wir uns für eine aufrichtigere und authentischere Erfahrung von Dankbarkeit öffnen, die frei von den Einflüssen unseres Schattenselbst ist.

Dankbarkeit im Angesicht von Herausforderungen zu praktizieren bedeutet nicht, die Schwierigkeiten zu leugnen, mit denen wir konfrontiert sind, sondern unsere Fähigkeit anzuerkennen, inmitten des Kampfes Kraft, Widerstandsfähigkeit und sogar Momente der Freude zu finden. Es geht darum, eine Haltung der Fülle einzunehmen, selbst wenn Knappheit zu herrschen scheint, und zu erkennen, dass Dankbarkeit die Macht hat, unsere Erfahrung von Widrigkeiten zu verändern.

Indem wir die Prinzipien des Stoizismus und der Schattenarbeit in unsere Dankbarkeitspraxis einbeziehen, können wir ein tieferes und widerstandsfähigeres Gefühl der Dankbarkeit entwickeln, das über die vorübergehende Natur unserer Herausforderungen hinausgeht. Dies wiederum kann zu größerem emotionalen Wohlbefinden, geistiger Klarheit und einem gestärkten Sinn für das Wesentliche führen, selbst im Angesicht der schwierigsten Lebensumstände.

IN DIE PRAXIS UMSETZEN

(1) Pflegen Sie in schwierigen Zeiten eine Haltung der Dankbarkeit, indem Sie bewusst nach Lichtblicken oder versteckten Segnungen suchen. Beispiel: Erkennen Sie inmitten einer weltweiten Pandemie die Möglichkeit, mehr Zeit mit der Familie zu verbringen und sich mit Hobbys oder Aktivitäten zur persönlichen Weiterentwicklung zu beschäftigen.

(2) Drücken Sie Ihre Dankbarkeit für Dinge aus, die oft als selbstverständlich angesehen werden, wie die Unterstützung durch

Freunde und Familie, das Dach über dem Kopf oder das Essen auf dem Tisch. Beispiel: Nehmen Sie sich jeden Tag einen Moment Zeit, um sich für die Liebe und Unterstützung zu bedanken, die Sie von einem engen Freund oder einem Familienmitglied erhalten haben.

(3) Umdenken, um sich auf das zu konzentrieren, was wir unter Kontrolle haben, und proaktive Schritte zur Bewältigung von Herausforderungen zu unternehmen. Beispiel: Anstatt sich auf die unkontrollierbaren Auswirkungen einer schwierigen Situation zu fixieren, sollten Sie sich auf die Erstellung eines Aktionsplans zur Überwindung bestimmter Hindernisse konzentrieren.

(4) Integrieren Sie Schattenaspekte der Dankbarkeit, indem Sie Gefühle von Anspruch, Opferrolle oder Verbitterung anerkennen und ansprechen. Beispiel: Reflektieren Sie über Gefühle des Anspruchs auf materiellen Besitz und arbeiten Sie daran, den inneren Wert von nicht-materiellen Erfahrungen und Beziehungen zu schätzen.

(5) Nehmen Sie die Fähigkeit an, inmitten des Kampfes Stärke, Widerstandsfähigkeit und Momente der Freude zu finden, ohne die Schwierigkeiten zu leugnen. Beispiel: Erkennen Sie persönliches Wachstum und erhöhte Widerstandsfähigkeit als Ergebnis der Überwindung einer schwierigen Situation, während Sie die mit der Erfahrung verbundenen Schwierigkeiten anerkennen.

(6) Integrieren Sie die Prinzipien des Stoizismus und der Schattenarbeit in die Dankbarkeitspraxis, um ein tieferes und widerstandsfähigeres Gefühl der Dankbarkeit zu entwickeln. Beispiel: Erforschen Sie stoische philosophische Prinzipien, um eine Geisteshaltung zu entwickeln, die sich darauf konzentriert, inmitten von Widrigkeiten Dankbarkeit zu empfinden und die Vergänglichkeit von Herausforderungen anzuerkennen.

9.4. DIE SCHATTENASPEKTE DER DANKBARKEIT ANERKENNEN

Dankbarkeit wird gemeinhin als eine positive und aufbauende Praxis angesehen, die Freude und Zufriedenheit in unser Leben bringt. Bei näherer Betrachtung entdecken wir jedoch, dass es auch verborgene Aspekte der Dankbarkeit gibt, die anerkannt und integriert werden sollten. In diesem Kapitel werden wir die weniger bekannten Seiten der Dankbarkeit erforschen und herausfinden, wie das Erkennen dieser Schattenseiten zu einer echten und umfassenden Erfahrung von Dankbarkeit führen kann.

Einer der Schattenaspekte der Dankbarkeit ist die Neigung, negative Gefühle zu unterdrücken oder zu leugnen, um dankbar zu sein. Es ist ganz natürlich, dass Menschen sich schuldig fühlen, weil sie negative Gefühle empfinden, obwohl sie glauben, dass sie dankbar sein sollten für das, was sie haben. Dieser innere Konflikt kann zu Dissonanz und innerem Aufruhr führen. Indem wir anerkennen und akzeptieren, dass negative Emotionen ein fester Bestandteil des Menschseins sind, können wir ein ausgeglicheneres und authentischeres Gefühl der Dankbarkeit entwickeln.

Ein weiterer Schattenaspekt der Dankbarkeit ist die Tendenz, sie als Mittel zu benutzen, um echtes Leid und Schmerz zu umgehen oder zu ignorieren. Wenn sie mit schwierigen Umständen konfrontiert werden, zwingen sich manche Menschen, etwas zu finden, wofür sie dankbar sein können, um sich nicht mit der wahren Tiefe ihrer Gefühle auseinandersetzen zu müssen. Wahre Dankbarkeit entspringt jedoch einem Ort der Authentizität und Ehrlichkeit. Indem wir uns erlauben, unseren Schmerz und unser Leid vollständig zu erfahren und zu verarbeiten, können wir ein tieferes Gefühl der Dankbarkeit für die Widerstandsfähigkeit und Stärke entwickeln, die aus diesen schwierigen Erfahrungen erwächst.

Darüber hinaus gibt es einen Schattenaspekt der Dankbarkeit, der mit Vergleich und Wettbewerb zu tun hat. Es kommt häufig vor, dass Menschen ihr Leben mit dem anderer vergleichen und ein Gefühl des Anspruchs oder der Verärgerung empfinden, wenn sie den Eindruck haben, dass andere mehr haben, wofür sie dankbar sein können. Dieser Vergleich kann zu einem verzerrten und oberflächlichen Verständnis von Dankbarkeit führen. Indem wir Gefühle von Neid oder Unzulänglichkeit anerkennen und ansprechen, können wir ein echteres und umfassenderes Gefühl der Dankbarkeit fördern, das über Vergleich und Wettbewerb hinausgeht.

Schließlich gibt es noch einen Schattenaspekt der Dankbarkeit, der mit Selbstgefälligkeit und Passivität zu tun hat. Manchmal nutzen Menschen Dankbarkeit als Mittel, um zu vermeiden, dass sie etwas unternehmen oder notwendige Veränderungen in ihrem Leben vornehmen. Sie können sich selbst davon überzeugen, dass sie für das, was sie haben, dankbar sein sollten, und vermeiden es daher, nach mehr zu streben. Dies kann das persönliche Wachstum und die Entwicklung behindern. Indem wir diese Selbstgefälligkeit anerkennen und in Frage stellen, können wir Dankbarkeit auf eine Weise integrieren, die uns motiviert, unsere Ziele zu verfolgen und gleichzeitig zu schätzen, was wir bereits besitzen.

Indem wir diese Schattenaspekte der Dankbarkeit erkennen, können wir ein umfassenderes und reiferes Verständnis von Dankbarkeit kultivieren. Wenn wir die ganze Bandbreite unserer Gefühle und Erfahrungen berücksichtigen, können wir uns der Dankbarkeit mit Authentizität, Mitgefühl und Tiefe nähern. Dieser ganzheitliche Ansatz der Dankbarkeit kann zu einem widerstandsfähigeren und erfüllteren Leben führen, in dem wir sowohl die Licht- als auch die Schattenseiten schätzen, die das komplizierte Gewebe der menschlichen Existenz ausmachen.

IN DIE PRAXIS UMSETZEN

(1) Erkennen Sie negative Emotionen als natürlichen Teil der menschlichen Erfahrung an und akzeptieren Sie sie, auch wenn Sie sich in Dankbarkeit üben. Beispiel: Anstatt sich schuldig zu fühlen, weil Sie negative Gefühle erleben, während Sie Dankbarkeit praktizieren, erkennen Sie an, dass es normal ist, gemischte Gefühle zu haben, und erlauben Sie sich, diese Gefühle vollständig zu erleben und auszudrücken. Wenn Sie zum Beispiel dankbar für Ihren Job sind, aber auch frustriert über ein schwieriges Projekt, erkennen Sie beide Gefühle an und akzeptieren Sie sie, ohne zu urteilen.

(2) Erlauben Sie sich, Schmerz und Leid vollständig zu erfahren und zu verarbeiten, anstatt sie im Namen der Dankbarkeit zu umgehen oder zu ignorieren. Beispiel: Anstatt zu versuchen, in einer schwierigen Situation etwas zu finden, wofür Sie dankbar sein können, erlauben Sie sich, den Schmerz oder das Leiden vollständig zu fühlen und zu verarbeiten. Wenn Sie beispielsweise einen Verlust erlitten haben, sollten Sie sich Zeit nehmen, um zu trauern und die Tiefe Ihrer Gefühle anzuerkennen, was letztlich zu einem tieferen Gefühl der Dankbarkeit für die Widerstandsfähigkeit und Stärke führen kann, die aus der Bewältigung schwieriger Erfahrungen erwächst.

(3) Sprechen Sie Gefühle des Neids oder der Unzulänglichkeit an, wenn Sie Ihr Leben mit dem anderer vergleichen, und stellen Sie sie in Frage, um ein echtes und umfassendes Gefühl der Dankbarkeit zu kultivieren. Beispiel: Anstatt sich über das zu ärgern, was andere haben, oder sich im Vergleich unzulänglich zu fühlen, sollten Sie sich darauf konzentrieren, ihre Erfolge zu würdigen und zu feiern. Wenn zum Beispiel ein Freund einen persönlichen Meilenstein erreicht, gratulieren Sie ihm und denken Sie darüber nach, wie seine Errungenschaft Ihren eigenen Weg bereichert und Ihr Gefühl der Dankbarkeit für die Beziehungen und Meilensteine in Ihrem eigenen Leben stärkt.

(4) Fordern Sie Selbstgefälligkeit und Passivität heraus, indem Sie Dankbarkeit als Motivation für persönliches Wachstum und Entwicklung nutzen. Beispiel: Verwenden Sie Dankbarkeit nicht als Ausrede dafür, dass Sie nicht nach mehr streben, sondern nutzen Sie sie als Sprungbrett, um Ihre Ziele zu verfolgen und gleichzeitig zu schätzen, was Sie bereits haben. Wenn Sie z. B. dankbar für Ihren derzeitigen Arbeitsplatz sind, aber in Ihrer Karriere vorankommen wollen, dann lassen Sie sich von der Dankbarkeit motivieren, nach Möglichkeiten für Wachstum und Entwicklung zu suchen und gleichzeitig den gegenwärtigen Moment zu schätzen.

(5) Begegnen Sie der Dankbarkeit mit Authentizität, Mitgefühl und Tiefe, indem Sie das gesamte Spektrum an Emotionen und Erfahrungen einbeziehen. Beispiel: Anstatt sich nur auf die positiven Aspekte der Dankbarkeit zu konzentrieren, sollten Sie sowohl die

Licht- als auch die Schattenseiten in Ihrem Leben anerkennen und schätzen. Denken Sie zum Beispiel darüber nach, wie Momente des Unglücks oder der Herausforderungen zu Ihrem persönlichen Wachstum beigetragen haben, und schätzen Sie die Tiefe und den Reichtum, den sie zu Ihrer Gesamterfahrung der Dankbarkeit beigetragen haben.

9.5. DAUERHAFTE FREUDE DURCH DANKBARKEIT KULTIVIEREN

Die Kultivierung eines dauerhaften Gefühls der Freude durch Dankbarkeit ist ein grundlegender Aspekt sowohl des Stoizismus als auch der Schattenarbeit. Die Praxis der Dankbarkeit ermöglicht es uns, unseren Fokus von dem, was uns in unserem Leben fehlt, auf die Fülle, die uns umgibt, zu verlagern. Der Stoizismus lehrt uns einerseits, im gegenwärtigen Moment Zufriedenheit zu finden, während die Schattenarbeit uns ermutigt, selbst die kleinsten Siege und Segnungen, die uns widerfahren, anzuerkennen und zu schätzen.

Um dauerhafte Freude durch Dankbarkeit zu kultivieren, besteht ein wirksamer Ansatz darin, eine tägliche Praxis der Dankbarkeit zu etablieren. Das kann so einfach sein, wie sich jeden Tag ein paar Minuten Zeit zu nehmen, um über die Dinge nachzudenken, für die wir dankbar sind. Das kann unsere Gesundheit sein, die Unterstützung durch geliebte Menschen, ein schöner Sonnenuntergang oder vielleicht einfach nur eine beruhigende Tasse Tee. Indem wir diese Segnungen immer wieder erkennen und wertschätzen, trainieren wir unseren Verstand, uns auf die positiven Aspekte unseres Lebens zu konzentrieren. Dieser Perspektivenwechsel führt letztlich zu einem größeren Gefühl der Freude und Erfüllung.

Dankbarkeit in unser Leben zu integrieren bedeutet auch, anzuerkennen, dass es selbst angesichts von Herausforderungen und

Nöten immer noch Dinge gibt, für die wir dankbar sein können. Das bedeutet nicht, die Schwierigkeiten, die wir erleben, zu ignorieren oder herunterzuspielen, sondern anzuerkennen, dass es inmitten der Kämpfe immer noch Momente der Freude und Schönheit gibt. Indem wir uns die Schattenaspekte der Dankbarkeit zu eigen machen, können wir eine tiefere und aufrichtigere Wertschätzung für den Reichtum des Lebens kultivieren, selbst inmitten von Widrigkeiten.

Darüber hinaus kann das Praktizieren von Dankbarkeit in schwierigen Zeiten uns helfen, innere Widerstandsfähigkeit und Stärke zu entwickeln. Wenn wir die Dinge, für die wir dankbar sind, auch in schwierigen Momenten anerkennen, sind wir besser in der Lage, ein Gefühl von Frieden und Stabilität in uns selbst zu finden. Das bedeutet nicht, dass wir die negativen Emotionen, die in schwierigen Zeiten aufkommen, leugnen oder unterdrücken, sondern dass wir ein Gleichgewicht zwischen der Anerkennung der Herausforderungen und der Anerkennung der positiven Aspekte unseres Lebens finden.

Außerdem kann Dankbarkeit ein Gefühl der Verbundenheit mit anderen und der Welt um uns herum fördern. Wenn wir unsere Dankbarkeit für die Menschen, die uns unterstützen und für uns sorgen, für die Schönheit unserer natürlichen Umgebung oder für die einfachen Freuden des Lebens zum Ausdruck bringen, entwickeln wir ein größeres Gefühl des Mitgefühls und der Empathie. Dies wiederum führt zu tieferen und bedeutungsvolleren Beziehungen sowie zu einer stärkeren Verbindung zur Welt im Allgemeinen.

Dauerhafte Freude durch Dankbarkeit zu kultivieren ist eine fortlaufende Praxis, die konsequente Anstrengung und Absicht erfordert. Indem wir die Prinzipien des Stoizismus, wie Zufriedenheit und Akzeptanz, mit den Erkenntnissen aus der Schattenarbeit kombinieren, können wir ein tiefes und dauerhaftes Gefühl der Freude entwickeln, das nicht von äußeren Umständen abhängig ist. Dies ermöglicht es uns, Frieden und Erfüllung im gegenwärtigen Moment zu finden, während wir weiterhin die Herausforderungen und Komplexitäten des Lebens meistern.

Indem wir Dankbarkeit kultivieren und ihre Schattenaspekte anerkennen, können wir dauerhafte Freude und Zufriedenheit in unserem Leben entdecken. Dies wiederum führt zu größerer Widerstandsfähigkeit, einem tieferen Gefühl der Verbundenheit mit anderen und einer tieferen Wertschätzung der Schönheit und Fülle der Welt um uns herum. Indem wir die Dankbarkeit in unser tägliches Leben integrieren, können wir den Weg des persönlichen Wachstums und der Selbstentdeckung mit einem Gefühl des Friedens und der inneren Erfüllung weitergehen.

IN DIE PRAXIS UMSETZEN

(1) Führen Sie eine tägliche Praxis der Dankbarkeit ein: Nehmen Sie sich jeden Tag ein paar Augenblicke Zeit, um über die Dinge nachzudenken, für die Sie dankbar sind, wie z. B. Ihre Gesundheit, die Unterstützung durch geliebte Menschen, einen schönen Sonnenuntergang oder eine warme Tasse Tee. Indem Sie diese Segnungen immer wieder anerkennen, trainieren Sie Ihren Geist, sich auf die positiven Aspekte Ihres Lebens zu konzentrieren. Beispiel: Nehmen Sie sich jeden Morgen fünf Minuten Zeit, um drei Dinge aufzuschreiben, für die Sie dankbar sind. Das kann etwas so Einfaches sein wie ein bequemes Bett, in dem Sie schlafen können, ein gesundes Frühstück oder ein nettes Gespräch mit einem Freund. Wenn Sie Ihren Tag mit Dankbarkeit beginnen, schaffen Sie eine positive Grundstimmung für den Rest des Tages.

(2) Umfassen Sie die Dankbarkeit im Angesicht von Herausforderungen: Erkennen Sie, dass es auch in schwierigen Zeiten immer noch Momente der Freude und Schönheit gibt, für die man dankbar sein kann. Das bedeutet nicht, die Schwierigkeiten zu ignorieren oder zu verharmlosen, sondern ein Gleichgewicht zwischen der Anerkennung der Schwierigkeiten und der Anerkennung der positiven Aspekte zu finden. Beispiel: Wenn Sie bei der Arbeit eine schwierige Zeit durchmachen, nehmen Sie sich jeden Tag einen Moment Zeit, um etwas Positives an Ihrem Job zu erkennen. Das können die Fähigkeiten sein, die Sie erlernen, die Möglichkeit, sich persönlich weiterzuentwickeln, oder die unterstützenden Kollegen, die Sie haben. Indem Sie selbst im

Angesicht von Widrigkeiten Dankbarkeit empfinden, können Sie Ihre Perspektive ändern und Kraft und Widerstandsfähigkeit finden.

(3) Zeigen Sie Dankbarkeit gegenüber anderen und der Welt: Entwickeln Sie mehr Mitgefühl und Empathie, indem Sie Ihre Dankbarkeit für die Menschen, die Sie unterstützen und für Sie sorgen, für die Schönheit der Natur oder für die einfachen Freuden des Lebens zum Ausdruck bringen. Dies kann zu tieferen und bedeutungsvolleren Beziehungen und einer stärkeren Verbindung mit der Welt um Sie herum führen. Beispiel: Nehmen Sie sich jede Woche Zeit, um jemandem, der in Ihrem Leben eine positive Rolle gespielt hat, einen Dankesbrief zu schreiben oder eine Nachricht der Wertschätzung zu senden. Dabei kann es sich um einen engen Freund, einen Mentor oder sogar einen Fremden handeln, der Ihnen Freundlichkeit erwiesen hat. Indem Sie Ihre Dankbarkeit zum Ausdruck bringen, geben Sie nicht nur der anderen Person das Gefühl, wertgeschätzt zu werden, sondern kultivieren auch ein Gefühl der Verbundenheit und eine tiefere Wertschätzung für die Beziehungen in Ihrem Leben.

(4) Integrieren Sie die stoischen Prinzipien in Ihre Dankbarkeitspraxis: Kombinieren Sie die stoischen Prinzipien der Zufriedenheit und Akzeptanz mit Ihrer Dankbarkeitspraxis, um ein tiefes und beständiges Gefühl der Freude zu entwickeln, das nicht von äußeren Umständen abhängig ist. Beispiel: Wenn Sie mit einer Enttäuschung oder einem Rückschlag konfrontiert werden, erinnern Sie sich an das stoische Prinzip, sich auf das zu konzentrieren, was Sie unter Kontrolle haben. Nehmen Sie sich einen Moment Zeit, um darüber nachzudenken, wofür Sie in dieser Situation dankbar sein können, z. B. für die gelernten Lektionen, die Gelegenheit zum Wachstum oder die Stärke, die Sie entwickelt haben. Wenn Sie die stoischen Prinzipien in Ihre Dankbarkeitspraxis einbeziehen, können Sie auch in schwierigen Zeiten Frieden und Erfüllung finden.

10. Die Reise in die Zukunft: Nachhaltigkeit von Wachstum und Integration

10.1. REFLEKTIEREN SIE IHREN FORTSCHRITT

Der Rückblick auf Ihre Reise ist ein wesentlicher Aspekt sowohl der stoischen Philosophie als auch der Schattenarbeit. Er ermöglicht es Ihnen, Ihr persönliches Wachstum zu bewerten, die Veränderungen, die Sie gemacht haben, anzuerkennen und die Herausforderungen, die Sie überwunden haben, zu erkennen. Diese Praxis fördert nicht nur die Selbsterkenntnis, sondern bietet auch die Möglichkeit zu Dankbarkeit, Widerstandsfähigkeit und kontinuierlicher Selbstreflexion.

Im Stoizismus entspricht das Nachdenken über die eigenen Fortschritte dem Prinzip der Selbstprüfung. Die alten Stoiker betonten die Bedeutung von Selbstbeobachtung und Selbstreflexion für das Verständnis des eigenen Charakters und das Streben nach persönlicher Verbesserung. Indem Sie regelmäßig über Ihre Gedanken, Handlungen und Reaktionen auf äußere Ereignisse nachdenken, gewinnen Sie Einblick in Ihre Stärken und Schwächen und können so Tugendhaftigkeit kultivieren und in Harmonie mit der Natur leben.

Im Bereich der Schattenarbeit ist die Reflexion über Ihre Fortschritte entscheidend für die Integration Ihrer Schattenaspekte. Es geht darum, das Wachstum und die Transformation zu erkennen, die als Ergebnis der Konfrontation mit dem Schattenselbst und der Annahme desselben eingetreten sind. Indem Sie Veränderungen in Ihrem Verhalten, Ihren Beziehungen und emotionalen Mustern anerkennen, gewinnen Sie ein tieferes Verständnis dafür, wie die Schattenintegration Ihr Leben beeinflusst hat.

Das Führen eines Tagebuchs ist eine wirksame Methode, um über Ihre Fortschritte zu reflektieren. Indem Sie ein Tagebuch führen, können Sie Ihre Gedanken und Emotionen verfolgen, Momente des Wachstums dokumentieren und wiederkehrende Muster oder Auslöser im Zusammenhang mit Ihren Schattenaspekten erkennen. Wenn Sie Ihre Tagebucheinträge regelmäßig durchgehen, erhalten Sie einen Überblick über Ihre Reise und die Schritte, die Sie zur Selbstverbesserung unternommen haben.

Sich Zeit für die Selbstbeobachtung zu nehmen, ist eine weitere wertvolle Übung, um über Ihre Fortschritte nachzudenken. Dies kann durch Meditation, Achtsamkeitsübungen oder einfach durch das Aufsuchen eines ruhigen Ortes geschehen, an dem Sie über Ihre Erfahrungen nachdenken können. Indem Sie absichtlich über Ihre Gedanken, Gefühle und Verhaltensweisen nachdenken, gewinnen Sie Klarheit über die Veränderungen, die in Ihnen stattgefunden haben, sowie über die Bereiche, die noch Aufmerksamkeit und Wachstum erfordern.

Das Nachdenken über Ihre Fortschritte öffnet auch die Tür zur Kultivierung von Dankbarkeit. Wenn Sie die Fortschritte anerkennen, die Sie auf Ihrer Selbstfindungsreise gemacht haben, entwickeln Sie eine Wertschätzung für die Widerstandsfähigkeit und den Mut, den es brauchte, um sich Ihren Schattenaspekten zu stellen. Diese Dankbarkeit dient als Quelle der Kraft und Motivation, wenn Sie sich weiter durch die Komplexität Ihrer inneren Welt bewegen.

Darüber hinaus bietet die Reflexion über Ihre Fortschritte die Möglichkeit, sich selbst gegenüber Mitgefühl zu zeigen. Indem Sie die Herausforderungen, denen Sie sich gestellt haben, und die Fortschritte, die Sie in Ihrer persönlichen Entwicklung gemacht haben, anerkennen, können Sie sich selbst gegenüber Freundlichkeit und Verständnis aufbringen. Diese Praxis des Selbstmitgefühls ist entscheidend für die Aufrechterhaltung des emotionalen Wohlbefindens und die Förderung einer positiven Beziehung zu Ihrem inneren Selbst.

Das Reflektieren über Ihre Fortschritte ist eine vielseitige Praxis, die stoische Prinzipien und Schattenarbeit miteinander verbindet. Sie befähigt Sie, Ihr Wachstum zu erkennen, stärkt Ihre Widerstandskraft und fördert eine tiefere Verbindung zu sich selbst. Indem Sie sich diese Praxis zu eigen machen, können Sie ein größeres Gefühl der Selbsterkenntnis, der Dankbarkeit und des Mitgefühls kultivieren, was letztendlich Ihre fortlaufende Reise der persönlichen Transformation und Integration unterstützt.

IN DIE PRAXIS UMSETZEN

(1) Regelmäßige Selbstreflexion, um das persönliche Wachstum zu bewerten und bewältigte Herausforderungen zu erkennen. Beispiel: Nehmen Sie sich jede Woche Zeit, um über Ihre Gedanken, Handlungen und Reaktionen auf äußere Ereignisse nachzudenken. Führen Sie ein Tagebuch, um Ihre Fortschritte zu verfolgen und Wachstumsbereiche zu identifizieren.

(2) Beziehen Sie das stoische Prinzip der Selbstprüfung ein, indem Sie regelmäßig über Ihren eigenen Charakter nachdenken und nach persönlicher Verbesserung streben. Beispiel: Nehmen Sie sich jeden Abend vor dem Schlafengehen einige Augenblicke Zeit, um über Ihr Handeln während des Tages nachzudenken. Überlegen Sie, ob es Fälle gab, in denen Sie anders hätten reagieren können, und nutzen Sie diese Überlegungen, um Ihr Verhalten am nächsten Tag zu steuern.

(3) Führen Sie ein Tagebuch, um zu reflektieren, Gedanken und Emotionen zu verfolgen und Muster zu erkennen, die mit Schattenaspekten zusammenhängen. Beispiel: Legen Sie ein Tagebuch an, in dem Sie täglich Ihre Gedanken und Gefühle aufschreiben. Analysieren Sie Ihre Einträge jede Woche, um wiederkehrende Muster und Auslöser zu erkennen, die mit Ihrem

Schattenselbst zusammenhängen. Nutzen Sie diese Erkenntnisse, um Ihr Verhalten bewusst zu ändern.

(4) Nehmen Sie sich Zeit für die Selbstbeobachtung, sei es durch Meditation, Achtsamkeitsübungen oder durch das Aufsuchen eines ruhigen Ortes, um über Erfahrungen nachzudenken. Beispiel: Nehmen Sie sich jeden Morgen 15 Minuten Zeit für Meditation und Reflexion. Setzen Sie sich an einen ruhigen Ort, konzentrieren Sie sich auf Ihre Atmung und lassen Sie Gedanken und Gefühle an die Oberfläche kommen. Nutzen Sie diese Zeit, um sich Klarheit über die Veränderungen zu verschaffen, die in Ihrem Inneren stattgefunden haben, und die Maßnahmen zu planen, die für weiteres Wachstum erforderlich sind.

(5) Kultivieren Sie Dankbarkeit, indem Sie die Fortschritte auf dem Weg der Selbstentdeckung anerkennen und die Schattenaspekte annehmen. Beispiel: Schreiben Sie jeden Tag drei Dinge auf, für die Sie dankbar sind, und konzentrieren Sie sich dabei auf die Fortschritte, die Sie gemacht haben, und die Lektionen, die Sie aus der Auseinandersetzung mit Ihrem Schattenselbst gelernt haben. Diese Praxis wird Ihnen helfen, eine positive Einstellung und Wertschätzung für Ihr persönliches Wachstum zu entwickeln.

(6) Üben Sie sich in Selbstmitgefühl, indem Sie Herausforderungen und Fortschritte in der persönlichen Entwicklung anerkennen. Beispiel: Wann immer Sie einen Rückschlag erleben oder sich entmutigt fühlen, erinnern Sie sich an die Herausforderungen, die Sie überwunden haben, und an die Fortschritte, die Sie gemacht haben. Behandeln Sie sich selbst mit Freundlichkeit und Verständnis und erkennen Sie an, dass persönliches Wachstum Zeit und Mühe erfordert.

10.2. Eine tägliche Praxis aufrechterhalten

Um die Prinzipien des Stoizismus und der Schattenarbeit wirklich in Ihr Leben zu integrieren, ist es wichtig, eine tägliche Praxis zu etablieren, die sowohl effektiv als auch nachhaltig ist. Beständigkeit ist der Schlüssel, wenn es um persönliches Wachstum und Selbstfindung geht. Durch die Einführung einer Routine, die Achtsamkeit, Selbstreflexion und bewusstes Handeln umfasst,

können Sie eine solide Grundlage für transformative Erfahrungen schaffen.

Mit kleinen Schritten zu beginnen und diese nach und nach auszubauen, ist eine der effektivsten Methoden, um eine tägliche Praxis aufrechtzuerhalten. Viele Menschen machen den Fehler, sich zu viele neue Gewohnheiten auf einmal anzueignen, was schnell überwältigend werden und zu Burnout führen kann. Konzentrieren Sie sich stattdessen auf ein oder zwei Schlüsselgewohnheiten, die Ihnen besonders am Herzen liegen, und verpflichten Sie sich, diese in Ihre tägliche Routine zu integrieren. Ob Tagebuchschreiben, Meditation oder Dankbarkeitsübungen - wählen Sie Aktivitäten, die mit Ihren Zielen und Prioritäten übereinstimmen.

Darüber hinaus können die Festlegung spezifischer Ziele und die Erstellung eines strukturierten Zeitplans wesentlich dazu beitragen, dass Sie bei Ihrer täglichen Praxis auf dem richtigen Weg bleiben. Wenn Sie eine klare Vorstellung davon haben, was Sie erreichen wollen, und einen Plan haben, wie Sie es erreichen können, werden Sie eher motiviert und engagiert bleiben. Wenn Sie beispielsweise Ihre emotionale Widerstandsfähigkeit kultivieren wollen, können Sie jeden Morgen Zeit für Meditation und Selbstreflexion einplanen, um Ihr geistiges und emotionales Wohlbefinden zu stärken.

Die Integration von Verantwortlichkeit in Ihre tägliche Praxis kann auch ein starker Motivator sein, um Ihr Engagement für Wachstum aufrechtzuerhalten. Ob Sie sich einen Mentor suchen, einer Selbsthilfegruppe beitreten oder Ihre Ziele einfach mit einem vertrauenswürdigen Freund teilen - jemanden zu haben, der Sie ermutigt und zur Rechenschaft zieht, kann einen großen Unterschied in Ihrer Fähigkeit machen, Ihre Praxis beizubehalten. Darüber hinaus kann externe Unterstützung und Anleitung wertvolle Einblicke und Perspektiven bieten, die Ihre Reise der Selbstentdeckung verbessern können.

Es ist wichtig, daran zu denken, dass es bei der Aufrechterhaltung einer täglichen Praxis nicht darum geht, Perfektion zu erreichen, sondern vielmehr um Beständigkeit und Fortschritt. Es wird unweigerlich Tage geben, an denen das Leben chaotisch wird und es sich schwierig anfühlt, dem persönlichen Wachstum Priorität einzuräumen. In diesen Zeiten ist es wichtig, sanft mit sich selbst umzugehen und anzuerkennen, dass es in Ordnung ist, Momente des Widerstands oder Rückschläge zu erleben. Betrachten Sie sie nicht als Versagen, sondern als Gelegenheit zum Lernen und Wachsen.

Ein weiterer wesentlicher Aspekt bei der Aufrechterhaltung einer täglichen Praxis ist es, aufgeschlossen und anpassungsfähig zu bleiben. Wenn Sie sich tiefer in Stoizismus und Schattenarbeit vertiefen, werden Sie vielleicht feststellen, dass bestimmte Praktiken bei Ihnen mehr Anklang finden als andere oder dass sich Ihre Bedürfnisse und Prioritäten mit der Zeit verändern. Die Bereitschaft, Ihre tägliche Routine anzupassen und zu verändern, je nachdem, was Ihnen im gegenwärtigen Moment am besten dient, ist ein wesentlicher Bestandteil einer nachhaltigen persönlichen Entwicklung.

Die Aufrechterhaltung einer täglichen Praxis erfordert Hingabe, Selbsterkenntnis und ein echtes Engagement für Ihr eigenes Wachstum und Wohlbefinden. Indem Sie eine beständige Routine kultivieren, die die Prinzipien des Stoizismus und der Schattenarbeit integriert, können Sie eine kraftvolle Grundlage für nachhaltige Transformation und ein bewussteres, erfülltes Leben schaffen. Denken Sie daran, dass jeder kleine Schritt, den Sie zur Aufrechterhaltung Ihrer täglichen Praxis unternehmen, ein wichtiger Teil Ihrer fortlaufenden Reise der Selbstentdeckung und des Wachstums ist.

IN DIE PRAXIS UMSETZEN

(1) Fangen Sie klein an und bauen Sie Ihre tägliche Praxis schrittweise aus: Überfordern Sie sich nicht mit zu vielen neuen Gewohnheiten auf einmal, sondern konzentrieren Sie sich auf eine oder zwei wichtige Praktiken, die Ihnen zusagen. Beginnen Sie zum Beispiel damit, jeden Morgen 5 Minuten zu meditieren, und steigern Sie die Dauer mit der Zeit.

(2) Setzen Sie sich konkrete Ziele und erstellen Sie einen strukturierten Zeitplan: Legen Sie klar fest, was Sie mit Ihrer täglichen Praxis erreichen wollen, und erstellen Sie einen Zeitplan, der Zeit für die von Ihnen gewählten Aktivitäten vorsieht. Wenn Ihr Ziel beispielsweise darin besteht, Ihre körperliche Fitness zu verbessern, planen Sie jeden Tag Zeit für ein Workout oder eine Yoga-Sitzung ein.

(3) Integrieren Sie Verantwortlichkeit in Ihre tägliche Praxis: Suchen Sie sich einen Mentor, schließen Sie sich einer Selbsthilfegruppe an, oder teilen Sie Ihre Ziele mit einem vertrauenswürdigen Freund oder Partner. Wenn Sie jemanden haben, der Sie zur Rechenschaft zieht und Ihnen Unterstützung und Ermutigung bietet, kann das Ihre Motivation und Ihr Engagement erheblich steigern. Sie können zum Beispiel einer Online-Meditationsgruppe beitreten, in der Sie Ihre Erfahrungen und Fortschritte austauschen können.

(4) Seien Sie sanft zu sich selbst und nehmen Sie Rückschläge als Lernchancen wahr: Verstehen Sie, dass es bei der Aufrechterhaltung einer täglichen Praxis nicht um Perfektion geht. Es wird Tage geben, an denen das Leben viel zu tun hat oder an denen Sie Widerstand spüren. Betrachten Sie diese Momente nicht als Versagen, sondern als Gelegenheit zum Lernen und Wachsen. Wenn Sie z. B. einen Tag mit dem Tagebuchschreiben auslassen, nehmen Sie das zur Kenntnis und nutzen Sie es als Erinnerung, Ihrer Praxis am nächsten Tag Priorität einzuräumen.

(5) Bleiben Sie aufgeschlossen und flexibel bei der Anpassung Ihrer täglichen Praxis: Wenn Sie verschiedene Praktiken erkunden, sollten Sie bereit sein, Ihre Routine anzupassen und zu verändern, je nachdem, was Ihnen im Moment am besten hilft. Ihre Bedürfnisse und Prioritäten können sich im Laufe der Zeit ändern, und es ist wichtig, für neue Möglichkeiten offen zu sein. Wenn Sie z. B. feststellen, dass das Führen eines Tagebuchs nicht mehr zu Ihnen passt, sollten Sie eine andere Form der Selbstreflexion einführen, wie z. B. Kunst oder Spaziergänge in der Natur.

(6) Kultivieren Sie Hingabe, Selbsterkenntnis und ein echtes Engagement für Ihr Wachstum: Denken Sie daran, dass die Aufrechterhaltung einer täglichen Praxis Anstrengung und ein großes

persönliches Engagement erfordert. Bleiben Sie Ihren Zielen treu, achten Sie auf Ihre Fortschritte und Herausforderungen, und geben Sie Ihrem eigenen Wachstum und Wohlbefinden echte Priorität. Überprüfen Sie zum Beispiel regelmäßig, wie sich Ihre tägliche Praxis auf Ihr allgemeines Gefühl der Erfüllung auswirkt, und nehmen Sie gegebenenfalls Anpassungen vor. Beispiel: Angenommen, Sarah möchte Achtsamkeit in ihr tägliches Leben integrieren, fühlt sich aber überfordert, wenn sie versucht, dies in ihren vollen Terminkalender einzubauen. Sie beschließt, klein anzufangen und sich jeden Tag nur 5 Minuten Zeit für eine Achtsamkeitsmeditation zu nehmen. Sie setzt sich das Ziel, diese Zeitspanne jede Woche um 1 Minute zu verlängern. Sarah erstellt außerdem einen strukturierten Zeitplan, in dem sie sich diese 5 Minuten jeden Morgen vor Beginn ihres Arbeitstages vornimmt. Um sich selbst zur Rechenschaft zu ziehen, teilt Sarah ihr Ziel mit ihrer besten Freundin, die ebenfalls eine Achtsamkeitspraxis entwickeln möchte. Sie beschließen, sich jede Woche zu treffen, um ihre Erfahrungen auszutauschen und sich gegenseitig zu unterstützen. Sarah weiß, dass es Tage geben kann, an denen sie etwas vergisst oder zu viel zu tun hat, aber anstatt hart mit sich selbst ins Gericht zu gehen, sieht sie diese Momente als Lernmöglichkeiten und bleibt ihrer Praxis treu. Während Sarah ihre Achtsamkeitsreise fortsetzt, bleibt sie aufgeschlossen und bereit, ihre Praxis an ihre sich entwickelnden Bedürfnisse und Vorlieben anzupassen. Sie weiß, dass die Aufrechterhaltung einer täglichen Praxis Hingabe, Selbsterkenntnis und ein echtes Engagement für ihr Wachstum und Wohlbefinden erfordert.

10.3. ÜBERWINDUNG VON RÜCKSCHLÄGEN UND HERAUSFORDERUNGEN

Sich Rückschlägen und Herausforderungen zu stellen und sie zu überwinden, ist ein unvermeidlicher Teil des Lebens, besonders wenn man Stoizismus und Schattenarbeit praktiziert. Die stoische Philosophie lehrt uns, dass wir die Kontrolle über unsere Reaktion auf äußere Ereignisse haben, auch wenn wir die Ereignisse selbst nicht kontrollieren können. Ebenso hilft uns die Schattenarbeit, uns mit den dunkleren Aspekten unserer Natur zu konfrontieren und sie zu integrieren, die in schwierigen Zeiten oft zum Vorschein kommen. In diesem Kapitel werden wir erkunden, wie wir stoische Prinzipien und Techniken der Schattenintegration anwenden können, um Rückschläge und Herausforderungen zu überwinden.

Bei Rückschlägen ist es von entscheidender Bedeutung, zunächst die aufkommenden Emotionen anzuerkennen und zu akzeptieren. Hier wird die Überschneidung von Stoizismus und Schattenarbeit besonders stark. Indem wir unbequeme Emotionen zulassen und unsere Unvollkommenheit akzeptieren, können wir Rückschlägen mit Verletzlichkeit und Authentizität begegnen. Anstatt diese Emotionen zu leugnen oder zu unterdrücken, können wir lernen, mit ihnen zu leben und ihre Ursachen zu verstehen. Dieser Prozess vertieft unsere Selbstwahrnehmung, die für eine effektive Bewältigung von Herausforderungen unerlässlich ist.

Der Stoizismus betont, wie wichtig es ist, angesichts äußerer Schwierigkeiten die innere Widerstandsfähigkeit zu bewahren. Indem wir erkennen, was wir kontrollieren können und was nicht, können wir unsere Energie auf die Aspekte eines Rückschlags lenken, die wir beeinflussen können. Dieses Prinzip hilft uns nicht nur, ungesunde Anhaftungen an Dinge, die sich unserer Kontrolle entziehen, aufzugeben, sondern ermöglicht es uns auch, uns auf konstruktive Maßnahmen zu konzentrieren, wo dies möglich ist. Bei der Schattenarbeit ermöglicht uns dieser Ansatz, die Schattenaspekte der Kontrolle zu integrieren und Furcht und Angst in ein Gefühl der Ermächtigung und Handlungsfähigkeit zu verwandeln.

Darüber hinaus ist das Üben von stoischer Achtsamkeit bei der Bewältigung von Rückschlägen und Herausforderungen von großem Nutzen. Achtsamkeit bedeutet, dass wir unsere Gedanken und Emotionen beobachten, ohne zu urteilen, was uns eine wertvolle Perspektive bietet, wenn wir mit Widrigkeiten konfrontiert sind. Durch das Üben stoischer Achtsamkeitstechniken kultivieren wir emotionale Widerstandsfähigkeit und entwickeln eine größere Fähigkeit, schwierige Situationen mit Klarheit und Gelassenheit zu meistern. In Verbindung mit den Prinzipien der Schattenintegration ermöglicht uns diese Achtsamkeit, Schattenemotionen achtsam anzunehmen, anstatt von ihnen überwältigt zu werden.

Außerdem kann der Prozess der Schattenintegration bei der Überwindung von Rückschlägen hilfreich sein. Indem wir die Schattenaspekte der Resilienz anerkennen und annehmen, können wir Schmerz in Wachstum umwandeln und mentale und emotionale Widerstandsfähigkeit aufbauen. Dazu gehört, dass wir uns mit unserer dunklen Natur auseinandersetzen und die Kraft finden, selbst angesichts großer Herausforderungen voranzukommen. Indem wir unseren Schatten integrieren, zapfen wir eine Quelle innerer Stärke und Widerstandsfähigkeit an, die oft in uns schlummert.

Die Kombination aus Stoizismus und Schattenarbeit bietet einen umfassenden Ansatz zur Bewältigung von Rückschlägen und Herausforderungen. Indem wir unbequeme Emotionen zulassen, unsere Grenzen anerkennen und Achtsamkeit und Widerstandsfähigkeit kultivieren, können wir Widrigkeiten mit Anmut und Stärke bewältigen. Dieser integrierte Ansatz ermöglicht es uns, Rückschlägen mit Selbsterkenntnis und Zielstrebigkeit zu begegnen, was zu tiefgreifendem persönlichen Wachstum und Transformation führt.

IN DIE PRAXIS UMSETZEN

(1) Unangenehme Gefühle annehmen und Unvollkommenheiten akzeptieren Beispiel: Wenn Sie mit einem Rückschlag konfrontiert werden, sollten Sie unangenehme Gefühle nicht leugnen oder unterdrücken, sondern sich bewusst mit ihnen auseinandersetzen und über ihre Ursachen nachdenken. Wenn zum Beispiel eine Bewerbung abgelehnt wird, erlauben Sie sich, die Enttäuschung zu fühlen und erkennen Sie an, dass die Ablehnung ein normaler Teil des Prozesses ist. Das Annehmen dieser Gefühle und das Akzeptieren von Unvollkommenheiten kann zu einem tieferen Selbstbewusstsein und einer gesünderen Einstellung gegenüber Herausforderungen führen.

(2) Kultivieren Sie innere Widerstandsfähigkeit, indem Sie sich auf das konzentrieren, was Sie kontrollieren können: Anstatt sich mit äußeren Faktoren zu beschäftigen, die sich Ihrer Kontrolle entziehen, wie das Wetter oder die Handlungen anderer Menschen, richten Sie Ihre Energie auf die Aspekte eines Rückschlags, die Sie beeinflussen können. Wenn zum Beispiel eine Beziehung endet, konzentrieren Sie sich auf Ihr eigenes persönliches Wachstum und Ihre Heilung, anstatt zu versuchen, die Entscheidungen der anderen Person zu ändern. Diese Änderung der Denkweise ermöglicht es Ihnen, ungesunde Bindungen loszulassen und konstruktive Maßnahmen zu ergreifen, wo dies möglich ist.

(3) Üben Sie stoische Achtsamkeitstechniken, um emotionale Widerstandsfähigkeit zu entwickeln Beispiel: Wenn Sie mit Widrigkeiten konfrontiert sind, sollten Sie Achtsamkeitsübungen anwenden, bei denen Sie Ihre Gedanken und Gefühle ohne Bewertung beobachten. Wenn Sie beispielsweise ein negatives Feedback zu einem Projekt erhalten, nehmen Sie sich einen Moment Zeit, um innezuhalten und negative Gedanken oder Gefühle zu beobachten, ohne impulsiv zu reagieren. Wenn Sie durch stoische Achtsamkeit Ihre emotionale Widerstandsfähigkeit kultivieren, können Sie schwierige Situationen mit Klarheit und Gelassenheit meistern.

(4) Integrieren Sie die Schattenaspekte der Resilienz, um Schmerz in Wachstum umzuwandeln Beispiel: Erkennen Sie Ihre dunklen Seiten an, wie Selbstzweifel oder Angst, und stellen Sie sich ihnen, wenn Sie mit Rückschlägen konfrontiert werden. Wenn Sie zum Beispiel eine wichtige Prüfung nicht bestehen, erforschen Sie Ihre Angst, nicht gut genug zu sein oder Ihre Ziele nicht zu erreichen. Indem Sie diese Schattenaspekte integrieren und die Kraft finden, vorwärts zu gehen, können Sie den Schmerz in Wachstumschancen umwandeln. Dieser Prozess trägt dazu bei, mentale und emotionale Stärke aufzubauen, die Sie bei zukünftigen Herausforderungen einsetzen können.

(5) Gehen Sie Rückschläge mit Selbstbewusstsein und Zielstrebigkeit an Beispiel: Wenn Sie mit Rückschlägen konfrontiert werden, nehmen Sie sich einen Moment Zeit, um über Ihre Werte und

langfristigen Ziele nachzudenken. Scheitert beispielsweise ein geschäftliches Vorhaben, erinnern Sie sich an den Zweck, der hinter Ihren Bemühungen steht, und an die Wirkung, die Sie erzielen wollen. Diese Selbsterkenntnis und zielgerichtete Denkweise ermöglichen es Ihnen, Rückschlägen mit Widerstandsfähigkeit und Entschlossenheit zu begegnen, was zu persönlichem Wachstum und Veränderung führt.

10.4. SUCHE NACH UNTERSTÜTZUNG UND GEMEINSCHAFT

Beim Streben nach Stoizismus und Schattenarbeit ist es wichtig, den Wert der Unterstützung und der Zugehörigkeit zu einer Gemeinschaft zu erkennen. Während ein Großteil dieser Reise persönliche Reflexion und Selbstbeobachtung beinhaltet, kann ein Unterstützungssystem und ein Gemeinschaftsgefühl auf dem Weg wertvolle Ermutigung, Anleitung und Verantwortlichkeit bieten.

Wenn wir uns mit dem Schatten auseinandersetzen und die Tiefen unserer Psyche erforschen, stoßen wir häufig auf Herausforderungen und emotionalen Aufruhr. Ein Unterstützungssystem zu haben, bietet einen sicheren Raum, um diese Kämpfe auszudrücken und Mitgefühl und Verständnis zu erfahren. Ob es sich dabei um einen vertrauenswürdigen Freund, einen Therapeuten oder eine Selbsthilfegruppe handelt, jemanden zum Reden zu haben, kann das Gefühl der Isolation lindern, das die Schattenarbeit oft begleitet.

Darüber hinaus kann die Zugehörigkeit zu einer Gemeinschaft von Gleichgesinnten, die sich ebenfalls auf dem Weg des Stoizismus und der Schattenarbeit befinden, ein Gefühl der Zugehörigkeit und Bestätigung vermitteln. Der Austausch mit anderen, die durch ähnliche innere Landschaften navigieren, kann die Erfahrungen und Herausforderungen, die während dieses Prozesses auftreten, normalisieren. Der Austausch von Erkenntnissen, das Lernen von der

Reise der anderen und die gegenseitige Unterstützung können erheblich zum persönlichen Wachstum und zur Resilienz beitragen.

Neben der emotionalen Unterstützung kann eine Gemeinschaft auch wertvolle Ressourcen und Werkzeuge für die persönliche Entwicklung bereitstellen. Dazu können empfohlene Lektüre, Achtsamkeitspraktiken oder praktische Übungen zur Integration stoischer Prinzipien und zur Auseinandersetzung mit dem Schatten gehören. Indem sie auf die kollektive Weisheit und die Erfahrungen der Gemeinschaft zurückgreifen, können Einzelne ihr Verständnis von Stoizismus und Schattenarbeit verbessern und neue Ansätze für ihr eigenes persönliches Wachstum entdecken.

Die Unterstützung und Rechenschaftspflicht, die sich aus der Zugehörigkeit zu einer Gemeinschaft ergeben, können auch dazu beitragen, dass der Einzelne an seiner Praxis festhält. Es ist nicht ungewöhnlich, dass man auf Widerstand, Zweifel oder die Versuchung stößt, den Weg ganz aufzugeben. Von einer Gemeinschaft umgeben zu sein, kann jedoch Motivation und Ermutigung bieten, die Arbeit fortzusetzen, selbst im Angesicht von Widrigkeiten. Zu wissen, dass andere einen ähnlichen Weg gehen, ist eine starke Erinnerung an die kollektive Stärke und Widerstandsfähigkeit, die aus gemeinsamen Erfahrungen erwächst.

Darüber hinaus entspricht die Suche nach Unterstützung und Gemeinschaft der stoischen Philosophie, die unsere Verbundenheit mit anderen und die Bedeutung unseres Beitrags zum Wohl der Gesellschaft anerkennt. Durch die Einbindung in eine Gemeinschaft kann der Einzelne die stoische Tugend der Gerechtigkeit verkörpern, indem er den gegenseitigen Nutzen der Unterstützung und der Unterstützung durch andere anerkennt.

Die Suche nach Unterstützung und Gemeinschaft im Kontext des Stoizismus und der Schattenarbeit verkörpert das stoische Prinzip der oikeiôsis, das unsere natürliche Neigung zu und Sorge für andere betont. Indem wir uns mit anderen verbinden und Unterstützung erhalten, kann der Einzelne ein Gefühl der Zugehörigkeit und Verbundenheit kultivieren, das für eine ganzheitliche persönliche Entwicklung entscheidend ist.

Um die Auswirkungen der Suche nach Unterstützung und Gemeinschaft zu veranschaulichen, betrachten wir die Geschichte von Johannes. Anfänglich begann John seine Reise des Stoizismus und der Schattenarbeit in Einsamkeit. Obwohl er erhebliche Fortschritte machte, hatte er oft Mühe, motiviert zu bleiben und seine Praxis konsequent durchzuhalten. Als er sich jedoch einer örtlichen stoischen Diskussionsgruppe anschloss, fand er den Austausch mit anderen, die ähnliche Werte und Bestrebungen teilten, sehr wertvoll. Die Gemeinschaft bot ihm praktische Ratschläge, emotionale Unterstützung und ein neues Gefühl der Zielstrebigkeit, was sein Wachstum und seine Integration von Stoizismus und Schattenarbeit vorantrieb.

Unterstützung zu suchen und Teil einer Gemeinschaft zu sein, ist ein wichtiger Aspekt der Integration von Stoizismus und Schattenarbeit. Indem man sich mit anderen zusammentut, kann man emotionale Unterstützung erhalten, wertvolle Ressourcen gewinnen, Motivation finden und die Verbundenheit, die im Kern der stoischen Philosophie liegt, annehmen. Ein Gemeinschaftsgefühl zu haben, bereichert und unterstützt den fortlaufenden Prozess der Selbstfindung und des persönlichen Wachstums.

IN DIE PRAXIS UMSETZEN

(1) Suchen Sie sich ein Unterstützungssystem oder eine Gemeinschaft, die Sie auf dem Weg des Stoizismus und der Schattenarbeit begleitet und ermutigt. Beispiel: Jemand, der Stoizismus und Schattenarbeit erforscht, schließt sich einer örtlichen Selbsthilfegruppe an, in der er seine Herausforderungen mit anderen teilen kann, Mitgefühl erfährt und von anderen, die sich auf einem ähnlichen Weg befinden, Anleitung erhält.

(2) Wenden Sie sich an einen vertrauenswürdigen Freund, einen Therapeuten oder eine Selbsthilfegruppe, um einen sicheren Raum zu haben, in dem Sie Ihre Probleme ausdrücken und Verständnis für den Prozess der Schattenarbeit erhalten können. Beispiel: Sarah, die durch Schattenarbeit in ihre Psyche eindringt, trifft sich regelmäßig mit ihrem Therapeuten, um ihre emotionalen Herausforderungen zu besprechen und Unterstützung und Verständnis zu erhalten.

(3) Schließen Sie sich einer Gemeinschaft von Gleichgesinnten an, die ebenfalls Stoizismus und Schattenarbeit praktizieren, um Erfahrungen zu normalisieren und sich gegenseitig zu unterstützen. Beispiel: John schließt sich einer Online-Gemeinschaft an, die sich dem Stoizismus und der Schattenarbeit widmet und in der die Mitglieder Erkenntnisse austauschen, von den Erfahrungen der anderen lernen und sich gegenseitig unterstützen.

(4) Nutzen Sie die von der Gemeinschaft zur Verfügung gestellten Ressourcen und Hilfsmittel für die persönliche Entwicklung, wie z. B. empfohlene Lektüre, Achtsamkeitspraktiken oder praktische Übungen. Beispiel: Emily, die sich für Stoizismus und Schattenarbeit interessiert, befasst sich mit der von einer stoischen Gemeinschaft empfohlenen Lektüre und baut Achtsamkeitsübungen in ihren Tagesablauf ein.

(5) Nehmen Sie die Unterstützung und Rechenschaftspflicht an, die Ihnen die Gemeinschaft bietet, um sich der Praxis des Stoizismus und der Schattenarbeit zu widmen, auch wenn Sie auf Widerstand oder Zweifel stoßen. Beispiel: David, der sich gelegentlich in seiner stoischen Praxis demotiviert fühlt, nimmt regelmäßig an den Treffen der stoischen Diskussionsgruppe teil, wo er Motivation und Ermutigung findet, seinen Weg fortzusetzen.

(6) Erkennen Sie die Verbundenheit mit anderen und tragen Sie zum Wohl der Gesellschaft bei, indem Sie sich in einer Gemeinschaft engagieren und die stoische Tugend der Gerechtigkeit verkörpern. Beispiel: Lisa engagiert sich aktiv in ihrer örtlichen Gemeindeorganisation, wo sie andere unterstützt und von ihnen unterstützt wird, wodurch sie das Gefühl der Verbundenheit mit anderen fördert und zum Wohl der Gesellschaft beiträgt.

(7) Kultivieren Sie ein Gefühl der Zugehörigkeit und Verbundenheit, indem Sie sich um Unterstützung und Gemeinschaft bemühen und sich an dem stoischen Prinzip der oikeiôsis, der natürlichen Zuneigung zu und Sorge um andere, orientieren. Beispiel: Mark, der an der Integration von Stoizismus und Schattenarbeit arbeitet, schließt sich einer virtuellen stoischen Meditationsgruppe an, wo er sich mit anderen verbindet und ein tieferes Gefühl der Zugehörigkeit und Verbundenheit erfährt.

(8) Erkennen Sie den Wert der Suche nach Unterstützung und Gemeinschaft als entscheidend für eine ganzheitliche persönliche Entwicklung und die Aufrechterhaltung des fortlaufenden Prozesses der Selbstentdeckung und des Wachstums. Beispiel: Laura, die sich für ihr persönliches Wachstum einsetzt, sucht aktiv nach Unterstützung und Gemeinschaft, um ihren Weg der Integration von Stoizismus und Schattenarbeit zu bereichern, und erkennt den Wert, den dies für ihre ganzheitliche Entwicklung hat.

10.5. DIE FORTLAUFENDE REISE DER SELBSTENTDECKUNG ANNEHMEN

Der kontinuierliche Weg der Selbsterkundung ist ein wesentliches Element sowohl des Stoizismus als auch der Schattenarbeit. Es bedeutet, dass wir immer wieder in die Tiefen unseres Seins eintauchen, unsere Selbstwahrnehmung kultivieren und uns als Individuen weiterentwickeln. Dieser fortlaufende Prozess kann sowohl herausfordernd als auch lohnend sein, denn er erfordert ein starkes Engagement für persönliches Wachstum und die Bereitschaft, sich unseren inneren Schatten zu stellen.

Im Kontext des Stoizismus ist die Selbstfindung eng mit dem Streben nach eudaimonia, dem menschlichen Wohlbefinden, verbunden. Die Stoiker glaubten, dass echtes Glück und Erfüllung aus einem Leben in Harmonie mit der Natur und der Entwicklung eines tugendhaften Charakters resultieren. Auf dieser Reise der Selbstentdeckung müssen wir über unsere Werte, Stärken und Schwächen nachdenken und herausfinden, wie sie mit den stoischen Tugenden Weisheit, Mut, Gerechtigkeit und Mäßigung in Einklang stehen. Es bedeutet auch, die unvermeidlichen Schwierigkeiten und Rückschläge, die das Leben mit sich bringt, anzunehmen und sie als Chance für Wachstum und Selbstverbesserung zu nutzen.

Auf der anderen Seite bedeutet der kontinuierliche Weg der Selbstentdeckung im Bereich der Schattenarbeit, dass wir in unser Unterbewusstsein eindringen, um unterdrückte Gedanken, Gefühle und Verhaltensmuster aufzudecken. Bei diesem Prozess geht es darum, die Aspekte von uns selbst, die wir vielleicht verdrängt oder verleugnet haben, anzunehmen und sie ohne Wertung anzuerkennen. Es geht auch darum, diese Schattenaspekte in unser Bewusstsein zu integrieren und sie in einer Weise zu transformieren, die mit unseren persönlichen Werten und unserem moralischen Charakter übereinstimmt.

Um die fortlaufende Reise der Selbstentdeckung effektiv zu bewältigen, ist es wichtig, eine Haltung der Offenheit, der Neugier und des Selbstmitgefühls zu kultivieren. Das bedeutet, dass wir bereit sind, die Tiefen unserer Psyche zu erforschen, uns mit unseren Ängsten zu konfrontieren und das Unbehagen, das sich aus der Selbsterkenntnis ergibt, zu akzeptieren. Dazu gehört auch, eine Praxis der Achtsamkeit und Selbstbeobachtung zu entwickeln, die es uns ermöglicht, unsere Gedanken, Gefühle und Verhaltensweisen ohne Anhaftung oder Abneigung zu beobachten.

Um die Reise der Selbstentdeckung fortzusetzen, muss man sich außerdem dem ständigen Lernen und der persönlichen Entwicklung verschreiben. Dies kann bedeuten, dass wir nach Wissens- und Weisheitsquellen wie Büchern, Kursen, Mentoren oder Gemeinschaften suchen, die unser Wachstum unterstützen und uns auf unserem Weg wertvolle Einsichten vermitteln können. Dazu gehört auch, dass wir uns einen Sinn für Demut und Empfänglichkeit bewahren und verstehen, dass es immer mehr über uns selbst und die Welt um uns herum zu lernen und zu erforschen gibt.

Die fortlaufende Reise der Selbstentdeckung profitiert auch von der Kultivierung von Widerstandsfähigkeit und Ausdauer. Es ist wichtig anzuerkennen, dass die Selbstfindung nicht immer einfach ist, und dass sie die Konfrontation mit unbequemen Wahrheiten und schwierigen Veränderungen beinhalten kann. Die mentale und emotionale Stärke zu entwickeln, um diese Herausforderungen zu meistern, ist ein entscheidender Teil des Prozesses, da sie uns befähigt, auch angesichts von Widrigkeiten an unserem Wachstum festzuhalten.

Sich auf die ständige Reise der Selbstfindung einzulassen, ist ein zutiefst persönliches und transformatives Unterfangen. Sie erfordert Mut, Verletzlichkeit und die Bereitschaft, unseren Schatten mit Mitgefühl und Weisheit zu begegnen. Wenn wir uns auf diese Reise einlassen, können wir ein tieferes Verständnis für uns selbst entwickeln, eine größere Übereinstimmung mit unseren Werten und Tugenden finden und ein erfüllteres und authentischeres Leben führen.

IN DIE PRAXIS UMSETZEN

(1) Kultivieren Sie die Selbstwahrnehmung durch Achtsamkeit und Selbstbeobachtung. Beispiel: Nehmen Sie sich jeden Tag 10 Minuten Zeit zum Meditieren oder Nachdenken. Konzentrieren Sie sich in dieser Zeit darauf, Ihre Gedanken, Gefühle und Verhaltensweisen zu beobachten, ohne sie zu bewerten. Diese Praxis wird Ihnen helfen, ein tieferes Verständnis für sich selbst zu entwickeln und Ihre Selbstwahrnehmung zu verbessern.

(2) Denken Sie über Ihre Werte, Stärken und Schwächen nach, um sie mit Ihren persönlichen Wachstumszielen in Einklang zu bringen. Beispiel: Nehmen Sie sich etwas Zeit, um Ihre Grundwerte, Stärken und Schwächen aufzuschreiben. Überlegen Sie dann, wie diese mit Ihren persönlichen Wachstumszielen übereinstimmen. Ermitteln Sie Bereiche, in denen Sie Ihre Stärken und Werte nutzen können, um Schwächen zu überwinden und Fortschritte bei der Erreichung Ihrer Ziele zu machen.

(3) Nehmen Sie Herausforderungen und Rückschläge als Chance für Wachstum und Selbstverbesserung wahr. Beispiel: Wann immer Sie mit einer Herausforderung oder einem Rückschlag konfrontiert werden, nehmen Sie sich einen Moment Zeit, um darüber nachzudenken, was Sie aus dieser Situation lernen können. Überlegen Sie, wie Sie diese Erfahrung nutzen können, um zu wachsen und sich zu verbessern. Wenn Sie Herausforderungen auf diese Weise annehmen, entwickeln Sie Widerstandsfähigkeit und streben kontinuierlich nach persönlichem Wachstum.

(4) Suchen Sie nach Quellen des Wissens und der Weisheit, die Sie auf Ihrer fortlaufenden Selbstfindungsreise unterstützen. Beispiel: Treten Sie einem Buchclub bei oder belegen Sie Online-Kurse, die Ihren Interessen und Zielen entsprechen. Beteiligen Sie sich an Gesprächen mit Mentoren oder Gemeinschaften, die Ihnen wertvolle Einsichten und Perspektiven vermitteln können. Die aktive Suche nach Wissen und Weisheit wird Ihre Selbstwahrnehmung verbessern und zur persönlichen Entwicklung beitragen.

(5) Entwickeln Sie Resilienz und Ausdauer, um die Herausforderungen der Selbstfindung zu meistern. Beispiel: Wann immer Sie auf Hindernisse stoßen oder mit schwierigen Wahrheiten über sich selbst konfrontiert werden, erinnern Sie sich an Ihr Engagement für persönliches Wachstum. Nehmen Sie eine Wachstumsmentalität an und betrachten Sie Rückschläge als vorübergehende Herausforderungen und nicht als permanente Misserfolge. Pflegen Sie Ihre Widerstandsfähigkeit, indem Sie für sich selbst sorgen, Unterstützung von anderen suchen und sich auf Ihre langfristigen Ziele konzentrieren.

(6) Denken Sie daran, dass die fortlaufende Reise der Selbstentdeckung ein zutiefst persönlicher und transformativer Prozess ist. Indem Sie diese Schritte umsetzen, können Sie aktiv Selbstreflexion betreiben, Herausforderungen annehmen, Wissen suchen und Widerstandsfähigkeit entwickeln, um ein erfüllteres und authentischeres Leben zu führen.

INDEX

Abneigung, 189
Absicht, 80, 122, 169
abstrakte Ideen, 104
achtsam, 23, 30, 90, 92, 182
achtsames Gewahrsein, 55
Achtsamkeit, 2, 4, 18, 25, 30, 31, 32, 34, 35, 50, 62, 65, 67, 68, 71, 72, 74, 79, 80, 81, 82, 83, 89, 91, 92, 94, 102, 103, 107, 118, 120, 158, 160, 176, 180, 181, 182, 183, 190
Achtsamkeit kultivieren, 160
Achtsamkeit üben, 25, 31, 34, 91
Achtsamkeit und Akzeptanz, 80, 82
Achtsamkeitsmeditation, 4, 27, 66, 76, 93, 94, 180
Achtsamkeitspraktiken, 5, 80, 185, 187
Achtsamkeitspraxis, 64, 80, 81, 82, 180
Achtsamkeitsübungen, 17, 18, 27, 71, 72, 89, 118, 122, 142, 174, 176, 183, 187
Affirmationen, 72, 118, 120
aktives Zuhören, 124
aktuellen Erfahrungen, 112, 113
Akzeptanz, 2, 6, 7, 9, 13, 15, 17, 18, 19, 33, 34, 35, 60, 61, 67, 69, 71, 74, 75, 76, 83, 85, 88, 89, 99, 113, 115, 119, 132, 133, 152, 169, 171
Akzeptanz üben, 67

akzeptieren, 5, 7, 13, 15, 19, 23, 32, 33, 35, 36, 50, 61, 64, 65, 67, 69, 70, 72, 73, 75, 88, 89, 97, 100, 101, 102, 105, 108, 109, 112, 114, 118, 129, 130, 132, 151, 153, 156, 165, 166, 181, 189
Akzeptieren, 6, 7, 32, 34, 38, 62, 68, 114, 130, 133, 153, 182
Akzeptieren von Unvollkommenheiten, 32, 34, 182
alle Arten von schwierigen Situationen, 58
als Schwäche angesehen, 36
alternative Perspektiven, 68
amor fati, 33, 35, 88, 89, 105, 106, 118, 119
an Ressentiments festhalten, 127
anbieten, 34, 95, 119, 132, 133
andere, 1, 3, 5, 36, 37, 42, 44, 47, 53, 54, 56, 58, 62, 73, 74, 121, 122, 123, 125, 126, 131, 132, 133, 136, 165, 167, 178, 179, 185, 187
andere Denkweisen, 73
anderen, 3, 6, 7, 24, 35, 36, 37, 38, 42, 50, 52, 54, 62, 71, 73, 113, 120, 121, 122, 123, 124, 125, 126, 127, 128, 131, 132, 133, 137, 139, 145, 146, 149, 156, 157, 160, 161, 162, 169, 170,

INDEX

171, 183, 184, 185, 186, 187, 189, 191
anerkennen, 5, 7, 22, 24, 27, 29, 30, 33, 34, 36, 37, 38, 42, 43, 50, 53, 56, 57, 62, 67, 69, 72, 73, 74, 91, 98, 100, 101, 102, 106, 108, 109, 112, 115, 118, 121, 122, 126, 127, 128, 130, 131, 132, 136, 143, 144, 147, 148, 150, 151, 155, 156, 157, 159, 162, 163, 164, 165, 166, 168, 169, 170, 174, 175, 176, 182
Anerkennung, 60, 63, 86, 99, 117, 156, 162, 169, 170
angesichts von Herausforderungen und Nöten, 169
angesichts von Widrigkeiten, 2, 13, 80, 89, 92, 102, 103, 190
Angst, 3, 5, 7, 18, 22, 23, 29, 31, 32, 33, 42, 47, 51, 66, 67, 68, 73, 74, 75, 84, 90, 91, 112, 113, 150, 162, 181, 183
Angst vor Unzulänglichkeit, 84
Ängste, 4, 7, 12, 14, 27, 28, 38, 39, 42, 44, 50, 56, 57, 64, 65, 66, 67, 68, 69, 72, 74, 75, 83, 84, 85, 98, 100, 110, 127, 136, 137, 145, 146, 147, 148, 149, 150, 152
Ängste und Befürchtungen, 67, 68, 69, 74, 145
Anhaftung, 34, 35, 70, 75, 79, 189
Anhaftungen, 50, 60, 63, 64, 65, 66, 74
Anleitung, 11, 12, 177, 184, 186
Anmut, 17, 18, 33, 34, 37, 46, 61, 62, 70, 84, 86, 87, 88, 91, 99, 110, 122, 125, 182
Anmut und Widerstandsfähigkeit, 46, 61, 84, 86, 88
Annehmen, 6, 90, 113, 182
anpassen, 12
anpassungsfähig, 178
Anpassungsfähigkeit, 33, 62, 70, 73

Ansatz, 10, 12, 16, 17, 33, 47, 56, 81, 82, 94, 100, 124, 166, 181, 182
ansprechen, 42, 50, 86, 108, 137, 152, 163, 164, 166
antike Philosophie, 1, 8
Antworten, 58
Antworten auf Herausforderungen, 58
Apathie, 70
Arbeit, 34, 47, 57, 110, 126, 129, 132, 137, 170, 185
Arbeit mit, 110
Arroganz, 145
Aspekte, 1, 2, 4, 6, 8, 9, 10, 11, 22, 23, 27, 28, 33, 34, 35, 39, 48, 50, 53, 59, 61, 68, 69, 72, 73, 76, 99, 101, 102, 104, 108, 121, 123, 127, 135, 145, 152, 156, 157, 162, 167, 168, 169, 170, 181, 183, 189
auf Situationen mit größerer Klarheit und Weisheit zu reagieren, 89
Aufbau authentischer, 112
Aufbau mentaler und emotionaler Widerstandsfähigkeit, 108, 109
aufdecken, 12, 23, 26, 48, 49, 74, 83, 87, 89, 93, 98, 122
aufgeben, 70
aufgeschlossen, 178, 179, 180
Aufmerksamkeit, 60, 61, 67, 72, 88, 160, 162
Aufmerksamkeit für den gegenwärtigen Moment, 88
aufrechterhalten, 42, 74, 139, 141, 144
Aufrechterhaltung, 144, 175, 178, 179, 188
Aufrechterhaltung des emotionalen Wohlbefindens, 175
Aufrechterhaltung einer täglichen Praxis, 178, 179
Aufrechterhaltung von, 144
aufrechtzuerhalten, 177
Aufregung, 60

INDEX

auftauchen, 10, 14, 22, 23, 26, 28, 82, 83, 84, 85, 94, 95, 125, 127, 160
auftreten können, 29
Ausdrücke, 131
ausdrücken, 186
Ausdrücken, 131, 145, 156
Auseinandersetzung mit, 4, 17, 36, 111, 176, 185
ausgerichtete Lebensweise, 13
ausgewogene, 68
Ausgewogenheit, 44
Auslöser, 18, 21, 24, 68, 72, 91, 175
ausrichten, 136, 140, 161
Ausrichtung, 51, 135, 137, 138, 139, 140
Außerdem, 4, 27, 36, 49, 102, 106, 118, 159, 169, 182
äußere Ereignisse, 4, 60, 66, 69, 173, 175, 180
äußere Umstände, 49, 62, 70, 72
äußeren Faktoren, 52, 54, 63, 183
Auswirkungen, 57, 108, 112, 124, 126, 139, 141, 164, 186
authentisch, 7, 8, 15, 25, 38, 39, 51, 140, 141, 143, 145
authentisch leben, 25
authentischere Beziehung, 112
Authentizität, 6, 7, 14, 19, 23, 25, 31, 32, 34, 36, 37, 39, 65, 66, 71, 75, 76, 94, 140, 142, 150, 165, 166, 167, 181
Bedauern, 52, 151, 152
Bedeutung, 2, 9, 25, 26, 32, 36, 41, 46, 47, 50, 66, 67, 86, 99, 106, 120, 124, 129, 136, 147, 148, 150, 151, 156, 173, 181, 185
Bedürfnis nach Bestätigung, 84
Bedürfnisse und Prioritäten, 178, 179
beeinflussen, 1, 4, 9, 12, 23, 27, 28, 51, 61, 69, 95, 97, 98, 99, 114, 122, 181, 183
beeinflusst, 54, 112, 128, 129, 161, 174

befähigt uns, Entscheidungen zu treffen, 140
Befähigung, 75, 76
befreien, 4, 7, 34, 60, 61, 65, 66, 68, 70, 75, 122, 125, 127, 130, 136
beginnen, 5, 6, 8, 21, 22, 25, 26, 28, 30, 32, 39, 63, 64, 74, 75, 93, 94, 121, 131, 135, 136, 143, 147, 148, 150, 152, 170, 177
beginnt, 36, 117
Begrenzungen, 17
Behandeln Sie sich selbst mit Freundlichkeit, 86, 176
beibehalten, 146
Beiträge, 130, 145, 156, 157
beitragen, 13, 28, 33, 34, 35, 48, 53, 56, 57, 68, 84, 85, 91, 93, 94, 98, 104, 106, 108, 110, 112, 115, 126, 148, 162, 185, 191
beobachten, 2, 10, 13, 15, 22, 23, 25, 30, 31, 32, 34, 35, 64, 67, 68, 69, 79, 80, 81, 83, 84, 85, 86, 91, 93, 94, 102, 103, 118, 120, 159, 181, 183, 189, 190
Beobachten, 4, 14, 24, 27, 76, 84, 89
Beobachtung, 80, 83, 85
Bereiche, die noch Aufmerksamkeit und Wachstum erfordern, 174
bereichert, 113, 160, 167, 186
Bereitschaft, 43, 71, 87, 93, 94, 148, 178, 188, 190
beruhigende Musik, 60
beschämend, 5, 118, 119
bessere Entscheidungen, 111
Beständigkeit, 176, 178
Bestandteil, 6, 29, 30, 37, 89, 119, 138, 165, 178
Bestätigung, 38, 60, 62, 159, 161, 184
Bestrebungen, 27, 28, 51, 186
Betrachten Sie Herausforderungen als Chancen für Wachstum, 53, 99, 103
Betreuung, 136
betrogen, 130

INDEX

Beurteilen, 65, 141
Beurteilung, 83
Bewältigungsmechanismen, 62, 112, 113
Beweise, 68
Bewerten Sie die Übereinstimmung mit Ihren Werten, 141
bewusst, 3, 10, 11, 23, 24, 44, 51, 53, 64, 73, 75, 79, 85, 87, 88, 89, 92, 103, 107, 111, 112, 114, 133, 136, 139, 147, 149, 158, 159, 160, 161, 162, 163, 176, 182
bewusste Anstrengung, 128
bewusste Art, 86
bewusste Entscheidungen, 4, 22, 23, 24, 85, 141, 146
bewusste Entscheidungen treffen, 24
bewusste Entscheidungen zu treffen, 4, 22, 23, 85, 146
bewusste Schritte, 23, 24
bewusste Schritte zur Integration, 23, 24
Bewusstheit, 22, 70, 81
Bewusstsein, 5, 7, 8, 16, 22, 23, 24, 25, 27, 30, 31, 32, 65, 68, 69, 80, 81, 90, 91, 93, 152, 189
Bewusstsein für emotionale Reaktionen, 81
Beziehung, 30, 31, 64, 65, 68, 76, 83, 93, 94, 99, 119, 120, 127, 175, 183
Beziehungen, 6, 7, 26, 27, 28, 36, 38, 42, 45, 46, 51, 54, 63, 65, 120, 121, 122, 123, 124, 125, 126, 127, 132, 133, 140, 141, 156, 157, 161, 164, 167, 169, 171, 174
Bindung, 70, 71, 85, 123
Bindungen, 63, 65, 75, 183
bleiben, 44, 55, 73, 80, 81, 146, 177, 178, 186
blinde Flecken, 43
Buchclub, 12, 191
Burnout, 177
Carl Jung, 5, 8

Chancen für die persönliche Entwicklung, 108, 110
Chancen für Wachstum, 33, 34, 35, 49, 67, 68, 69, 99, 113, 144
chaotisch, 178
Charakter, 41, 90, 175, 189
Co-Abhängigkeit, 131
dankbar für, 166, 167
Dankbarkeit, 2, 4, 13, 15, 33, 49, 51, 52, 53, 54, 81, 82, 88, 89, 98, 100, 123, 144, 145, 147, 149, 155, 156, 157, 158, 159, 160, 161, 162, 163, 164, 165, 166, 167, 168, 169, 170, 171, 173, 174, 175, 176
Dankbarkeit ausdrücken, 159
Dankbarkeit für, 2, 33, 52, 53, 82, 88, 98, 100, 155, 156, 157, 158, 162, 163, 165, 167, 169, 171
Dankbarkeit im Angesicht von Herausforderungen, 163, 170
Dankbarkeit kultivieren, 158, 162, 166, 170
Dankbarkeit üben, 49, 147, 157, 158, 160, 162, 166
das Konzept des Schattens, 16, 18
das mit unseren tiefsten Überzeugungen übereinstimmt, 140
das schlimmstmögliche Ergebnis, 100, 110
das Selbst, 33, 118
Dasein, 27, 153
dazu beitragen, 7, 11, 28, 33, 100, 149, 177, 185
definieren, 93
Demut, 125, 156, 189
Demut und ein Gefühl der Verbundenheit, 156
den gegenwärtigen Moment, 2, 4, 15, 34, 67, 70, 80, 87, 88, 89, 98, 100, 155, 159, 167
Denkmuster, 25, 55
Denkweise, 15, 33, 49, 57, 67, 73, 90, 101, 109, 117, 146, 155, 162, 183, 184
der menschlichen Erfahrung ist, 32

INDEX

Dichotomie der Kontrolle, 2, 9, 11, 64, 73, 105, 151
die dunkleren Aspekte unserer Psyche zu erforschen, 90
die Handlungen anderer Menschen, 62, 66, 183
die Herausforderungen des Lebens zu meistern, 16, 33, 102, 113
die Hindernisse des Lebens mit Entschlossenheit und Anmut zu überwinden, 17
die Ihr Leben bereichern, 54
die in schwierigen Zeiten auftauchen, 109, 110
Die Kraft der Verletzlichkeit, 6, 36, 37
Die Kultivierung der Selbstwahrnehmung, 22
die mit unseren Werten in Konflikt stehen, 140
die Schattenaspekte der Dankbarkeit anzuerkennen und zu akzeptieren, 144
die Selbstwahrnehmung zu vertiefen, 12
die Situation aus einer breiteren Perspektive betrachten, 55
die Situation mit einer ruhigen und rationalen Denkweise angehen, 56
die Situation zu akzeptieren, 15
die Ungewissheiten des Lebens akzeptieren, 69
die vorübergehende Natur aller Erfahrungen, 82
dient, 18, 140, 142, 155, 174, 178
diese Emotionen anerkennen, 90
diese Schattenaspekte anzunehmen, 112
diese Tugenden zu verkörpern, 41
direkt, 9, 26, 28, 67, 109, 111
Dissonanz, 165
Druck, 62, 70, 127
dunklen Seiten, 183
echte, 7, 36, 37, 93, 126, 132, 133, 159, 161, 180
echte Taten, 132, 133

echte Transformation, 93
echte Verbindungen, 37, 126
echtes Engagement, 178, 179
echtes Glück, 160, 188
Echtzeit, 22
Eckpfeiler, 53, 61
Eckpfeiler der stoischen Philosophie, 53, 61
effektiv, 35, 110, 176, 189
Ego, 121, 124
ehrlich, 14, 21, 26, 28, 42, 87, 89
Ehrlichkeit, 36, 46, 47, 50, 136, 137, 139, 140, 165
Eifersucht, 5, 131, 133
eigene Psyche, 3
eigene Widerstandsfähigkeit, 109, 111, 113
Eigenschaften und Tugenden, 88
Eigenschaften wie Ehrlichkeit, Mitgefühl, Integrität, Mut oder Widerstandsfähigkeit, 139
ein Gefühl der Erfüllung und des inneren Friedens, 140, 142
ein Gefühl der Losgelöstheit und Nicht-Reaktivität entwickeln, 93
ein Gleichgewicht zwischen der Anerkennung der Herausforderungen, 169
ein größeres Gefühl der Selbsterkenntnis, 175
ein Leben kultivieren, 137
ein offenes Ohr, 38
ein tieferes Gefühl der Erfüllung in der Gegenwart, 54
ein tieferes Gefühl für, 42
ein tiefes Gefühl der Selbsterkenntnis, 88
ein tiefes Verständnis für sich selbst, 23
ein Umfeld des Vertrauens und der Empathie, 36, 38
Ein weiterer Aspekt, 80, 93, 112
einbeziehen, 10, 163, 167, 171
Einblicke, 11, 21, 26, 112
eine beruhigende Tasse Tee, 168
eine enorme Quelle der Stärke, 36

INDEX

eine positive Grundstimmung für den Rest des Tages, 170
eine Therapie aufsuchen, 65, 111
einen ausgeglicheneren, 7
einen Schritt zurücktreten, 55
einen unterstützenden und mitfühlenden Rahmen, 17
Einfallsreichtum, 52
Einfluss, 1, 4, 27, 51, 60, 61, 65, 74, 99, 119, 129, 138, 157
Einfühlungsvermögen, 42, 44, 86, 117, 119, 120, 121, 123, 124, 125, 127, 129, 131, 133
Einsamkeit, 186
Einsicht, 16, 85, 137
Einsicht in die Schattenaspekte, 85
Einsichten, 17, 42, 43, 88, 97, 106, 146, 156
Emotion mit Weisheit, 32
emotionale Ehrlichkeit, 110
emotionale Freiheit, 26, 28, 66
emotionale Heilung, 10, 118, 120, 126
emotionale Intelligenz, 12, 18
emotionale Reaktionen, 26, 27
emotionale Stärke, 98, 99, 107, 111, 183, 189
emotionale Unterstützung, 146, 186
emotionale Widerstandsfähigkeit, 12, 13, 14, 15, 17, 18, 24, 37, 38, 86, 89, 90, 91, 177, 182, 183
emotionale Widerstandsfähigkeit kultivieren, 17, 177, 183
emotionale Wunden, 14
emotionalen Aufruhr, 127, 184
emotionales Wohlbefinden, 8, 62, 120
Emotionen, 3, 5, 6, 7, 8, 9, 11, 14, 15, 17, 18, 25, 26, 27, 29, 30, 31, 32, 38, 42, 56, 57, 66, 67, 68, 69, 70, 74, 80, 81, 85, 89, 91, 92, 93, 94, 95, 98, 100, 104, 107, 109, 111, 112, 113, 115, 120, 122, 125, 126, 127, 130, 131, 132, 156, 167, 169, 174, 175, 181, 182

Empfänglichkeit, 189
Empfindungen, 30, 31, 84, 85, 93, 94, 160
Endergebnis, 71
Energie, 1, 4, 10, 11, 19, 45, 46, 59, 60, 61, 67, 97, 99, 181, 183
Engagement, 133, 140, 141, 177, 179, 180, 188, 191
Engagement für persönliches Wachstum, 188, 191
engagieren, 58, 138, 141, 187
Engagieren, 15, 54
Engagieren Sie sich ehrenamtlich, 54
Engagieren Sie sich in Aktivitäten, 15
engagiert, 177, 187
engagiert bleiben, 177
Entdeckung unserer wahren Berufung, 48
entscheidend, 2, 63, 69, 70, 73, 111, 131, 174, 175, 185, 188
entscheidende Rolle, 34, 79, 105, 117, 150
entscheidender Teil, 94, 190
Entscheidungen, 3, 11, 15, 19, 22, 23, 24, 25, 32, 41, 42, 43, 45, 48, 49, 56, 58, 66, 85, 87, 89, 107, 137, 138, 139, 140, 141, 142, 145, 183
Entscheidungsfindung, 27, 43
Entschlossenheit, 19, 42, 45, 69, 90, 92, 102, 103, 104, 105, 107
entstehen, 29, 94, 146
entsteht, 8, 89
Enttäuschung, 62, 111, 117, 171, 182
entwickeln, 2, 3, 4, 8, 11, 13, 16, 17, 18, 23, 24, 25, 26, 27, 29, 30, 31, 33, 35, 37, 38, 44, 50, 51, 52, 53, 61, 65, 67, 68, 70, 71, 72, 75, 80, 81, 82, 83, 84, 87, 88, 89, 90, 91, 94, 98, 99, 100, 101, 102, 103, 104, 105, 107, 108, 109, 110, 112, 113, 114, 118, 119, 120, 121, 125, 128, 129, 130, 131, 132, 133,

137, 138, 144, 146, 148, 151, 156, 158, 160, 162, 163, 164, 165, 169, 171, 174, 176, 180, 182, 183, 189, 190, 191
Entwicklung, 4, 8, 12, 16, 18, 23, 32, 33, 35, 36, 44, 53, 63, 68, 79, 80, 81, 83, 86, 89, 90, 106, 108, 109, 111, 130, 146, 149, 153, 161, 162, 166, 167, 175, 176, 178, 188, 189, 191
Entwicklung von Achtsamkeitspraktiken, 79, 80, 81
entwirren, 94
Ereignisse, 24, 88, 89, 101, 129, 180
Erfahrung, 52, 58, 62, 71, 81, 92, 106, 107, 113, 119, 126, 156, 159, 160, 163, 164, 165, 190
Erfahrungen, 11, 14, 21, 28, 33, 37, 44, 52, 70, 80, 82, 91, 94, 100, 106, 108, 112, 113, 114, 115, 121, 123, 124, 125, 126, 130, 133, 135, 137, 140, 141, 145, 146, 149, 152, 155, 156, 157, 158, 164, 165, 166, 167, 174, 176, 179, 180, 184, 185, 187
Erfolge, 63, 136, 167
erfordert Hingabe, 178
erforschen, 6, 8, 10, 11, 14, 16, 17, 18, 19, 23, 27, 28, 38, 39, 42, 43, 48, 50, 73, 74, 76, 85, 86, 91, 94, 98, 101, 107, 108, 109, 112, 113, 114, 121, 122, 123, 138, 149, 150, 152, 165, 183, 184, 189
Erforschung der Schatten, 48, 49
erfülltes Leben, 1, 120, 178
Erfüllung, 3, 4, 13, 19, 25, 49, 51, 53, 63, 107, 122, 123, 135, 136, 137, 142, 143, 144, 148, 149, 150, 155, 158, 159, 160, 161, 168, 169, 180, 188
Ergebnis, 62, 63, 65, 75, 164, 174
Ergebnisse, 60, 62, 70, 71, 72, 74, 75

erinnern, 19, 32, 51, 61, 62, 71, 72, 95, 103, 104, 153, 171, 176, 184, 191
Erinnerung, 179, 185
erkennen, 2, 3, 5, 6, 7, 9, 10, 11, 18, 21, 22, 23, 26, 27, 28, 31, 33, 36, 38, 39, 42, 44, 45, 48, 49, 50, 57, 59, 60, 64, 65, 67, 69, 72, 73, 74, 75, 82, 92, 93, 97, 98, 99, 105, 108, 109, 110, 111, 113, 114, 118, 119, 121, 122, 123, 127, 128, 130, 131, 132, 136, 143, 144, 151, 152, 155, 156, 159, 163, 166, 168, 170, 173, 174, 175, 176, 181, 182, 184
Erkennen, 6, 7, 11, 24, 26, 28, 39, 61, 62, 68, 75, 82, 92, 104, 111, 114, 119, 122, 123, 127, 137, 145, 146, 148, 149, 163, 164, 165, 166, 170, 183, 187, 188
Erkennen von, 6
erkennen, wann unsere Schatteneigenschaften unsere Handlungen und Entscheidungen beeinflussen, 22
Erkenntnisse austauschen, 187
erkunden, 2, 28, 107, 144, 161, 179, 181
Erlauben Sie sich, 7, 138, 167
Erleben, 131
Erleichterung, 95
Ermächtigung, 14, 66, 70, 76, 181
ermutigen, 35, 88
ermutigt, 1, 9, 32, 33, 36, 46, 49, 52, 63, 64, 80, 87, 90, 105, 106, 117, 147, 150, 155, 168, 177, 186
Ermutigung, 34, 95, 179, 184, 185, 187
erreichen, 4, 5, 70, 108, 131, 177, 178, 179, 183
erstellen, 15, 55, 65, 179
Erzählungen, 67
ethisches Verhalten, 58
eudaimonia, 143, 144, 146, 149, 160, 188

INDEX

Eudaimonia, 48, 122, 135, 136, 142, 143, 144, 146, 147, 160, 161
Existenzielle Schatten, 137, 146
externe Ergebnisse, 70
externe Unterstützung, 177
Fähigkeit, 12, 37, 45, 52, 62, 70, 71, 77, 80, 81, 84, 86, 100, 101, 102, 104, 108, 111, 112, 113, 114, 121, 122, 125, 138, 143, 146, 149, 151, 161, 163, 164, 177, 182
fair, 42
Fairness, 1, 3, 9, 44, 46, 47, 55, 56, 57, 141, 145
Faktoren, 69, 99, 119, 129
Familienmitglied, 130, 157, 164
fehlbar, 117
Fehler, 7, 33, 34, 35, 36, 38, 72, 73, 111, 112, 114, 119, 126, 127, 131, 132, 151, 152, 177
finden, 8, 13, 15, 16, 19, 42, 44, 47, 48, 49, 50, 52, 53, 55, 57, 61, 63, 64, 65, 66, 68, 69, 71, 74, 88, 89, 105, 106, 109, 110, 126, 138, 143, 144, 145, 148, 150, 158, 159, 160, 163, 164, 165, 167, 168, 169, 170, 178, 182, 183, 186, 190
flexibel, 179
Flexibilität, 71
fließen, 70
Fluss des Lebens, 62, 70, 75
Fokus, 49, 51, 60, 149, 155, 157, 159, 162, 168
fördern, 7, 12, 13, 14, 16, 17, 22, 27, 37, 43, 46, 54, 58, 60, 80, 81, 98, 119, 120, 121, 122, 124, 128, 130, 140, 141, 145, 155, 157, 160, 166, 169
Fortschritte, 124, 173, 174, 175, 176, 179, 180, 186, 190
Freude, 25, 49, 50, 52, 122, 124, 135, 137, 144, 149, 158, 159, 160, 161, 164, 168, 169, 170, 171
Freude im gegenwärtigen Moment finden, 158
Freude und Erfüllung im gegenwärtigen Moment, 52
Freund, 30, 33, 34, 38, 72, 117, 119, 121, 129, 130, 132, 157, 164, 167, 170, 171, 177, 179, 184, 186
Freundlichkeit, 3, 8, 30, 31, 32, 33, 34, 73, 84, 93, 95, 117, 118, 119, 120, 124, 126, 131, 132, 133, 151, 152, 156, 157, 171, 175
Freundlichkeit und Einfühlungsvermögen, 3, 84
Frieden, 13, 31, 52, 54, 61, 62, 64, 65, 66, 67, 69, 70, 76, 79, 88, 89, 122, 128, 129, 148, 150, 156, 169, 171
Frieden mit Ihren gegenwärtigen Umständen, 54
Frieden und Akzeptanz, 148
Frieden und Erfüllung finden, 171
frontal, 105
frühere Erfahrungen, 98, 111, 122
Frustration, 2, 4, 52, 56, 59, 60
fühlen, 6, 23, 24, 30, 47, 65, 73, 84, 85, 94, 98, 163, 165, 166, 167, 176, 182
führen, 2, 8, 13, 14, 16, 24, 25, 27, 28, 30, 31, 34, 35, 37, 46, 47, 48, 49, 54, 57, 68, 82, 88, 98, 105, 119, 120, 123, 136, 137, 138, 140, 143, 145, 146, 157, 163, 165, 166, 167, 171, 177, 182, 190, 191
führt letztlich zu, 110, 168
fundierte Urteile, 1
für das Richtige eintreten, 45
für die Sie dankbar sind, 15, 53, 157, 160, 170, 176
für Sie von Bedeutung sind, 139, 140
Furcht, 66, 67, 68, 74, 75, 181
Fürsorge, 117, 131
Ganzheit, 34, 71, 94, 156
ganzheitliche Selbsterkenntnis, 12

INDEX

Ganzheitlichkeit, 7
Gedanken, 2, 4, 5, 6, 9, 10, 13, 14, 21, 22, 23, 24, 25, 27, 30, 31, 35, 39, 43, 46, 47, 49, 59, 61, 63, 64, 65, 66, 67, 68, 69, 70, 72, 79, 80, 81, 82, 83, 84, 85, 86, 87, 88, 89, 91, 93, 94, 102, 103, 118, 120, 124, 138, 147, 148, 149, 160, 173, 174, 175, 176, 181, 183, 189, 190
Gedanken beobachten, 83
Gedanken und Gefühle beobachten, 84
Gedanken und Muster, 80
Gedanken, Gefühle und Tendenzen, 23
Geduld, 25, 60
geerdet, 80
Gefühl der Isolation, 184
Gefühl der Losgelöstheit, 82, 85, 94
Gefühl der Losgelöstheit von Gedanken, 85
Gefühl der Ruhe, 17, 45, 68, 86, 103, 109
Gefühl der Selbstbeherrschung, 23, 25
Gefühl des Friedens und der inneren Erfüllung, 170
Gefühle, 2, 3, 4, 5, 6, 7, 10, 11, 12, 13, 14, 15, 18, 21, 23, 25, 27, 28, 30, 31, 32, 35, 36, 37, 49, 57, 60, 64, 65, 66, 67, 72, 79, 82, 83, 84, 85, 86, 87, 88, 90, 91, 94, 95, 102, 103, 109, 110, 112, 113, 114, 118, 120, 122, 123, 124, 127, 131, 132, 133, 146, 148, 150, 151, 163, 164, 165, 166, 167, 174, 175, 176, 182, 183, 189, 190
Gefühle der Leere, 146
Gefühle des Unbehagens, 82
gegenseitige Unterstützung, 185
Gegenwart, 50, 130
geistige und emotionale Widerstandsfähigkeit, 92, 105, 111
geistiges und emotionales Wohlbefinden, 63, 177
Gelassenheit, 13, 19, 58, 67, 68, 83, 86, 87, 89, 102, 108, 110, 125, 182, 183
Gelassenheit kultivieren, 125
Gelegenheit, 27, 31, 35, 52, 53, 62, 101, 103, 105, 106, 110, 150, 163, 171, 178, 179
Gelegenheiten, 38, 72, 90, 136, 138, 146, 155
Gelegenheiten suchen, 136
Gelegenheiten und Beziehungen, 155
Gelegenheiten zum Lernen, 72, 146
Gemeinschaft, 54, 141, 144, 146, 156, 184, 185, 186, 187, 188
Gemeinschaften, 189, 191
geprägt, 59, 112, 113, 144
Gerechtigkeit, 1, 3, 9, 41, 42, 43, 46, 47, 55, 58, 140, 141, 145, 185, 187
gescheitertes Projekt, 110
Geschichte von Marcus, 125
gestalten, 136, 143, 156
gesündere Beziehung, 75, 130
Gesundheit, 51, 61, 159, 168, 170
getrieben, 76
gewachsen, 111
Gewissheit, 71, 72
Glaube, 63, 65
Gleichgewicht, 3, 44, 46, 55, 69, 70, 71, 86, 145, 170
Gleichgewicht zwischen Eigeninteresse und Mitgefühl für andere, 55
Gleichgültigkeit, 121, 122, 123
Gleichheit, 42, 44
Gleichmut, 13, 33, 34, 43, 52, 60, 71, 74, 76, 82, 84, 85, 109, 110, 118
Grenzen, 30, 32, 44, 59, 118, 119, 128, 129, 139, 141, 182
Grenzen setzen, 129
Griechenland, 1
größere emotionale Intelligenz, 24

INDEX

größere emotionale Widerstandsfähigkeit, 9, 109
größere Widerstandsfähigkeit, 17, 102
größeres Verständnis, 123
Grundlage, 3, 36, 41, 70, 107, 111, 117, 177, 178
Grundlage für persönliches Wachstum, 36
grundlegender Aspekt, 79, 106, 109, 140, 168
Grundprinzip, 59, 97
Grundsätze, 1, 42, 44, 55, 139, 140, 148
Grundsätze der Fairness, 42, 44
Grundwerte, 15, 50, 137, 140, 142, 144, 145, 190
Gruppe, 146
halten, 3, 12, 18, 30, 44, 57, 75, 76, 81, 159
Haltung der Achtsamkeit und Akzeptanz, 82
Haltung der Akzeptanz und des Gleichmuts, 52
Haltungen, 149
Handlungen, 1, 3, 4, 6, 12, 15, 19, 21, 23, 24, 25, 26, 42, 43, 44, 46, 47, 48, 49, 50, 59, 60, 61, 69, 70, 72, 76, 87, 89, 107, 124, 126, 127, 130, 138, 140, 141, 142, 145, 147, 149, 173, 175
Harmonie, 42, 71, 75, 86, 120, 160
harmonisches Gleichgewicht, 74
heilen, 30, 31, 32, 66, 68, 93, 107, 120, 121, 127, 128, 129, 130
Heilung, 11, 12, 13, 64, 84, 123, 125, 128, 183
Heilung vergangener Wunden, 13
herausfordernd, 93, 105, 156, 188
herausfordernde, 54, 84, 85
herausfordernde Situationen, 55, 84, 85
Herausforderung, 29, 41, 47, 53, 99, 101, 102, 104, 119, 128, 190
Herausforderungen, 1, 2, 3, 4, 8, 13, 18, 29, 34, 37, 38, 43, 44, 45, 46, 52, 55, 56, 62, 67, 71, 81, 86, 88, 89, 90, 91, 92, 97, 98, 99, 100, 101, 102, 103, 104, 105, 108, 109, 110, 111, 112, 117, 121, 123, 140, 141, 143, 144, 145, 146, 148, 149, 150, 153, 155, 162, 163, 164, 168, 169, 173, 175, 176, 180, 181, 182, 183, 184, 186, 189, 190, 191
Herausforderungen als, 19, 91, 97, 99, 100, 108, 110, 146
Herausforderungen angehen, 100
Herausforderungen annehmen, 191
Herausforderungen des Lebens, 3, 8, 13, 34, 71, 81, 86, 88, 91, 101, 102, 103, 104, 108, 145, 148, 155
Herausforderungen zu meistern, 44, 45, 52, 62, 190
hilfreich, 80, 113, 182
hilfreiche Übung, 60
Hilfsmittel, 12, 187
Hindernisse, 3, 53, 57, 60, 67, 97, 98, 100, 101, 104, 107, 131, 136, 162, 164, 191
Hingabe, 68, 69, 70, 71, 74, 75, 179
Hoffnungslosigkeit, 146
identifizieren, 10, 11, 23, 26, 43, 63, 87, 136, 143, 175
Identifizierung, 5, 25, 27, 29
Identifizierung von Schattenmerkmalen, 27, 29
Ihre Gedanken als gut oder schlecht zu bezeichnen, 84
Ihre Komfortzone herausfordern, 15
ihre Ursprünge erforschen, 93
im Einklang mit unseren Werten, 148
im Laufe der Zeit, 137, 179
impulsiv, 3, 30, 31, 47, 80, 85, 111, 183
impulsiv reagieren, 3
impulsiv zu reagieren, 30, 31, 80, 85, 111, 183
Impulsivität, 43, 46

INDEX

in der Welt zu existieren, 110
in Frage stellen, 68, 149, 166
in Harmonie mit der Natur leben, 174
in schwierigen Situationen, 15, 44, 49, 55, 56, 57, 58, 71, 81, 162
In unserem täglichen Leben, 59
inmitten von Widrigkeiten, 88, 111, 164, 169
innehalten, 94, 158, 159
innere Arbeit, 94
innere Erwartungen, 118, 119
innere Landschaft, 84, 184
innere Landschaften, 184
innere Ruhe, 81, 102
innere Stärke, 8, 16, 17, 18, 45, 47, 52, 60, 62, 64, 67, 104, 105, 107, 110, 125, 148
innere Welt, 92
inneren Frieden, 14, 15, 32, 53, 60, 64, 70, 71, 73, 75, 76, 87, 88, 89, 102, 103, 119, 125, 126
inneren Konflikten, 131, 133, 152
Integration, 9, 11, 12, 13, 14, 17, 22, 23, 30, 31, 33, 37, 43, 49, 54, 56, 65, 66, 67, 74, 75, 81, 82, 88, 91, 92, 93, 94, 103, 106, 109, 110, 113, 122, 125, 126, 131, 132, 133, 144, 147, 150, 151, 163, 174, 175, 177, 185, 186, 187, 188
Integration der Schatten, 56, 67, 74, 109, 110, 113, 125, 126, 131, 132, 150, 151
Integration der Schattenaspekte, 67, 74, 109, 125, 126, 131, 132, 150, 151
Integration unseres Schattens, 23
Integration von, 12, 13, 14, 37, 54, 74, 82, 91, 92, 103, 122, 133, 163, 177, 186, 187, 188
Integration von Schatten, 37, 74, 82, 103, 133, 163
Integration von Schattenaspekten, 37, 74, 82, 133, 163
Integration von Stoizismus und Schattenarbeit, 12, 13, 14, 54, 91, 92, 186, 187, 188
integrieren, 2, 5, 6, 7, 8, 10, 11, 15, 18, 19, 24, 31, 32, 34, 35, 37, 41, 42, 43, 48, 49, 50, 51, 68, 69, 71, 72, 73, 74, 75, 76, 81, 88, 90, 91, 92, 105, 106, 107, 108, 109, 111, 113, 114, 118, 119, 120, 127, 128, 129, 131, 143, 144, 145, 147, 149, 150, 152, 156, 159, 166, 168, 170, 176, 177, 180, 181, 182, 183, 189
Integrieren, 7, 13, 19, 31, 35, 57, 69, 76, 107, 126, 161, 164, 171, 179, 183
Integrieren Sie, 7, 19, 31, 35, 57, 69, 76, 107, 161, 164, 171, 179, 183
integriert, 47, 118, 165, 178
Integrität, 11, 42, 46, 47, 55, 56, 57, 58, 136, 137, 140, 142, 143
Interaktion, 23, 123
Interaktionen, 10, 61, 121, 122, 123, 124, 145
Interessen, 138, 191
Intimität, 6
Introspektion, 18
irrationale Ängste, 68
Isolation, 146
jemand, 126, 129
Kämpfe, 7, 37, 38, 98, 99, 121, 148, 150, 151, 169, 184
kanalisieren, 8
Kardinaltugenden, 1
Karriere, 28, 51, 138, 167
Katalysatoren, 92, 106
klares Verständnis, 139
Klarheit, 16, 32, 42, 46, 55, 56, 60, 61, 83, 87, 88, 91, 135, 137, 140, 142, 150, 151, 152, 163, 174, 176, 182, 183
Klarheit über die Veränderungen, 174, 176
kleine Risiken, 138
Knappheit, 162, 163

INDEX

kollektive Stärke, 185
kollektive Weisheit, 185
Kombination von Selbstreflexion und Selbsterkenntnis, 22
Kombinieren Sie stoische Praktiken, 15
Kompass, 41, 140, 142
Komplexität, 2, 16, 36, 42, 43, 46, 84, 86, 88, 94, 113, 114, 122, 132, 133, 140, 142, 151, 152, 174
Komplexität des Lebens, 42, 43, 88, 140, 142
Komplexität des Menschseins, 36
Komplexitäten, 143, 169
Konfrontation, 14, 33, 104, 148, 174, 189
Konfrontation mit, 33, 104, 148, 174, 189
Konfrontation mit den Aspekten von uns selbst, 33
konfrontieren, 9, 15, 44, 76, 105, 131, 145, 147, 152, 156, 180, 189
konkrete Handlungen, 104
Konsequenzen, 3, 128
konstruktiv, 32, 69
konstruktive Weise, 7, 24, 110
Kontext, 37, 45, 70, 89, 144, 156, 161, 185, 188
kontinuierlich, 29, 82, 140, 142, 190
kontinuierliche Reise, 144
Kontrolle, 9, 11, 19, 49, 59, 60, 64, 65, 66, 68, 69, 70, 71, 73, 74, 75, 76, 97, 99, 107, 118, 147, 148, 151, 162, 164, 171, 180, 181, 183
kontrolliert, 24, 30
Kontrollverlust, 73
Konzentration auf den gegenwärtigen Moment, 19
konzentrische Kreise, 60
Konzept, 1, 2, 8, 9, 12, 17, 18, 33, 61, 64, 70, 71, 73, 83, 88, 89, 101, 105, 106, 118, 119, 124, 142, 160, 161

Konzept der Hingabe, 70, 71
Konzept der Kontrolle, 17, 73
Konzept der Schattenarbeit, 2, 9, 12
Konzept des Schattens, 18
Körper, 35, 80, 81, 84, 93, 94
Kraft, 14, 36, 37, 55, 94, 102, 104, 105, 149, 163, 171, 182, 183
kreative Ausdrucksformen, 114
Kreativität, 137
Kreis der Kontrolle, 61
kritisch analysieren, 42
kultivieren, 2, 3, 5, 6, 7, 9, 10, 11, 12, 13, 14, 16, 18, 24, 25, 31, 33, 34, 35, 37, 38, 42, 43, 45, 46, 49, 51, 52, 53, 56, 58, 66, 67, 68, 70, 71, 75, 76, 79, 81, 82, 84, 86, 87, 88, 89, 93, 94, 98, 99, 100, 102, 103, 104, 105, 106, 108, 109, 110, 112, 113, 114, 119, 120, 122, 126, 129, 132, 133, 136, 140, 142, 143, 144, 147, 152, 156, 157, 158, 161, 167, 168, 169, 171, 175, 178, 182, 185, 189
Kultivieren Sie eine Haltung der Dankbarkeit, 158
Kultivierung emotionaler Widerstandsfähigkeit, 91
Kultivierung von, 25, 32, 41, 43, 55, 65, 70, 74, 80, 87, 125, 148, 174, 189
Kultivierung von Resilienz, 70
Kultivierung von Weisheit, 41, 43, 55, 87
Kultivierung von Weisheit, Mut und Mäßigung, 87
Kunst, 113, 114, 179
lähmen, 66
leben, 15, 47, 48, 65, 66, 93, 95, 112, 140, 141, 143, 145, 148, 160, 181
Leben in Harmonie mit der Natur, 188
lebendig, 144
lebenslange Reise, 138
Lebensumstände, 127, 163
Lehrer, 68

INDEX

lehrt, 1, 2, 8, 9, 13, 29, 48, 52, 59, 63, 64, 65, 66, 67, 69, 73, 74, 98, 104, 108, 151, 159, 168, 180
Leichtigkeit, 70, 101, 102, 103, 104
Leiden, 90, 105, 117, 118, 120, 128, 167
Leidenschaft, 136, 137
Leidenschaften, 39, 48, 49, 63, 107, 135, 137, 138, 144
Leistung, 57
Leitfaden, 50
Leitprinzipien, 1, 137
Lektionen, 32, 52, 53, 103, 106, 107, 156, 162, 171, 176
lernen, 3, 13, 17, 19, 30, 31, 42, 52, 53, 59, 62, 67, 70, 71, 74, 89, 92, 93, 95, 97, 102, 105, 106, 107, 108, 109, 114, 119, 126, 146, 147, 151, 153, 158, 160, 162, 181, 189, 190
Lernen, 33, 35, 52, 53, 92, 101, 103, 110, 119, 142, 156, 178, 179, 184, 189
leugnen, 73, 163, 164, 165, 169, 181, 182
Licht, 4, 5, 27, 30, 69, 93, 101, 102, 108, 143, 147, 166, 168
Liebe, 30, 31, 32, 33, 88, 89, 105, 106, 118, 120, 121, 122, 124, 125, 126, 127, 130, 131, 132, 133, 164
Liebe und Akzeptanz, 30, 31, 32
Liebe zum Schicksal, 33, 88, 89, 105, 106, 118
Liste mit drei Dingen, 15, 53
lohnend, 188
Lösen, 62
Losgelöstheit und Beobachtung, 87
loslassen, 5, 6, 36, 129, 130, 151, 160
Loslassen, 13, 63, 64, 125, 127, 128, 129, 131
Macht, 5, 15, 26, 28, 49, 59, 60, 61, 64, 68, 69, 70, 105, 129, 130, 163
manifestieren, 25, 26, 28, 64, 80, 145, 146

Manipulation von Ereignissen, 60
manipulative Tendenzen, 73
Mantras, 118, 120
Masken, 6, 7
Mäßigung, 1, 3, 9, 11, 41, 42, 43, 44, 46, 47, 55, 57, 88, 151, 153
Mäßigung üben, 46, 56
Maßnahmen ergreifen, 8, 65
Meditation, 10, 43, 62, 71, 72, 79, 80, 81, 82, 85, 102, 103, 111, 144, 145, 174, 176, 177
mehr Sinn, 4
mehrdimensionaler Prozess, 109
Meinungen, 39, 60
Menschen, 13, 14, 37, 50, 52, 61, 62, 64, 74, 75, 82, 95, 106, 121, 122, 124, 125, 126, 127, 130, 132, 133, 144, 146, 149, 157, 161, 165, 166, 169, 171, 177
menschlichen Erfahrung, 6, 36, 109, 144, 147, 149, 151, 166
Menschlichkeit, 33, 37, 117, 121, 122, 123, 124, 125, 126, 127
Menschlichkeit in anderen, 121, 123
Menschsein, 119
mental, 4, 86, 90, 92, 98, 100, 101, 103, 108, 110
mentale Stärke, 149
mentale und emotionale Widerstandsfähigkeit, 17, 91, 92, 182
Mentor, 171, 177, 179
Mentoren, 189, 191
Misserfolge, 112, 114, 119, 146
mit Fairness und Integrität zu reagieren, 56
mit Ihren Werten übereinstimmt, 138
mitfühlend, 99, 149, 160
Mitgefühl, 9, 10, 30, 36, 37, 38, 42, 44, 54, 69, 70, 71, 73, 74, 82, 95, 120, 121, 122, 123, 124, 125, 126, 127, 128, 130, 131, 132, 133, 137, 139, 140, 151, 153, 156, 166, 167, 171, 174, 184, 186, 190

INDEX

Mitgefühl kultivieren, 37
Mitgefühl und Verständnis, 74, 124, 156, 184
Mitgefühl zeigen, 122, 126, 130, 139
Möglichkeiten, 16, 24, 29, 43, 51, 58, 71, 72, 76, 103, 105, 107, 124, 137, 138, 142, 145, 146, 149, 162, 167
Möglichkeiten für Wachstum und Lernen, 146, 162
Momente, 112, 114, 124, 135, 137, 144, 145, 157, 158, 159, 160, 161, 163, 164, 168, 169, 170, 174, 178, 179, 180
Momente der Freude, 145, 159, 160, 161, 163, 164, 169, 170
Momente der Freude und Schönheit, 169, 170
Momente der Schwäche, 112, 114
Momente des Wachstums, 174
Momente des Zweifels, 112, 114
moralische Integrität, 43
Motivation, 57, 92, 167, 179, 185, 186, 187
Motivationen, 4, 5, 11
Motive, 9, 26, 27, 74, 75, 87, 89
motiviert, 166, 177, 186
Musik, 95, 113, 114
Muster, 4, 6, 9, 10, 14, 21, 24, 26, 27, 28, 36, 49, 64, 65, 72, 76, 81, 83, 93, 100, 123, 148, 175
Mut, 1, 3, 8, 9, 10, 17, 18, 29, 31, 32, 36, 37, 41, 42, 43, 44, 45, 47, 55, 56, 57, 58, 68, 69, 70, 71, 88, 89, 90, 91, 92, 93, 99, 102, 104, 106, 107, 125, 127, 145, 147, 148, 151, 153, 174, 190
Mut entwickeln, 36
Mut und Mitgefühl für uns selbst, 93
Nachdenken, 65, 173, 174, 190
Nachdenken über, 173, 174
nachhaltig, 12, 161, 176
Nachsicht, 46
nähren, 74

Natur der Herausforderungen, 108, 110
Natur unserer Anhaftungen, 64
natürlich, 31, 55, 104, 162, 165
natürliche Entfaltung, 71
natürlicher Teil, 7, 29, 33, 38, 51, 67, 93, 95
natürlicher Teil der menschlichen Erfahrung, 38, 93, 95
navigieren, 9, 97, 106, 109, 142, 147, 184
Nebenprojekt, 138
negativ, 5, 27, 29, 50, 72, 82, 85, 88, 89, 90, 98, 103, 106, 107, 108, 123, 129, 165, 166, 183
negative Emotionen, 129, 165, 166
negative Gedankenmuster, 82
negative Gefühle, 123, 165, 166
negative Muster, 98
negative Visualisierung, 82, 90, 103, 108
Nehmen Sie sich jeden Morgen 10 Minuten Zeit, 81, 91
Neid, 26, 28, 131, 166
neigen, 7, 8, 24, 35
neue Erfahrungen, 73, 138
neue Gewohnheiten, 177
neue Möglichkeiten, 37, 70, 73, 179
Neugierde, 85
nicht unter Ihrer Kontrolle, 99
nicht wertende Beobachtung, 84
nicht wertende Haltung, 120
Nicht-Anhaftung, 65
Nicht-Reaktivität, 94
normaler Teil, 32, 109, 182
Nöte, 98, 112
notwendig, 27, 93, 114
nutzen, 16, 24, 58, 60, 67, 72, 86, 88, 92, 100, 105, 119, 137, 152, 162, 166, 167, 175, 179, 189, 190
Oberfläche, 83, 176
offen, 26, 28, 38, 73, 138, 149, 179
offene und ehrliche Kommunikation, 58
Offenheit, 36, 73, 189

Offenherzigkeit, 123
ohne reaktiv zu werden, 32
ohne überwältigt zu sein, 31
ohne Urteil, 34, 35, 95
ohne zu urteilen, 15, 22, 83, 84, 85, 86, 92, 95, 121, 123, 126, 166, 181
ohne zu versuchen, ihn zu verändern oder zu kontrollieren, 15
Online-Gemeinschaft, 187
Online-Kurse, 191
Opferrolle, 163, 164
Paraphrasieren, 124
passiv, 2, 59, 70
Passivität, 166, 167
Perfektion, 38, 71, 72, 178, 179
Perfektionismus, 60
permanente Misserfolge, 191
Person, 12, 22, 38, 52, 63, 65, 75, 87, 88, 123, 125, 128, 129, 138, 171, 183
persönliche Entwicklung, 12, 57, 105, 106, 185, 187, 188
persönliche Kraft, 15
persönliche Reflexion, 184
persönliche Zufriedenheit, 127
persönliches Wachstum, 2, 8, 10, 12, 15, 17, 26, 27, 28, 29, 32, 38, 43, 58, 62, 68, 72, 76, 81, 82, 84, 86, 91, 92, 97, 101, 104, 105, 106, 107, 127, 128, 130, 132, 133, 142, 152, 161, 164, 167, 173, 176, 183, 185, 188
persönliches Wachstum fördern, 130
persönliches Wachstum und Selbstintegration, 86
persönliches Wachstum und Transformation, 26, 27, 29, 58, 76
persönliches Wachstum zu fördern, 15, 130
Persönlichkeit, 5, 6, 8, 9, 10, 12, 14, 30, 35, 50, 84, 85
Perspektive, 2, 34, 35, 57, 67, 70, 76, 90, 98, 99, 102, 104, 106, 109, 118, 119, 124, 128, 129, 151, 156, 158, 160, 161, 162, 171, 181
Perspektive bewahren, 104
Perspektiven, 3, 42, 55, 56, 57, 125, 126, 146, 177, 191
Philosophen, 80, 125
Philosophie, 30, 41, 51, 52, 64, 65, 66, 76, 98, 104, 125, 142, 147, 148, 150, 155, 157, 159, 173, 180, 185, 186
Philosophien, 8, 12, 16, 17, 18, 111
planen, 92, 176, 179
Platz in der Welt, 146
populär gemacht, 5, 8
positive Selbstgespräche, 118, 120
Potenzial, 8, 18, 27, 29, 127, 156, 160, 161
praktische Achtsamkeitstechniken, 69
praktische Ratschläge, 186
praktische Technik, 30, 98
praktische Übungen, 17, 185, 187
praktische Werkzeuge, 16
praktisches Beispiel, 60
präsent und achtsam, 22
Praxis, 2, 4, 22, 24, 30, 31, 34, 46, 53, 60, 66, 79, 80, 81, 83, 84, 86, 87, 88, 94, 98, 101, 105, 113, 117, 118, 119, 121, 125, 155, 156, 157, 164, 168, 169, 173, 175, 176, 177, 178, 179, 180, 185, 186, 187, 189, 190
Praxis der Achtsamkeit, 34, 189
Praxis der Dankbarkeit, 53, 155, 156, 157, 168
Praxis der Selbstreflexion, 24
Praxis des Selbstmitgefühls, 30, 117, 119, 175
Praxis des Stoizismus und der Schattenarbeit, 187
premeditatio malorum, 86, 90, 92
Prinzipien der Schattenarbeit, 111
Prinzipien des Stoizismus, 16, 18, 41, 43, 44, 54, 56, 58, 66, 75, 76, 146, 158, 163, 164, 169, 176, 178

INDEX

Prinzipien wie Gerechtigkeit, Gleichheit, Freiheit oder Nachhaltigkeit, 139
proaktive Schritte, 72, 164
professionelle Hilfe, 10, 11
Prozess, 5, 6, 9, 11, 12, 14, 16, 17, 18, 21, 22, 26, 27, 29, 30, 31, 34, 44, 48, 49, 56, 63, 64, 69, 70, 71, 91, 93, 94, 95, 106, 110, 111, 112, 114, 123, 128, 129, 131, 132, 135, 136, 137, 138, 139, 140, 142, 144, 147, 148, 150, 151, 156, 181, 182, 183, 186, 188, 189, 191
Prozess der Integration unseres Schattens, 22
Prozess der Schattenintegration, 6, 18, 182
Prozess der Selbstakzeptanz, 111
Prozess der Selbstentdeckung, 49, 138
prüfen, 57, 65, 135, 141
Psyche, 4, 9, 11, 17, 21, 22, 29, 73, 93, 99, 151, 156, 184, 186, 189
psychologisches Konzept, 4
Quelle der Inspiration und Führung, 87
Quelle der Kraft, 174
Quelle der Kraft und Motivation, 174
Quellen, 66, 104, 112, 147, 149, 191
Quellen der Weisheit, 147, 149
Quellen des Wachstums, 66
Quellen des Wissens, 191
Rationalität, 13, 109, 110
Raum, 7, 30, 31, 32, 75, 76, 80, 82, 83, 84, 89, 91, 92, 94, 95, 119, 122, 123, 184, 186
reagieren, 15, 24, 25, 30, 31, 32, 49, 55, 56, 60, 69, 72, 75, 80, 81, 83, 84, 85, 87, 88, 91, 92, 104, 109, 111, 117, 118, 129, 130, 140, 141, 153, 175
Reagieren, 57
reagiert, 13, 23

Reaktion, 3, 22, 29, 56, 57, 61, 66, 84, 85, 90, 98, 180
Reaktionen, 9, 11, 22, 25, 27, 54, 55, 56, 69, 72, 80, 89, 91, 98, 99, 100, 109, 112, 114, 173, 175
Reaktionen mit Bedacht, 109
realistische Einschätzung, 70
Rechenschaftspflicht, 185, 187
Recycling praktizieren, 141
reflektieren, 49, 84, 89, 174, 175
Reflektieren, 18, 141, 156, 164, 175
Reflektieren und anpassen, 141
Reflexion, 4, 23, 51, 53, 58, 82, 111, 113, 140, 174, 176
Reflexion und Wertschätzung, 51, 53
regelmäßige Selbstreflexion, 10
Reichtum, 34, 161, 168, 169
Reise, 4, 6, 8, 10, 18, 23, 25, 29, 33, 43, 48, 71, 94, 106, 115, 119, 130, 132, 135, 136, 137, 138, 140, 142, 144, 148, 149, 150, 152, 157, 173, 174, 175, 177, 178, 184, 185, 186, 188, 189, 190, 191
Reise der Selbstentdeckung, 10, 71, 137, 140, 142, 157, 177, 178, 188, 189, 191
Reise des Stoizismus, 186
Reserveklausel, 118, 119
Resignation, 35, 70
Resilienz, 16, 18, 33, 53, 62, 89, 90, 91, 101, 103, 105, 107, 108, 109, 110, 111, 112, 113, 114, 119, 149, 157, 185, 191
Resilienz entwickeln, 114
Resilienz kultivieren, 115
Resilienz und Ausdauer, 191
Ressentiments, 122, 127, 128, 129, 131, 132
Ressourcen, 12, 92, 102, 104, 162, 187
Richten Sie Ihre Gedanken, 15
Richtung, 10, 63, 72, 142, 152, 161
Risiken eingehen, 45

Rolle, 21, 75, 87, 135, 136, 142, 171
romantischer Partner, 130
Routine, 161, 176, 178, 179
Rückschlag, 52, 62, 99, 103, 107, 110, 114, 119, 126, 171, 176, 182, 190
Rückschläge, 19, 52, 53, 72, 92, 100, 112, 114, 144, 146, 178, 179, 181, 183, 188, 190, 191
Rückschläge als Chancen für Wachstum betrachten, 19
sanft, 178, 179
Schaden, 129
schaffen, 3, 6, 7, 15, 30, 31, 36, 38, 44, 47, 53, 54, 75, 83, 91, 92, 94, 107, 111, 122, 123, 136, 138, 170, 177, 178
Scham, 33, 95
Schatten, 5, 22, 30, 43, 48, 49, 70, 90, 93, 94, 105, 138, 143, 144, 145, 146, 147, 148, 149, 156, 182, 184, 185, 188, 190
Schattenarbeit, 4, 5, 6, 8, 9, 10, 11, 12, 13, 14, 15, 16, 17, 18, 19, 21, 25, 27, 29, 30, 32, 34, 36, 37, 41, 42, 43, 44, 49, 54, 56, 57, 58, 63, 64, 65, 66, 68, 69, 70, 73, 74, 75, 76, 79, 81, 83, 89, 90, 98, 99, 100, 105, 106, 107, 108, 111, 117, 118, 119, 120, 122, 123, 127, 128, 129, 135, 140, 143, 144, 146, 147, 148, 150, 152, 156, 158, 159, 160, 161, 163, 164, 168, 169, 173, 174, 175, 176, 178, 180, 181, 182, 184, 185, 186, 187, 188, 189
Schattenarbeit einbeziehen, 75, 118
Schattenarbeit integrieren, 19, 76
Schattenaspekte, 2, 5, 6, 7, 9, 13, 14, 16, 17, 22, 23, 24, 25, 26, 27, 30, 31, 37, 38, 39, 42, 43, 49, 55, 56, 58, 69, 70, 72, 73, 74, 75, 76, 80, 81, 82, 83, 84, 86, 90, 92, 98, 104, 106, 107, 109, 110, 111, 113, 114, 118, 119, 120, 121, 122, 126, 128, 130, 131, 132, 143, 145, 150, 151, 152, 153, 156, 164, 165, 166, 169, 170, 174, 176, 181, 182, 183, 189
Schattenaspekte der Resilienz, 90, 92, 109, 110, 111, 113, 182, 183
Schattenaspekte unserer Erfahrungen, 156
Schattenaspekten, 15, 21, 26, 36, 43, 76, 80, 84, 85, 100, 125, 174, 175
Schatteneigenschaften, 2, 5, 6, 7, 21, 23, 25, 26, 27, 28
Schattenintegration, 25, 71, 121, 174, 181, 182
Scheitern, 51
Schlüssel, 50, 59, 67, 176
Schlüsselelement, 108
Schmerz, 17, 19, 90, 91, 92, 104, 105, 106, 107, 108, 110, 125, 126, 128, 143, 165, 167, 182, 183
Schmerz in Wachstum umwandeln, 91, 110, 182
schnell, 41, 177
schöner Sonnenuntergang, 53, 168
Schönheit der Natur, 51, 158, 159, 171
Schritt, 5, 6, 25, 47, 56, 85, 104, 139, 143, 146, 158, 178
Schwäche, 37, 70, 114
Schwächen, 6, 7, 36, 73, 111, 113, 118, 119, 132, 173, 188, 190
Schwachstellen, 36, 38, 72, 123
Schweizer Psychiater, 4
Schwerpunkt, 74, 124
schwierige Emotionen, 13, 114
schwierige Situation, 37, 45, 55, 56, 58, 83, 91, 101, 103, 114, 182, 183
schwierige Situationen, 37, 45, 55, 56, 58, 83, 91, 101, 103, 114, 182, 183
Schwierige Situationen, 56
schwierige Zeiten, 97, 99, 161

INDEX

Schwierigkeiten, 35, 49, 53, 54, 89, 90, 95, 98, 99, 108, 109, 110, 111, 146, 156, 162, 163, 164, 169, 170, 181, 188
Seelenfrieden, 52
Segnungen, 51, 53, 155, 163, 168, 170
selbst, 5, 7, 9, 22, 28, 30, 32, 33, 34, 42, 49, 55, 70, 81, 85, 87, 88, 89, 92, 95, 98, 111, 117, 119, 121, 125, 126, 131, 132, 150, 152, 162, 163, 168, 170, 175, 180, 182, 185, 191
Selbstakzeptanz, 6, 34, 51, 72, 118, 119, 156
Selbstbeherrschung, 1, 2, 3, 8, 24, 42, 44, 46, 47, 55, 56, 153
Selbstbeobachtung, 5, 10, 11, 38, 43, 83, 84, 86, 100, 136, 137, 139, 143, 144, 146, 148, 150, 152, 173, 174, 176, 184, 189, 190
Selbstberuhigungstechniken, 118, 120
Selbstbild, 72
Selbstdisziplin, 46, 47, 56
Selbstentdeckung, 6, 8, 16, 17, 37, 68, 106, 113, 114, 176, 188, 189
Selbstentfaltung, 72
Selbsterkenntnis, 2, 4, 8, 9, 10, 16, 21, 22, 23, 26, 36, 37, 38, 43, 71, 72, 74, 75, 82, 83, 85, 87, 99, 107, 109, 113, 115, 132, 133, 142, 150, 151, 173, 178, 179, 182, 184, 189
Selbsterkenntnis und persönliches Wachstum, 87
Selbstfindungsreise, 174, 191
Selbstgefälligkeit, 35, 166, 167
Selbsthilfegruppe, 177, 179, 184, 186
Selbstkritik, 7, 33, 117, 118, 119
selbstkritisch, 89
Selbstliebe, 117, 119
Selbstmitgefühl, 7, 30, 31, 32, 34, 35, 38, 68, 86, 93, 94, 95, 117, 118, 119, 120, 124, 126, 131, 138, 151, 152
Selbstmitgefühl kultivieren, 34, 126, 151
Selbstmitgefühl üben, 118, 126, 131
Selbstmitleid, 37, 52
Selbstreflexion, 5, 6, 8, 9, 10, 13, 14, 15, 17, 19, 21, 22, 23, 25, 26, 27, 29, 36, 38, 39, 42, 43, 49, 55, 56, 58, 74, 75, 80, 83, 84, 86, 93, 94, 106, 108, 111, 123, 133, 136, 137, 139, 142, 143, 144, 145, 146, 148, 150, 152, 163, 173, 175, 176, 177, 179, 191
Selbstreflexion betreiben, 86, 191
Selbstreflexion und Achtsamkeit, 6, 13, 14, 56, 58, 144, 145
Selbstreflexion und Achtsamkeitsübungen, 58, 145
Selbstreflexion und Bewusstheit, 27, 36, 38, 39
Selbstreflexion und Introspektion, 42, 74, 75
Selbstuntersuchung, 89
Selbstverbesserung, 8, 22, 24, 67, 97, 99, 104, 174, 189, 190
Selbstvertrauen, 35, 102, 104
Selbstwahrnehmung, 4, 6, 10, 12, 14, 22, 68, 81, 82, 181, 188, 190, 191
Selbstwahrnehmung kultivieren, 188
Selbstwert, 60
Selbstwertgefühl, 8, 119
Selbstzweifel, 57, 151, 183
sich an Ihren Werten orientieren, 142
sich daran erinnern, 31, 75, 76
sich den schlimmsten Fall ausmalen, 92
sich die Zeit nehmen, 135
sich entwickelnde, 138, 180
sich öffnen, 8
sich selbst, 3, 7, 8, 10, 22, 23, 28, 31, 32, 34, 48, 58, 62, 69, 73, 82, 84, 85, 86, 95, 99, 102, 107,

111, 119, 120, 124, 126, 132, 133, 135, 152, 166, 174, 175, 178, 179, 180, 191
sich selbst tröstende Worte anbieten, 31
sich selbst zu prüfen, 48
sich ständig weiterentwickeln, 136
sich überwältigt fühlen, 95
Sicherheit, 63, 128, 129
sie auszudrücken, 8
sie in eine Quelle der Stärke und Weisheit verwandeln, 24
sie in unser Bewusstsein zu integrieren, 5
sie mit Klarheit und Selbsterkenntnis zu umarmen, 34
sie zu vermeiden oder zu unterdrücken, 18, 28
Siege, 168
signalisieren, 30
Silberstreif am Horizont, 162
Sinn des Lebens, 146, 149
Sinn entdecken, 48
Sinn finden, 49
Sinn und Zweck, 16, 47, 48, 49, 62, 106, 150, 151, 153
Sinn und Zweck finden, 16
Sinnhaftigkeit, 63, 138, 157
Situation, 3, 15, 19, 25, 29, 32, 47, 52, 53, 55, 56, 57, 58, 60, 61, 62, 65, 70, 71, 75, 76, 84, 85, 88, 91, 98, 100, 102, 104, 106, 107, 110, 117, 119, 122, 123, 128, 132, 141, 153, 164, 167, 171, 190
Situationen, 8, 13, 23, 24, 27, 42, 47, 54, 55, 57, 62, 72, 74, 75, 85, 86, 87, 89, 140, 142
sitzen, 91, 94, 95, 152, 160
Sorge, 185, 187
Sorge für andere, 185
Souveränität, 64
Stabilität, 13, 58, 59, 62, 83, 86, 89, 101, 103, 169
stark beeinflussen, 26
Stärke, 2, 11, 13, 22, 30, 32, 34, 39, 44, 45, 46, 47, 62, 68, 70, 81,

83, 87, 88, 89, 90, 91, 97, 99, 101, 102, 103, 104, 106, 108, 109, 110, 111, 112, 118, 143, 161, 162, 164, 165, 167, 169, 171, 182
stärken, 2, 8, 12, 54, 58, 62, 80, 91, 111, 112, 114, 125, 157, 177
Stärken, 49, 92, 109, 173, 188, 190
Stärkung der, 69, 101
stoische Denkweise, 105
stoische Liebe, 121, 125, 126
Stoische Liebe, 124
stoische Prinzipien, 19, 31, 34, 35, 65, 118, 152, 175, 181
stoische Prinzipien integrieren, 34
stoische Technik, 67, 101, 110
stoische Weisheit, 19, 110
Stoizismus, 1, 2, 8, 9, 10, 12, 13, 16, 18, 21, 29, 32, 34, 36, 37, 47, 48, 49, 52, 59, 60, 63, 66, 67, 68, 69, 70, 73, 74, 79, 83, 89, 97, 98, 99, 100, 104, 105, 106, 108, 111, 117, 119, 120, 124, 127, 129, 135, 147, 148, 150, 155, 159, 160, 161, 168, 173, 178, 180, 181, 182, 184, 185, 186, 187, 188
Streben nach Stoizismus, 184
Streben nach Ziel und Sinn, 152
Stress, 59
strukturierten Zeitplan, 177, 179, 180
Suche, 49, 69, 137, 151, 153, 162, 185, 186, 188, 191
Suchen Sie eine Therapie oder Beratung auf, 15
Tagebuch, 10, 14, 49, 65, 68, 72, 91, 123, 137, 142, 174, 175
Tagebuch führen, 65, 174
Tagebuchführung, 18, 19, 38, 39, 43, 58, 85, 108, 111, 113, 144
tägliche Achtsamkeitspraxis, 69
tägliche Praxis, 51, 123, 144, 145, 168, 170, 176, 177, 178, 179, 180
tägliche Routine, 4, 44, 76, 120, 177, 178

INDEX

tägliche Routinen, 44
tägliches Leben, 2, 17, 18, 19, 41, 44, 51, 54, 79, 88, 89, 111, 129, 138, 156, 159, 161, 170, 180
Tapferkeit, 30, 148
Techniken, 17, 18, 23, 66, 81, 86, 90, 102, 103, 108, 124, 181
Teil der Reise, 62, 153
Teil der Reise zu Ziel und Sinn, 153
Teile, 5, 8, 30, 31, 32, 70, 73, 109, 111, 118, 119, 128
teilen, 123, 149, 177, 179, 186
Tendenz, 29, 165
Themen, 28, 43, 49, 135, 137, 148
Therapie, 10, 69, 76, 107, 108, 113, 114, 138, 145
tief sitzende Ängste, 26, 69, 98
tief verwurzeltes Verlangen, 47
tiefe Selbsterkenntnis, 93
Tiefe unseres Lebens, 34
Tiefen, 11, 22, 62, 68, 93, 94, 102, 104, 105, 151, 153, 156, 184, 188, 189
tiefere und bedeutungsvollere Beziehungen, 132
tiefere Verbindung, 6, 7, 113, 122, 123, 126, 175
tiefere Verbindung mit uns selbst, 6
tieferen Sinn, 71, 82, 148, 150
tieferes Bewusstsein für Ihre innere Landschaft, 85
tieferes Verständnis, 2, 5, 9, 12, 16, 18, 21, 27, 29, 31, 38, 39, 43, 48, 64, 65, 72, 79, 83, 98, 100, 108, 109, 112, 113, 131, 148, 151, 174, 190
tieferes Verständnis für sich selbst, 16, 31, 38, 39, 72, 108, 148, 190
tieferes Verständnis für uns selbst, 2, 9, 29, 109, 190
tiefes Verständnis, 25
tiefgreifend, 91
toxische Beziehungen, 28
Transformation, 12, 14, 17, 18, 37, 38, 58, 64, 67, 75, 76, 95, 106, 107, 108, 125, 161, 174, 175, 178, 182
Transformationsprozess, 105, 106
transformative Erfahrungen, 177
transformative Reise, 8, 16, 91, 137, 148, 149
transformative und sinnvolle Integration unseres Schattens, 21
Traumanalyse, 10
Traumata, 64, 65, 68, 93, 94, 100, 107, 112, 113, 121, 122
Traurigkeit, 5, 7, 29, 32, 104, 110, 112, 113
Tugend, 2, 11, 18, 32, 42, 43, 45, 46, 55, 65, 87, 185, 187
Tugend der Demut, 32
Tugend der Mäßigung und Selbstbeherrschung, 55
Tugenden, 1, 9, 11, 23, 24, 25, 41, 43, 45, 46, 48, 49, 58, 87, 98, 99, 136, 137, 143, 145, 147, 148, 149, 150, 151, 153, 188, 190
tugendhaftes Leben, 41
Tugendhaftigkeit annehmen, 147
Tugendhaftigkeit kultivieren, 174
üben, 1, 7, 8, 15, 30, 35, 38, 42, 47, 49, 51, 52, 56, 58, 71, 83, 85, 86, 89, 93, 106, 107, 109, 110, 118, 119, 120, 121, 126, 127, 128, 138, 158, 162
Üben Sie sich in Selbstmitgefühl, 51, 72, 76, 119, 122, 132, 152, 176
über diese Werte nachzudenken, 139
über unsere Fortschritte nachdenken, 144
Überfluss, 51
überlegte Entscheidungen, 46
übermäßige Erwartungen, 65
übermäßigen emotionalen Reaktionen, 109
überwältigen, 15, 99, 103, 107, 109, 120, 149
überwältigend, 66, 177
überwinden, 3, 42, 44, 57, 68, 98, 100, 103, 104, 106, 107, 136,

137, 145, 146, 147, 148, 180, 190
Überwindung existenzieller Hindernisse, 137
Überzeugungen, 26, 27, 28, 42, 43, 48, 50, 64, 66, 68, 74, 91, 93, 94, 112, 113, 135, 136, 137, 140, 141, 146, 148, 151
Übungen zur Perspektivenübernahme, 123
um Hilfe zu bitten, 7
umarmen, 10, 30, 31, 32, 70
Umarmen, 10, 138, 149
Umarmung, 54, 63, 69, 99, 112
umfassender Ansatz, 8
umfassendes Verständnis, 16, 99, 100
Umgang mit einem Konflikt am Arbeitsplatz, 56
umsetzbare Schritte, 17
umsetzen, 127, 191
Umsetzung, 35, 63
Umstände, 4, 60, 61, 66, 88, 89, 106, 118, 119, 128, 129, 160
umwandeln, 183
Umwandlung, 67, 74, 106, 108
unangenehm, 5, 29, 35, 92, 93
unangenehme Emotionen, 18, 26, 30, 31, 32
unangenehme Gefühle, 28, 29, 38, 82, 182
unangenehme Gefühle oder Gedanken auftauchen, 82
Unbehagen, 30, 32, 57, 93, 95, 150, 189
Unbeständigkeit, 50, 80, 82, 155
unbewusste Aspekte, 19
unbewusste Muster, 14, 15, 87, 89
unbewusste Muster und Motivationen, 87, 89
uneigennützig, 42
uneingestandene Aspekte, 69
Ungerechtigkeit, 42, 46, 145
ungesunde Anhaftungen, 64, 159, 160, 181
Ungewissheit, 72, 74, 75, 95, 150
Ungewissheiten, 148, 151, 153

Ungleichheit, 46
uns selbst, 2, 5, 9, 21, 22, 25, 27, 30, 31, 33, 34, 36, 37, 38, 43, 48, 49, 56, 60, 64, 71, 73, 79, 83, 90, 92, 94, 109, 117, 118, 119, 120, 121, 122, 124, 125, 127, 128, 130, 132, 151, 158, 169, 189
unschätzbare Unterstützung und Verständnis, 37
unser Unbehagen anerkennen, 55
unsere Aufmerksamkeit auf den gegenwärtigen Moment lenken, 93
unsere Gedanken als gut oder schlecht zu bezeichnen, 83
unsere Gedanken und Gefühle zu beobachten, ohne sie zu bewerten, 89
unsere wahre Bestimmung entdecken, 143
unsicher, 8, 24
Unsicherheit, 5, 7, 22, 23, 26, 42, 70, 73, 90, 93, 95, 149
unterdrücken, 5, 7, 24, 29, 36, 38, 67, 68, 70, 72, 109, 110, 115, 127, 147, 149, 165, 169, 181, 182
unterdrückt, 10, 22, 26, 27, 28, 33, 152
unterdrückte, 189
unterdrückte Gedanken, 189
Unterscheiden, 4, 99
Unterscheidungsvermögen, 80
unterschiedliche Perspektiven, 73
unterstützen, 16, 17, 18, 46, 53, 58, 73, 91, 113, 120, 136, 141, 169, 171, 180, 187, 189, 191
Unterstützung, 11, 34, 44, 54, 72, 94, 95, 119, 121, 123, 127, 132, 133, 144, 145, 146, 156, 157, 162, 163, 168, 170, 179, 184, 185, 186, 187, 188, 191
Unterstützung durch geliebte Menschen, 168, 170
Unterstützung erhalten, 185

INDEX

Unterstützung für andere, 54, 132, 133
Unterstützung und Verständnis, 121, 123, 127, 186
Unterstützungssystem, 184, 186
unüberwindbar, 102
unüberwindbare Hindernisse, 109
Unvollkommenheit, 6, 9, 36, 72, 117, 121, 122, 132, 181
Unvollkommenheiten, 6, 7, 32, 33, 34, 35, 38, 131, 132, 182
Unvollkommenheiten akzeptieren, 6, 131, 182
Unvollkommenheiten annehmen, 34
unvorhergesehene Umstände, 69
Unwürdigkeit, 151
Unzulänglichkeit, 33, 166, 167
Unzulänglichkeiten, 35, 36, 118, 119, 151, 152
Ursachen, 18, 22, 23, 24, 50, 56, 83, 85, 93, 105, 107, 147, 150, 181, 182
Veränderung, 73, 100, 127, 136, 184
veranschaulichen, 84, 186
Verantwortung, 49, 125, 156
Verantwortung für unser eigenes Glück, 49
verarbeiten, 7, 11, 13, 14, 15, 38, 90, 113, 114, 120, 165, 167
verarbeitet, 13, 94, 95, 132
verbessern, 8, 12, 14, 25, 35, 53, 62, 71, 81, 90, 110, 111, 120, 121, 122, 146, 158, 177, 179, 185, 190, 191
Verbindung, 6, 12, 13, 17, 36, 64, 81, 114, 146, 169, 171, 182
Verbindungen, 7, 37, 112, 113, 120, 133, 141
Verbindungen zwischen, 112, 113
Verbitterung, 164
verborgen, 2, 30, 70, 83
verborgene Aspekte, 12, 14, 164
verborgene Quellen, 81, 83
verborgene Stärken und ungenutzte Ressourcen, 90

verborgene Talente, 27, 28
verbunden, 30, 32, 34, 132, 188
Verbundenheit, 53, 54, 121, 123, 125, 156, 157, 169, 170, 171, 185, 186, 187
Verbundenheit fördern, 54
verdrängen, 7, 23, 50, 73, 91, 112, 113
verdrängt, 2, 25, 48, 189
verdrängte Emotionen, 11
verdrängte Gefühle, 14
vergangene Traumata, 15, 22
vergangene Wunden, 107, 129
Vergangenheit, 11, 50, 52, 92, 104, 127, 129, 130
Vergänglichkeit, 2, 30, 31, 64, 65, 80, 82, 98, 99, 100, 148, 149, 155, 164
Vergebung, 25, 73, 121, 122, 125, 126, 127, 128, 129, 130, 131, 132, 151, 152
Vergebung gegenüber sich selbst, 73, 152
Vergleich, 165, 167
Verhalten, 4, 22, 24, 26, 28, 44, 46, 61, 63, 69, 74, 75, 83, 100, 128, 129, 174, 175, 176
Verhaltensmuster, 13, 76, 85, 159, 189
Verhaltensweisen, 5, 6, 7, 9, 10, 11, 13, 14, 15, 21, 24, 25, 28, 42, 44, 50, 74, 128, 129, 174, 189, 190
verhindern, dass diese Emotionen unser Urteilsvermögen vernebeln, 56
Verkehr, 60, 61
verletzende Dinge, 130
Verletzlichkeit, 6, 7, 36, 37, 38, 39, 55, 57, 74, 112, 113, 123, 147, 181, 190
Verletzlichkeit annehmen, 55
verleugnet, 25, 33, 48, 189
Verlust, 80, 82, 104, 106, 167
vermeiden, 2, 3, 6, 11, 23, 29, 38, 45, 46, 67, 80, 111, 143, 166
Vermeiden, 81, 120

Vernunft, 1, 3
verpflichten, 51, 177
Versagen, 36, 38, 104, 117, 150, 178, 179
Verständnis, 9, 10, 17, 18, 25, 30, 31, 32, 33, 34, 37, 38, 41, 43, 47, 55, 56, 58, 66, 70, 73, 75, 76, 80, 82, 93, 95, 97, 117, 118, 119, 120, 121, 122, 124, 125, 126, 128, 129, 130, 131, 132, 133, 142, 152, 155, 166, 173, 175, 176, 185, 186
versteckt, 33
verstehen, 24, 27, 28, 36, 60, 67, 90, 93, 99, 107, 108, 110, 119, 121, 122, 123, 124, 126, 130, 189
Verstehen, 99, 179
Versuchung, 185
vertieft Ihr Bewusstsein, 84
Vertrauen, 71, 104, 130, 138, 139, 141
Vertrauen und sinnvolle Verbindungen fördert, oder vielleicht ist Gerechtigkeit für Sie von Bedeutung, weil Sie an Fairness und Gleichheit für alle glauben, 139
Verwandeln, 19
Verwirklichung, 152
Verwundbarkeit, 37, 114
verzeihen, 129, 131
verzerrte Denkmuster, 68
Visualisierung, 2, 4, 80, 92, 98, 100, 101, 110
visuelle Erinnerung, 15
vollständig zu erleben, 7, 11, 28, 38, 113, 166
von den Erfahrungen der anderen lernen, 187
vorbereiten, 92, 98, 101
vorübergehende Herausforderungen, 191
vorübergehende Phänomene, 67
Vorwärtskommen, 127

wachsen, 15, 19, 21, 29, 31, 71, 105, 108, 126, 128, 136, 138, 153, 190
wachsen und sich weiterentwickeln, 136
Wachstum, 6, 9, 11, 14, 16, 17, 19, 23, 24, 32, 37, 43, 52, 54, 56, 58, 62, 69, 73, 75, 76, 82, 90, 91, 92, 101, 105, 106, 107, 108, 114, 119, 124, 127, 130, 136, 144, 145, 150, 156, 163, 166, 167, 168, 171, 174, 175, 176, 177, 178, 179, 182, 183, 184, 185, 186, 189, 190
Wachstumsmentalität, 191
wählen, 22, 81, 94, 109, 130, 177
wahren Zweck, 151
wahres Selbst, 6, 140
wahres Ziel, 138
wahrgenommene Bedrohung, 29
wahrnehmen, 30, 62, 89, 94, 100, 160, 162
Wahrnehmung, 67, 84, 98
was wirklich wichtig ist, 45
Wechsel der Perspektive, 106
Weg des persönlichen Wachstums und der Selbstentdeckung, 170
Wege finden, 132, 133
weinen, 7
Weisheit, 1, 3, 4, 8, 9, 10, 11, 12, 16, 17, 19, 22, 30, 31, 41, 45, 46, 48, 49, 55, 56, 58, 70, 81, 83, 84, 85, 86, 88, 91, 98, 109, 111, 143, 145, 146, 156, 188, 190, 191
Weisheit des Stoizismus, 4, 10, 12, 16, 17, 19, 49, 86, 88, 98, 111
Weisheit kultivieren, 1, 42
Weisheit, Mut, Gerechtigkeit und Mäßigung, 1, 9, 11, 46, 48, 58, 143, 145, 188
Werkzeug, 2, 37, 155, 156
Wert, 45, 46, 95, 124, 127, 139, 141, 164, 184, 188
Werte, 3, 15, 48, 49, 55, 63, 135, 137, 138, 139, 140, 141, 142,

INDEX

143, 144, 145, 146, 148, 156, 183, 186, 188, 190
Wertschätzung, 49, 53, 54, 80, 82, 113, 115, 123, 133, 144, 145, 149, 156, 157, 159, 160, 162, 169, 170, 171, 174, 176
Wertschätzung für den gegenwärtigen Moment, 49, 80
Wertschätzung für die Menschen und Erfahrungen, 54
Wertschätzung gegenüber anderen, 156
wertvoll, 12, 73, 108, 186
wertvolle Einblicke, 3, 17, 92, 177
wertvolle Einblicke in die Natur von Herausforderungen und Rückschlägen, 17
wertvolle Einsichten, 16, 29, 87, 105, 189, 191
wertvolle Erfahrungen, 33, 35
wertvolle Lektionen, 31, 106
wertvolle Lernerfahrung, 110
wertvolle Ressourcen, 185, 186
Wesentliche, 143, 163
wesentlicher Aspekt des Selbstmitgefühls, 31
wesentlicher Teil, 130
Wettbewerb, 71, 165
wichtig, 15, 32, 34, 45, 46, 48, 49, 69, 73, 80, 87, 93, 97, 102, 104, 105, 108, 111, 112, 128, 131, 135, 136, 137, 139, 140, 141, 143, 145, 150, 155, 159, 176, 178, 179, 181, 184, 189
wichtige Rolle, 27, 51, 55, 98, 120, 144
wichtige Signale, 29
wichtiger Teil, 4, 90, 109, 150, 178
Widerstand, 57, 92, 95, 100, 179, 185, 187
widerstandsfähig, 81, 99
widerstandsfähiger, 4, 108, 109, 110
widerstandsfähiger werden, 109
Widerstandsfähigkeit, 1, 2, 3, 4, 5, 8, 9, 11, 12, 13, 14, 16, 23, 24, 30, 31, 32, 34, 35, 37, 43, 45, 46, 47, 52, 55, 56, 59, 62, 65, 66, 67, 68, 69, 70, 71, 75, 76, 79, 82, 87, 88, 89, 90, 91, 92, 97, 98, 101, 102, 103, 104, 105, 106, 107, 108, 109, 110, 111, 112, 113, 114,118, 122, 125, 126, 144, 146, 148, 149, 151, 152, 153, 155, 156, 157, 161, 162, 163, 164, 165, 167, 169, 170, 171, 173, 174, 181, 182, 183, 184, 185, 189, 190, 191
Widerstandsfähigkeit und Entschlossenheit, 1, 3, 55, 101, 103, 184
Widerstandsfähigkeit und Mitgefühl, 153
Widrigkeiten, 4, 8, 17, 19, 37, 42, 45, 47, 49, 52, 69, 86, 87, 89, 90, 91, 92, 98, 99, 100, 101, 102, 103, 104, 105, 107, 108, 109, 110, 111, 112, 114, 118, 125, 126, 148, 156, 163, 171, 181, 182, 183, 185
Wiederholen Sie dieses Mantra täglich, 153
wiederkehrende Muster, 10, 28, 94, 174, 175
wiederkehrende Muster oder Auslöser, 10, 95, 174
wiederkehrende Situationen, 24
wiederkehrende Verhaltensmuster, 25, 26, 27, 28
wirksamer Ansatz, 168
Wirkung, 162, 184
wirkungsvolles Konzept, 8
Wissen, 16, 22, 41, 43, 52, 53, 99, 107, 191
Wissen suchen, 191
Wohlbefinden, 2, 51, 52, 53, 72, 100, 118, 119, 120, 122, 126, 128, 129, 132, 133, 156, 160, 161, 163, 178, 180, 188
Worst-Case, 98, 100
Worst-Case-Szenario, 98, 100
Wunden, 13, 64, 65, 66, 93, 128
Wunsch nach Kontrolle, 73
Wünsche, 5, 27, 28, 48, 49, 51, 121, 124, 135, 137

Wut, 5, 7, 18, 22, 24, 26, 28, 29, 31, 32, 50, 56, 85, 90, 91, 104, 110, 112, 113, 128

Zeit, 3, 4, 6, 10, 14, 15, 21, 23, 25, 26, 27, 28, 38, 39, 43, 45, 46, 47, 49, 50, 51, 53, 54, 57, 58, 61, 62, 63, 65, 71, 72, 75, 81, 82, 84, 85, 86, 89, 91, 92, 94, 103, 107, 111, 113, 114, 115, 122, 124, 137, 139, 140, 142, 144, 145, 148, 149, 152, 157, 158, 159, 160, 161, 163, 164, 167, 168, 170, 171, 174, 175, 176, 177, 178, 179, 180, 183, 190

Zeiten des Leidens, 30, 31

zentriert, 80, 81

Ziele, 3, 4, 14, 45, 62, 63, 71, 136, 138, 146, 149, 150, 151, 161, 166, 167, 177, 179, 183, 184, 190, 191

Ziele setzen, 71

zielgerichtetes Leben, 137

Zielsetzung, 15, 142

zu impulsiven oder irrationalen Handlungen führen, 56

zu verstehen, 1, 2, 4, 8, 14, 22, 26, 28, 38, 44, 56, 57, 68, 69, 73, 76, 85, 97, 98, 105, 121, 125, 126, 129, 139, 147, 150, 181

Zufriedenheit, 13, 15, 51, 52, 53, 54, 88, 89, 144, 155, 156, 157, 158, 159, 160, 164, 168, 169, 170, 171

Zufriedenheit und Freude, 158

Zugehörigkeit, 6, 184, 185, 187

Zukunft, 23, 50, 66, 112, 130

zum Ausdruck bringen, 29, 52, 138, 145, 157, 160, 169, 171

Zusammenfassen, 124

zusätzliche Zeit, 60

Zweck, 47, 49, 50, 143, 148, 150, 151, 184

Zweifel, 136, 137, 185, 187

www.ingramcontent.com/pod-product-compliance
Lightning Source LLC
LaVergne TN
LVHW011934070526
838202LV00054B/4646